Handbuch der Magie

Anwendung, Rituale, Techniken, Geheimlehren

von
Wolfgang Uhl

und
Leyla Sehrazat

Ausdrücklicher Haftungsausschluss und Warnung:

Das Ausführen und Anwenden der in diesem Buch angegebenen Rituale, Rezepte und Techniken erfolgt auf eigene Gefahr. Die Autoren und der Verlag weisen darauf hin, dass jeder Mensch für sein Handeln selbst verantwortlich ist. Verlag und Autoren weisen jede Haftung von sich, die sich durch das Lesen, die Anwendung, Ausführung oder durch andere Arten von Miss- oder Gebrauch der hier gemachten Informationen ergeben. Weder die Autoren noch andere Beteiligte übernehmen eine Haftung für Schäden physischer, psychischer oder seelischer Natur, die durch das Werk hervorgerufen werden könnten. Im Zweifel suchen Sie bei physischen oder psychischen Schäden und/oder Beeinträchtigungen bitte einen Arzt auf.

Die Autoren

Wolfgang Uhl: Durch die Familientradition des Autors, durch eigene Erfahrungen und eigene Methoden, die er auf seinen Reisen durch Schamanen und Voodoo-Priester in der Dominikanischen Republik und in China gelernt hat, konnte er sich direkt bei den ansässigen Schamanen in den jeweiligen Ländern schamanische Techniken aneignen.

Leyla Sehrazat: Auch die Autorin hat auf dem parapsychologischen Gebiet exzellente Kenntnisse. Sie stammt aus dem Vorderen Orient und lässt ihre Arbeit mit den Cin in die Praxis einfließen. Die magische Praxis hat sie von ihrem türkischen Großvater, der ein Hoca war (ein islamischer Geistlicher, ein Medium und Hypnotherapeut in der Türkei), bereits im Kindesalter gelernt.

Gesamtherstellung: Bohmeier Verlag, Printed in Germany

ISBN 978-3-89094-715-0

Inhaltsverzeichnis

Einleitung

Liebe Leser und Leserinnen,
das Vorwort gibt Ihnen etwas Einblick in die Zukunft. Sie sollten sich zwei Daten merken: 01.10.2011. Laut UNESCO sind wir auf der Erde 7 Milliarden Menschen, die sich in 70 Jahren verdoppeln werden.

Und der 21.12.2012: Die Synchronisation mit dem galaktischen Zentrum, das sich alle 26.000 Jahre wiederholt. Das haben unsere Mayas sowie Hopie-Indianer ohne Computer ausgerechnet.

Dieses Datum ist der Beginn der Apokalypse in Raten. Die Welt wird zwar nicht untergehen, doch es kommt zur Verarmung der Menschheit. Wir werden um unser tägliches Brot kämpfen müssen. So heißt es in der Bibel: „Nach den sieben fetten Jahren kommen die sieben armen Jahre“, die sich 70 Jahre hinziehen werden.

Auf der Erde werden große Katastrophen ungeahnten Ausmaßes vorkommen. Es werden große Veränderungen in unser Leben eintreten, wobei es einen Kampf ums Überleben geben wird.

Weder Kriege, Seuchen, noch große Katastrophen werden die Masse der Menschheit aufhalten. Ab 2015 werden in europäischen Großstädten bürgerkriegsähnliche Zustände auftreten, die nicht von den Ordnungskräften unter Kontrolle zu bekommen sind.

Die Menschheit wird zwar überleben, doch der größte Teil wird sein Leben in Armut verbringen.

Ab 2020 wird der Lebensstandard der ganzen Welt rapide sinken. Man wird vom goldenen Zeitalter sprechen, das es von 1960 bis 2000 gab. Seitdem geht es bergab.

Bereits seit Urzeiten haben Schamanen, Hexer, Medizinmänner, Priester und Magier die Kontaktaufnahme zur geistigen Welt aufgenommen. Ihre Ausbildung als Medium in Telepathie, Geisterkontakte, Kontakte mit Ahnen, Lichtwesen und spirituellen Meistern hat die Menschen geheilt.

Schamanen, Hexen und Medizinmänner gibt es überall auf der Welt, von Südamerika bis nach Russland.

Bevor man einen Pakt eingeht, sollte man dies gründlich überlegen, denn sonst wird man von einem bösen Geist angegriffen und besetzt.

Wir verweisen hierbei auf die Gefahr der magischen Techniken. Es sollte jeder Mensch selbst für sich verantwortlich sein. Die Pflanzen, die in diesem Buch beschrieben werden, können sehr gefährlich sein! Also Vorsicht!

Es wird von unserer Seite weder Haftung für die Vollständigkeit der magischen Techniken, noch für die Gefahren bei deren Ausübung übernommen.

Autobiographische Notizen zum bekanntesten Hellseher Deutschlands: Wolfgang Uhl

Ich, Wolfgang Uhl, wurde während des Zweiten Weltkrieges in Berlin geboren. Meine Eltern waren in der Produktion tätig. Später arbeitete mein Vater bis Ende des Krieges als Flugzeugmechaniker. Nach dem Krieg war er bei der Polizei im britischen Sektor tätig. Meine Mutter übte eine Tätigkeit als Kontoristin bei der Firma Siemens aus.

Als die Russen 1949 Berlin blockierten, wurden alle Kinder ausgeflogen. Ich kam drei Jahre zu meiner Großmutter an den Niederrhein, wo meine Oma Luise Uhl als Hexe und Wahrsagerin in einem Dorf namens Menzelnrill tätig war.

Auf dem Schulweg hänselten mich die Kinder mit den Worten:

„He, du! Du bist doch das Kind der Hexe!"

Aber in der Schule waren alle wieder brav zu mir, weil es ein streng katholischer Ort war, wo alle auch jeden Sonntag in die Kirche gingen. Doch am Tage wurden wir gemieden, jedoch kamen wohlhabende Bauern und Leute zum Kartenlegen oder zur Magie. Ich musste mich dann unter dem Bett verstecken, da wir nur eine Stube hatten; das war nach dem Krieg so.

Man wollte wissen, wann der Sohn, der Bruder oder der Mann aus der Kriegsgefangenschaft kommt usw. Eines Tages, zu Weihnachten, musste ich in der Kirche ein Gedicht aufsagen und alle Leute starrten mich an, sodass ich vor lauter Aufregung heiser wurde. Diese Heiserkeit, ein Zeichen Gottes, habe ich noch heute an mir. Nach drei Jahren kam ich als frommer Mensch wieder nach Berlin zurück und ging weiterhin in die Kirche. Später trat ich in den „Christlichen Verein Junger Männer" (CVJM) ein, der auf der ganzen Welt existiert.

Doch jeden Sommer, in den großen Ferien, zog es mich zu meiner Oma nach Westdeutschland hin. Ich interessierte mich für ihre Magie. Dies alles übte eine große Faszination auf mich aus. Erst brachte sie mir das Kartenlegen und Pendeln bei und später, als ich älter wurde, die Magie. Anfangs war ich sehr skeptisch und misstrauisch diesen Dingen gegenüber; mit der Zeit jedoch bemerkte ich, dass es noch mehr Dinge zwischen Himmel und Erde gibt, die nicht erklärbar sind. Und meine Oma bestärkte mich in der Hinsicht, nicht aufzugeben, sondern auszuprobieren, solange sie noch lebte. Denn einer sollte dieses Wissen weitergeben können, und so schrieb ich mir alles auf, zumal sie nur altdeutsch schrieb. Mit der Zeit und ihrer Hilfe jedoch wurde ich immer besser und meine erlernten Berufe traten immer mehr in den Hintergrund, sodass ich mich statt in der Politik in der Astrologie wiederfand. Es war hochinteressant! Ich verließ die Gewerkschaft und gab meinen Posten als Betriebs- und Personalrat auf und machte mir einen Namen als Astrologe, wobei mir klar war, dass dies nur der Anfang war. So fing ich wieder an, auf Reisen zu gehen, um mein Wissen bei einem Schamanen und später bei einem Guru zu erweitern. Meine Reisen führten nach Indien, China, später nach Thailand und Neuseeland. Weitere Reisen machte ich in die Türkei und nach Ägypten, um die arabisch Magie zu erlernen. Ich reiste nach Haiti, in die Dominikanische Republik und Mexiko. Inzwischen hatte ich nicht nur ein Büro in Berlin, am Kurfürstendamm, sondern auch in Miami Brickell Av., das stets gut besucht war.

Chronologie und Entwicklungsverlauf von Wolfgang Uhl

(ungefähre Jahreszahlen)

1964: Nach Tunesien gefahren und die größte Moschee in EL-Qairouan besichtigt.
1965: 48. Jahrestag der Oktoberrevolution, Einladung nach Moskau.
1970: Astrologie und Magie als Nebenberuf angefangen.
1978: Erstes Haus in Westberlin gebaut.
1982: Larissa kennengelernt; gemeinsames Kartenlegen und Astrologie praktiziert.
1985: Lorence geboren.
1986: Hauptberuflich Astrologie und Magie aufgebaut.
1987: Büro im Kurfürstendamm eröffnet.
1989: Virginia geboren. Reise in die Türkei.
1992: Büro in Miami gegründet.
1993: Kontakte zu Voodoo-Priestern im Haitianer-Viertel von Miami aufgenommen.
1995: Reise mit Dieter W. nach Hawaii, der unheilbaren Krebs hatte.
1996: Reise nach Ägypten zu den Pyramiden, zur Erforschung, aus denen magische Kräfte hervorgehen.
1997: Erste Reise in die Dominikanische Republik und nach Spanien.
1998: Reise nach Malta, an die magischen Orte der Insel und ihrer Vergangenheit.
1999: Reise nach Thailand und Neuseeland und Australien sowie nach China.
2000: Reise in die Dominikanische Republik und zu einem Meeting nach Haiti.
2001 bis 2002: Mehrere Reisen zu den Pyramiden nach Ägypten.
2003 bis 2009: Reise in die Dominikanische Republik, Ägypten, Spanien, Schweiz, Frankreich, Österreich usw.
2010: Reise in die Dominikanische Republik und ins Baskenland.
2011: Reise nach Mexiko und Ägypten.

Ebenso viele Zwischenreisen in die verschiedensten Länder wie Portugal, Spanien, Ägypten und Türkei.

Einige meiner Reise-Erlebnisse

Auf meinen vielen Reisen und an den vielen mystischen Orten, an denen ich war, stellte ich immer wieder fest, dass die Suche nach der Wahrheit und der Zukunft an erster Stelle der Menschen steht. Immer wieder begriff ich, wie wichtig es ist, einen Glauben zu besitzen, wobei ich es nicht so wichtig erachte, an welche Götter man glaubt, sondern dass man hinter seinem Glauben ehrlich und aufrichtig steht. Ob Christ, Jude oder Moslem; wir glauben alle an einen Gott. Sollte es uns nicht gelingen, im Namen Gottes, uns als Brüder zu fühlen, muss man manchmal durch die Hölle gehen, um zu glauben und zu wissen, wie schön das Paradies sein kann, und dass es viele Dinge gibt, die man ergründen muss und kann. Man sollte auch die guten und die bösen Seiten hören, denn in uns sitzen oft zwei Seelen: gut und böse. So lernte ich im Laufe des Lebens nicht nur die Weiße, sondern auch die Schwarze Magie im Menschen kennen, denn sonst kann man zwischen den beiden nicht unterscheiden.

Wir erinnern uns hierbei noch zu gut an den größten Schwarzmagier namens Hitler, der uns von Satan gesendet wurde, um ein ganzes Volk zu verführen. Im Nachhinein wurde bekannt, dass sich hohe SS-Führer wie Himmler in der Magie und Astrologie auskannten und beraten ließen. Es ist ebenso nachgewiesen worden, dass man im Auftrag Himmlers den Heiligen Gral suchte.

Um die Magie richtig verstehen zu können, musste ich beide Seiten erlernen. So unternahm ich meine Reisen zuerst zur Wiege der Menschheit nach Ägypten zu den Pyramiden. In den Pyramiden machte ich dann meine ersten außergewöhnlichen Experimente in den Grabkammern. Die Wächter wurden mit kleinen Geldgeschenken ruhiggestellt, sodass ich ungestört meine Magieformen durchführen konnte, um festzustellen, was funktionierte und was nicht. Doch ich wollte sicher gehen und stellte fest, dass die Pyramiden ein vorzüglicher magischer Ort sind. Aus diesem Grund reiste ich für solvente Kunden des Öfteren nach Ägypten zu den Pyramiden und verrichtete die Wünsche, die meinen Klienten besonders am Herzen lagen.

Auf den Reisen nach Indien besuchte ich mehrere Gurus, die mir über ihre Praktiken berichteten. Bei einer Tantra-Lehrerin nahm ich als gelehriger Schüler Unterricht, musste jedoch feststellen, dass wir Mitteleuropäer nicht lange genug in Indien leben, um die Grundlagen der indischen Lebensweise zu verstehen.

Das Kastenwesen, die rituellen Waschungen am Ganges; dies ist uns alles fremd. Man muss dort jahrelang leben, um die Menschen und ihre Eigenarten überhaupt zu verstehen und zu begreifen. Nur mal Urlaub machen oder mehrere Monate dort leben, reichen nicht dafür aus. Man kann auch nicht nur die Rosinen herauspicken, um diese sehr schöne, aber auch grausame Art der Inder zu verstehen. Hierbei denken wir an die Göttin Kali und nicht an Gandhi. Eine wunderschöne Kultur mit viel Astrologie und auch Magie und verschiedenen Göttern und Legenden. Aber sie bleiben uns fremd. Ich habe zwar viel über die Magie gelernt, bin auch vom Tantra und Kamasutra (im Gegensatz zu vielen Frauen) begeistert, doch man muss sich dafür viel Zeit nehmen. Nach dem Trip nach Asien und Thailand wurde ich nach Neuseeland eingeladen und lernte dort die Ureinwohner kennen; die Marie, die an dem Tasmansee wohnt.

Neuseeland

Neuseeland ist eines der schönsten Länder der Erde, wo ich jemals gewesen bin. Auf Einladung einer Japanerin, die mich durch ein Astrologie-Buch gefunden hat, und mehr aus ihrem Leben wissen wollte, flog ich dorthin. Sie begleitete mich durch ganz Neuseeland und zeigte mir die Schönheiten ihres Landes, sodass wir die Naturparks von Auckland bis zur Tasmansee besuchten. Wir nahmen Kontakt zu den Ureinwohnern auf, die leider nicht ganz komfortabel wie die Weißen wohnten, viel tranken und sehr arm waren. Aber sie hatten sich viele Eigenarten der Kultur bewahrt und so übermittelten sie mir ihre Lebensauffassung, Riten und Gebräuche. Sie glaubten noch immer an ihre eigenen Götter, die sie anbeteten, obwohl überall die christliche Kirche vertreten war. An verborgenen Orten trafen sie sich zu geheimen Ritualen, an denen ich auch teilnehmen durfte. In erster Linie waren es Orte, an denen sich die Erde öffnete. Aus dieser Öffnung kam sowohl heißes Wasser aus Geysiren aus dem Boden, als auch heiße Quellen, die blau oder grün gefärbt waren, aus denen berauschende Gase aufstiegen. Atmet man diese Gase tief ein (was natürlich verboten ist), erweitert es das Bewusstsein und man wird in einen Rauschzustand versetzt, in dem man gewisse Sinneseindrücke aus der Zukunft und Vergangenheit wahrnehmen kann, zumal man sich später an nichts mehr erinnern kann. Es gelingt somit nicht jedes Mal, in die Zukunft oder Vergangenheit zu sehen. Was bleibt, ist der Rausch und die Benommenheit für mehrere Stunden. Aber meine Japanerin hielt mich solange fest, bis ich die Orientierung wieder erlangte. Anschließend brauchte ich mehrere Tage, um wieder ein normaler Mensch zu sein.
„Du hast in das Auge des Teufels gesehen!“, sagte sie anschließend. Geblieben sind mir einige Fotos und Erinnerungen, die ich nie vergessen werde. Dann flog ich wieder zurück und machte noch einen kurzen Abstecher nach Sydney, wo ein Freund sowie mehrere Anhänger meiner astrologischen Bücher auf mich warteten, die mich unbedingt sehen wollten. Sie waren der Meinung: „Wenn Herr Uhl in dieser Gegend ist, dann müssen wir ihn sehen.“
Anschließend fuhr ich wieder nach Berlin, wo in meinem Büro wieder viel Arbeit auf mich wartete.

Krebs-Klient Dieter W.

Im Frühjahr 1994 suchte mich ein Klient Dieter W. auf und sagte:
„Mich haben die Ärzte aufgegeben. Ich habe noch drei Wochen zu leben, da ich Darmkrebs habe. Mein Frau und meine zwei Kinder haben sich von mir getrennt. Gibt es eine Möglichkeit, weiter zu leben? Ich werde notfalls einer Schlange den Kopf abbeißen."
Daraufhin erwiderte ich: „Ich kann es nicht tun, doch ich kenne zwei Frauen, die solche außergewöhnlichen Sachen machen; einmal Fatima in Marokko und Esther in Miami. Ich werde mit beiden sprechen, ob sie es können und tun würden."
Zuerst rief ich Fatima an, aber diese konnte den Fall leider nicht annehmen. So rief ich Esther an, die sich bereit erklärte, und die mit ihm eine Makrokost ausprobieren wollte und eine Pflanzenbehandlung durchführte. Dazu musste aber Herr Dieter W. nach Miami kommen, wo sie mit ihm alles besprechen wollte. Da er jedoch sehr schwach war, begleitete ich ihn nach Miami, wo ich ja auch mein Büro in der Brickell Av. 444 hatte. Als wir ankamen, hatte Esther schon alles vorbereitet. Die Behandlung sollte mit Absprache der Straub-Clinic in Honolulu-Hawaii stattfinden. Sie besorgte dort ein Haus und flog dann mit Dieter W. nach Hawaii, wo sie dann mit der Behandlung anfangen wollte. Dort angekommen, war er jedoch so schwach, dass er mit dem Hubschrauber zur Notaufnahme in die Straub-Clinic gebracht wurde. Hier übernahm Dr. Liu den Patienten und stabilisierte ihn erst einmal so weit, dass Esther schon in der Klinik mit Erlaubnis der Ärzte mit ihrer Behandlung anfangen konnte. Schon nach kurzer Zeit erholte sich Dieter W. und konnte nach 14 Tagen entlassen werden. Er selbst wollte, dass ich ihn begleite, sodass auch ich zwei Wochen später nachkam. Er wollte, dass ich parallel dazu für ihn eine Gesundheitsmagie praktiziere und Esther sollte die Makrokost zubereiten. Ich bemerkte, wie sich sein gesundheitlicher Zustand zusehends verbesserte, sodass wir sechs Wochen später nach Miami zurückkehrten. 14 Tage später waren wir wieder in Berlin. Zwischen Dieter W. und mir entstand eine Freundschaft. Wir trafen uns öfters, im Winter jedoch verschlechterte sich sein Zustand. Sein Körper war ganz abgemagert. Die Chemotherapie, die er vor drei Jahren gemacht hatte, hatte seinen Körper zu sehr geschwächt, sodass der Krebs ihn doch noch besiegte. Statt drei Wochen lebte er noch drei Jahre länger. Der Krebs war schon zu weit fortgeschritten und die Chemotherapie hatte ihn zu sehr geschwächt, sodass er keine Kraftreserven hatte.
„Doch diesen Tag vergesse ich nie in meinem Leben, Herr Uhl! Ich beiße der Schlange notfalls den Kopf ab, wenn es etwas gibt, was mein Leben verlängert", sagte er schließlich.
Immerhin konnten wir ihm das Leben um drei weitere Jahre verlängern, sonst wäre er schon lange tot. Dieter wird mir ein ganzes Leben in Erinnerung bleiben.

Verschiedene Anwendungen und Techniken der Magie

Abwenden eines Fluches

Besorgen Sie sich eine schwarze Kerze. Konzentrieren Sie sich auf die Person, die Sie verflucht hat und starren Sie in die Flamme. Sprechen Sie sodann:
„Domine Satanus exaudi orationem meam! Tuere me, Domine Satanus! Protegeme, Domine Satanus!"
(„Im Namen Satans soll, wer mich verflucht selbst an dem Fluch leiden! Die Kerze ist ... (Name der Person)'s Kerze. Die Flamme ist ... 's Flamme. Der Fluch ist sein Fluch. Lass', was er uns angetan hat, auf ihn selbst zurückfallen!")
Lassen Sie die Kerze ausbrennen.

Ägyptische Magie

Die meisten Magier im alten Ägypten kamen aus der Priesterschaft, die im Tempeldienst fungierten. Die Priester, die Zugang zum Orakel hatten, wurden von den Griechen „Stolisten" genannt, da sie sich um die Gottes-Kleidung kümmerten. Bevor der Priester in die Nähe des Gottes kam, musste er sich gründlich reinigen. Er rasierte sich von Kopf bis Fuß, da die Läuseplage damals verbreitet war. Herodot berichtete, dass sich die Priester zweimal am Tage und zweimal am Abend reinigen mussten. In vielen Tempeln gab es heilige Seen.
Speisen wie Tauben, Knoblauch, Fisch und Rindfleisch waren den Priestern verboten, wobei Fisch für das Volk ein Grundnahrungsmittel war. Auch die sexuelle Askese gehörte zu den Reinlichkeitsvorschriften der Priester.
Einer der Oberpriester des Tempels übermittelt Lucius die Papyrustexte, aus denen er entnehmen kann, wie er sich auf die Einweihungszeremonie vorbereiten kann und lässt sich mit Wasser übergießen. Nachdem er sich der Statue Isis genähert hat, gibt der Tempelälteste kosmische Geheimnisse preis. Lucius muss zehn Tage fasten. Weihrauch gehört mit zu der Zeremonie und es folgten feierliche Gesänge der Priester. Mit folgenden Worten beschreibt Lucius die geheimnisvolle Zeremonie:
„Ich näherte mich den Grenzen des Totenreiches ... und ich wurde über alles Irdische emporgehoben. In tiefster Nacht erblickte ich die Sonne in ihrem strahlenden Licht; ich näherte mich den Göttern von unten und von oben. Ich stand ihnen von Angesicht zu Angesicht gegenüber, und ich betete sie aus der Nähe an."
Im höchsten Rang der Hierarchie stand der Hohepriester, den man „Sem-Priester", den „Ersten Prophet Gottes" nannte. Er war hochgebildet, der darüber hinaus über politische Begabung verfügte. Die Priester der Astrologie waren für den Kairoer Kalender zuständig. Ein Bürger, der einen Rat brauchte, ging zu ihm

und holte sich die Fluch- oder Beschwörungsformel oder einen Heilspruch. Traumdeutungen, Liebestränke und Amulette gehörten dazu.
Nur ganz wenigen Priestern war das „Totenbuch“ zugängig.
Isis bereitete gegen die Kopfschmerzen des Re folgendes Heilmittel:
„Nimm die gleichen Mengen von: Korianderbeeren, Mohnkörnern, Wermut, Wacholderbeeren, Honig. Vermische sie, bis sich eine breiige Masse bildet. Reibe die betreffende Person damit ein, und die Kopfschmerzen werden sofort verschwinden.“

Robert Brier stellt in seinem Buch „Zauber und Magie im alten Ägypten“ mehrere Heilmittel vor:

„Bei einer Verdauungsstörung braucht man lediglich ‚einen Schweinezahn' zu zerkleinern und ihn ‚mit vier Zuckerkuchen' zu vermengen. Wenn man dieses Gemisch dann vier Tage lang gegessen hat, soll die Störung behoben sein. Will man dagegen eine etwas zu gut funktionierende Verdauung stoppen, vermische man ‚$^{1}/_{8}$ Maß an Feigen, $^{1}/_{8}$ Maß an Weintrauben, $^{1}/_{32}$ Maß Brotteig, $^{1}/_{32}$ Maß Getreidekörner, ½ Maß Zwiebeln, $^{1}/_{8}$ Maß Holunderbeeren'. ‚Singe: O, Hetu! Noch einmal: O, Hetu' und der Durchfall ist ‚eingedämmt'.“

Die altägyptischen Ärzte hatten drei Behandlungsmethoden: Chirurgisch, medikamentös und magisch. Bei Operationen wurde das Messer vorher angewärmt. Knochen wurden eingerenkt. Verbände aus Leinen und Zahnbrücken aus Gold gab es auch schon. Bereits damals hieß es in Rezepten: „Man nehme zweimal täglich …“

Wenn man Brennen im After hatte, wurde ein Mäuseschwanz mit geriebener Zwiebel, Honig und Wasser vermischt. Ein Arzt entdeckte im Magen kleiner Kinder vor ca. 5000 Jahren Mäuse, die sie kurz vor ihrem Tod gegessen hatten.

Blindheit wurde im alten Ägypten als Strafe der Götter gesehen. Gegen den grauen Star wurde das folgende Rezept verschrieben: „Vermenge Schildkrötenhirn mit Honig. Reibe die Augen mit der entstandenen Salbe ein.“

Die Einbalsamierung bei Mumifizierungen geschieht folgendermaßen:
Nachdem der Preis verhandelt wurde, wurde mit einem Haken das Gehirn durch die Nasenlöcher herausgeleitet. Dann nahm man die Eingeweide heraus und hat diese mit Palmwein ausgewaschen. Der Magen wurde anschließend mit Myrrhe und Räucherwerk gefüllt und zugenäht. Die Bauchhöhle wurde mit Wasser gereinigt und mit Stoff ausgefüllt. Danach legten sie die Leiche siebzig Tage lang in Natronlauge. Nach dieser Zeit wurde die Leiche mit Binden umwickelt. Die Angehörigen holten die Leiche ab und stellten einen Holzsarg in Menschenform gegen die Wand. Dies war die Methode für die Reichen. Priester und Totendiener mussten rot gekleidet sein. An der Kopfseite des Mumiensarges gab es zwei Augenlöcher für den „Ka“. Auf Papyrus wurden Formeln aufgeschrieben, was das Totenbuch darstellt. Es wurde in den Sarg gelegt. Die Inschriften baten um Schutz

der Götter Osiris, Anubis, Nut und Isis. Der Leichenzug begann stets am östlichen Nilufer, wo der Sarg auf ein flaches Boot gestellt wurde, das einen Thron trug und mit vielen Blumen geschmückt war. Auf beiden Seiten des Sarges saßen klagende Frauen und Töchter des Toten. Der Totenpriester mit einem Leopardenfell über seinen Schultern entfachte dabei den Weihrauch über der Mumie. Der Tote durfte in der Unterwelt keinen Hunger erleiden. Deshalb gab man ihm als Beigabe aus Alabaster und Holz Gänsebraten und Brot mit. Die Sklaven mussten rare Pflanzen und Bäume aus sehr weiten Gebieten nach Ägypten tragen.

Der Mittelstand bevorzugte für die Mumifizierung des Körpers eine Klistierspritze mit Zedernöl. Das Öl wurde meistens in den After hineingespritzt. Nach siebzig Tagen wurden durch die Natronlauge die Eingeweide völlig aufgelöst, sodass nur noch Haut und Knochen übrigblieben.

Die dritte Methode war die der Armen: Der Körper wurde mit Rettichöl einbalsamiert und die Leiche siebzig Tage darin eingelegt.

Bei Osiris werden zwei Dinge erwähnt, die wichtig sind: Der „Ba“, der mit „Seele“ übersetzt wird und „Ka“, als Lebenskraft. Ka stand für die männliche Potenz. Der Ka wird mit dem Menschen geboren und ist eine Art Doppelgänger. Er lebt weiter, wenn der Mensch ins Jenseits hinübergeht. Die alten Ägypter glaubten, das Gehirn des Menschen läge im Herzen. Ba und Ka waren für das Weiterleben in der Unterwelt notwendig. In einem Kapitel des „Totenbuchs“ heißt es:

„O du Holender, o du Eilender, der in seiner großen Gotteshalle ist –
Mach, dass mein Ba zu mir kommt aus jeglichem Ort, an dem er ist!
Wenn es sich verzögert, dass man mir meinen Ba aus jeglichem Ort holt, an dem er ist,
dann sollst du sehen, dass sich das Horusauge gegen dich erhebt!
Die Erwachenden sind erwacht, und die Schlafenden schlafen nicht (mehr) in Heliopolis,
dem Land, der Tausende, die dort angekommen sind. Mein Ba packt mir meinen verklärten Leib (Ach),
gerechtfertigt bin ich mit ihm an jedem Ort, an dem er ist,
und jene vom Himmel und von der Erde gehören meinem Ba.
Wenn es sich verzögert, dass du meinen Ba meinen Körper erblicken lässt, dann sollst du sehen, dass sich das Horusauge gegen dich erhebt!
O ihr Götter, die ihr die Barke des Herrn der Millionen zieht,
die ihr den Himmel zur Unterwelt bringt und den Gegenhimmel fernhaltet,
die ihr die Bas den Mumien nahekommen lasst,
obwohl eure Hände mit euren Stricken gefüllt sind -
bewaffnet euch mit euren Spießen, damit ihr den Feind vertreibt,
so dass die Barke jubelt und der Größte Gott in Frieden weiterzieht!“

Der Autor Brier zitiert aus dem Totenbuch, in dem es um magische Sprüche geht:

„Spruch, den Körper des Verstorbenen vor allen Veränderungen und Übeln zu bewahren, ihn gegen die Dämonen zu beschützen, welche die in der Unterwelt von ihnen eingekerkerten Seelenverzehren; ferner zu verhindern, dass sie vom Verstorbenen während seines irdischen Lebens begangenen Verbrechen gegen ihn vorgebracht werden; um die Unversehrtheit seiner Glieder und seiner Knochen gegen die Würmer und gegen die geistigen Wesen, welche sie in der Unterwelt angreifen könnten, zu beschützen ...“

Die Ägypter glaubten an ein Gerichtsverfahren und Gerechtigkeit im Jenseits. Das Herz des Verstorbenen wurde gegen eine Feder aufgewogen. Die Hieroglyphe für „Feder“ hieß „maat“, was Gerechtigkeit bedeutete. Das Herz wurde gewogen, um die Wahrheit ans Licht zu bringen, die dem Verstorbenen im irdischen Leben entsprach. Dies wurde mit einem Bild der Waage gleichgesetzt.

In einem anderen Kapitel des „Totenbuchs“ werden 42 Götter genannt:

„O Weitausschreitender, der aus Heliopolis kam, ich habe kein Unrecht getan.

O Schattenverschlinger, der aus der Grube hervorgeht, ich habe mir nichts angeeignet.

O Schreckgesicht, der aus Rasetjau hervorgeht, ich habe keinen Menschen umgebracht.

O Knochenzerbrecher, der aus Herakleopolis hervorgeht, ich habe keine Nahrung gestohlen.

O Eingeweidefresser, der aus den Dreiunddreißig hervorgeht, ich habe keine bestellten Felder verwüstet.

O Wannseti-Schlange, die aus der Schlachtstätte hervorgeht, ich habe nicht die Frau eines anderen Mannes beschlafen.

O Weißzahn (Krokodil), der aus dem Faijum hervorgeht, ich bin nicht aggressiv gewesen.

O Versorger der Menschen, der aus Sais hervorgeht, ich habe keinen Gott beleidigt.“

Polygamie war im alten Ägypten üblich, da es keine Ehegesetze gab. Es gab nur eine Eheabmachung. Die Männer waren in der Regel fünfzehn Jahre alt und die Frauen zwölf bis dreizehn. Es gab ein Probejahr, das nach einem Jahr aufgelöst werden konnte. Nebenfrauen im Harem und Kinder hatten keine Rechte. Sie mussten nur das Singen und Tanzen beherrschen. Das Blut musste bei den alten Ägyptern rein gehalten werden. Bei den göttlichen Pharaonen war die Geschwisterehe normal. Auch die Götter taten es gleich: Osiris war mit seiner Schwester Isis verheiratet und Seth mit seiner Schwester Nephtys.

Die heiligen Tiere der ersten Ägypter waren Katzen, Krokodile, Affen, Löwen, Hunde, Schakale, Elefanten, Nilpferde, Ziegen, Rinder, Frösche, Schildkröten, Eulen, Schlangen, Fische, Käfer und Fliegen. Manche waren heilig, manche Götter. Die einen wurden gepflegt, die anderen angebetet. In den verehrten Tieren sah man die Reinkarnation der verstorbenen Verwandten. Philipp Vandenberg beschreibt in seinem Buch „Der Fluch der Pharaonen", wie die alten Ägypter mit den Göttertieren Sodomie betrieben. Herodot berichtet über eine Frau, die in der Öffentlichkeit Sex mit einem Widder hatte. Auch andere heilige Tiere bekamen eine Frau zu diesem Zweck. Schlangen und kleine Vierfüßler wurden als Hausgötter in Privathäusern gehalten. Man brachte ihnen Opfer und Geschenke in kapellenartigen Käfigen.

Chronologie der pharaonischen Geschichte (nach Brier)

1. Prähistorische Zeit: 5000-4000 Jungsteinzeit; totemistische Vorstellungen.
   4000-3000 Kupfersteinzeit, Tiergottheiten.
   Gegenübertretung von oberägyptischem Nomadentum und unterägyptischem Bauerntum.
2. Vermenschlichung der Gottesgestalt.
   König = Inkarnation des Weltgottes Horus.
   Erste und zweite Dynastie, Thiniten-Zeit, ca. 2850-2700.
3. Altes Reich 3. und 8. Dynastie. Hauptstadt Memphis.
   Theologische Systeme von Heliopolis (Sonnengott Re, Ortsgott Atum, Ortsgott Ptah von Memphis, König = Sohn des Re.
   Dritte Dynastie: König Djoser.
   Vierte Dynastie um 2600-2480. Cheops.
   Erbauung der Pyramiden ab der dritten Dynastie. Stufenpyramide des Djoser als erster großer Steinbau der Welt. Sphinx von Gizeh.
   (Vierte Dynastie) Offene Sonnentempel.
   Fünfte Dynastie um 2480-2350: Sahure.
   Neunte bis zehnte Dynastie: Herakleopoliten-Zeit. Lehre vom Ba. Vorstellung, dass jeder Verstorbene zum Osiris wird.
   Zerfall des Reiches in die Machtgebiete von Herakleopolis und Theben.
   Abydos = Hauptort der Osiris-Verehrung.
   Gedanke des Totengerichts. Ältere Sargtexte.
4. Mittleres Reich: 11. bis 14. Dynastie Amun-Kult in Theben. Sargtexte.
5. Neues Reich: 18. Dynastie. Aton-Glaube. Totenbuch. Amun-Tempel. Totentempel der Hatschepsut.
   19. Dynastie: Ramses II. Felsentempel zu Abu Simbel.
   20. Dynastie: Könige Ramses III. bis Ramses XI.
   21. Dynastie: Gottesstaat des Amun.
6. Spätzeit: 25. Dynastie. Äthiopischer (nubischer) Fremdherrscher.
   Assyrer erobern Ägypten.
   27. Dynastie: Fremdherrschaft der Perser.
7. Griechische Zeit: Eroberung Ägyptens durch Alexander des Großen. Isis-Kult.
   Horus-Tempel und Hathor-Tempel.

Lexikon der Götter

1. Anubis: Totengott mit dem Namen „Herr des Heiligen Landes“. Er hat die Gestalt eines Schakals. Anubis bewacht mit der Maske eines Schakals in der Nacht die Mumie vor bösen Mächten.
2. Krummstab: Dieser Szepter wird nicht nur von Königen und Göttern getragen, sondern auch von hohen Beamten. Als Schriftbild hat er die Bedeutung von „herrschen“.
3. Lapislazuli: Dieser Edelstein wurde von den ägyptischen Richtern als Stein der „Wahrheit“ um den Hals getragen.

Alchemie

Alchemie, Mystik und Kabbala bilden den Komplex der hermetischen Philosophie. Hellenische Philosophien, und orientalische Religionen und Mysterienkulte sind unter den Begriffen Gnosis und Neuplatonismus bekannt. Beide sind von einer Pluralität dämonischer und engelhafter Wesenheiten erfüllt.
Gnosis bedeutet Erkenntnis; vereint aus göttlichem Lichtfunken und dämonischer finsterer Mächte. Bereits in den frühesten griechischen Schriften „Physika kai Mystika“ (von den natürlichen und verborgenen Dingen), unterteilt das „Opus Magnum“, wird die Alchemie in vier Phasen unterteilt: Schwärzung (Nigredo),3 Weißung (Albedo), Gelbung (Citrinitas) und Rötung (Rubedo).
Nach Überzeugung der Alchemisten wurde das Blei dem Planeten Saturn zugeordnet; Jupiter - Zinn, Mars - Eisen, Venus - Kupfer, Merkur - Quecksilber, Mond - Silber und Sonne - Gold.

Die Alchemie ist als Heilkunst zugleich Therapie, die sich u. a. auf Astrologie, auf die hermetische Lehre, insbesondere zwischen der astralen Welt, der Welt der Seele und der Gestirne stützt. Von den 7 Planeten der alten Astrologie beherrscht die Sonne die Blutzirkulation, das Herz, Arterien, das rechte männliche, linke weibliche Auge und den Sehnerv. Mineralien der Sonne sind Gold und Antimon; Drogen sind Moschus, Weihrauch, Safran, Honig, Gewürznelken.

Polygonum: Herz-, Magenschmerzen und Ausschweifungen; Augenentzündungen: Euphrasia.

Fraxinus stärkt das Herz.

Tamarix germanica: Gegen Epilepsie; kräftigt das Gehirn.

Enula campana in Wein: Behebt Asthma und stärkt die Sehkraft.

Der Mond wirkt auf das Gehirn ein, auf Augen, Magen, Därme, Brüste, Blase, Uterus und Körperausscheidung.

Mineralien des Mondes: Silber, Bergkristall und Perlen.

Drogen: Weißer Sandal, weißer Bernstein, Mohn.

Merkur beeinflusst Hirn und Gedächtnis, Hände und Füße mit Fingern und Zehen, Zunge und Nerven.

Mineralien: Quecksilber, Achat.

Venus wirkt auf Hals, Kehle, Brust, Unterleib, Nieren, Kiefer, Kinn.
Mineralien: Kupfer, Smaragd.
Drogen: Moschus.
Lilien heilen Aufblähungen, Lähmung, Schwerhörigkeit.
Mars: Galle, Niere, männliche Zeugungsorgane, Muskeln, linkes Ohr.
Mineralien: Eisen, roter Jaspis, Amethyst, Onyx.
Drogen: Ingwer.
Jupiter: Lungen, Leber, Venen.
Mineralien: Zinn, Saphir, Jaspis.
Betonie heilt Geschwüre.
Saturn: Knochen, Zähne, Milz, Blase, Hüften und rechtes Ohr.
Mineralien: Blei, Achat, Topas.
Drogen: Opium, Alaun, Hang, Klette, Farn.
Zypresse und Eibe heilen Lepra.

Aphrodisiaka-Rezepte: Liebesrezepte aus der Antike

Alraunenwein
1 Handvoll Alraunenwurzel, trockener Weißwein.
Die getrockneten und zerkleinerten Alraunenwurzeln werden mit dem Wein übergossen. 14 Tage fest verschlossen stehen lassen. 1 Glas am Tag.

Ginsengwein
Ginsengwurzel
Reiswein
½ Liter
Die Ginsengwurzel wird mit dem Reiswein übergossen. Nach einem Monat je ein Gläschen davon trinken. Die Wurzel muss im Wein verbleiben, bis dieser verbraucht ist. Danach erneut mit Reiswein auffüllen. Wieder einen Monat stehen lassen usw.
Nach 13-mal ist die Kraft der Ginsengwurzel verbraucht.

Wein der Kleopatra
1 EL Opiumtinktur
1 Handvoll Stechapfelblätter
Süßer, schwerer Wein (1 Liter)
Die Opiumtinktur in den Wein geben. Alles über die Stechapfelblätter gießen und 14 Tage ziehen lassen. Je nach Bedarf trinken. Eine Stunde vor dem erotischen Abenteuer von dem Wein trinken. Auch während der erotischen Stunde davon einnehmen.

Cannabis-Tinktur
Hanfblüten
90 %iger Alkohol

Die weiblichen Hanfblüten werden in ein flaches, gut verschließbares Gefäß gelegt. Darüber wird so viel Alkohol gegossen, bis alle Blüten bedeckt sind. 4-5 Tage stehen lassen, abgießen und die Blüten auspressen. Man kann die Hanftinktur in den Tee geben oder in Cocktails mixen. Die Wirkung setzt erst nach einer Stunde ein.

Opiumtinktur
Roh-Opium (2 Teile)
Olibanum (1 Teil)
Kreuzkümmel (1 Teil)
70 %iger Alkohol
Zucker
Alle Bestandteile in Alkohol lösen. Eine Woche stehen lassen. Ab und zu schütteln. Filtrieren und zuckern. Die fertige Tinktur kann in Wein oder Tee eingenommen werden.

Feuriger Wodka
1 Stück frische rote Chilischote
1 l Wodka
Die Schote für 2 Wochen in den Wodka legen und dann entfernen. Ein Gläschen von dem feurigen Trunk soll gesund sein und die Liebe anregen.

Orientalische Fröhlichkeitspillen
Je Person:
10 %ige Opium-Tinktur (Laudanum): 40-120 Tropfen
Roh-Opium (1 Messerspitze)
Mohnsamen (1 TL)
Datura-Samen (7 Stück)
Datura-Blätter (1 Prise)
Haschisch (0,25 g)
Ganja (1 TL)
Cannabis-Blätter (3 Finger)
Olibanum (1 Kügelchen)
Aloe (Messerspitze)
Myrrhe (Prise)
Nelken (Messerspitze)
Anis (kl. TL)
Kreuzkümmel (kl. TL)
Kardamom (kl. TL)
Macis (kl. TL)
Zimt (kl. TL)
Galgant (1 TL)
Zermahlener Ingwer (kl. TL)

Safran (0,2 g)
Koriander (kl. TL)
Mandeln, zerhackt (1 TL)
Kürbissamen, zerrieben (1 TL)
brauner Zucker (EL)
Ghee ((1 TL)
Äthanol (1 ml)

Zubereitung: Aloe, Olibanum und Myrrhe in 70 % Äthanol lösen. Die Gewürze in eine Schale geben, die Opiumtropfen darauf träufeln. Zerbröseltes Haschisch, zerriebenes Ganja, zerhackte Cannabisblätter, zerstoßene Datura-Samen, zermahlene Datura-Blätter, die gelösten Zutaten, die Mandeln, Kürbissamen und der Zucker dazugeben. Das Ghee wird in der Pfanne zerlassen, geschwenkt und in kleine Schalen verteilt. Zur Einnahme wird grüner oder japanischer Tee gereicht. Die Wirkung tritt erst nach ca. 4 Stunden ein und hält 12 Stunden an. Am nächsten Tag kann es zu sehr angenehmen Nachwirkungen kommen.

Venus-Räucherung
Benzoe (2 Teile)
Olibanum (1 Teil)
Sandelholz (1 Teil)
Muskatnuss (1 Teil)
Damiana (1/2 Teil)
Rosenöl (einige Tropfen)
Alle Teile zermahlen und vermischen, dann das Rosenöl darauf träufeln. Nach und nach auf die glühende Kohle streuen. Dieser angenehme Rauch öffnet „die Tore der Erotik".

Astralreisen

Wenn Sie astral unterwegs sind, visualisieren Sie ein großes altertümliches Tor. Dies ist der Zugang zur Astralebene. Dort können Sie Verstorbene besuchen. Oder Sie gehen die Straße zu einem Seelentempel entlang, dort wartet am Eingang Ihr niederer Schutzgeist oder Wächter, der Sie als geistiger Führer lehrt. Gehen Sie astral zu Ihrem Feind und verwenden Sie die Symbol-Magie, durch Visualisierung projizierend. Stellen Sie sich vor, wie das Symbol auf Ihnen, auf ihm oder auf dem Geist erscheint. Man fixiere seine Gedanken über Konzentration auf einen bestimmten Punkt und benutzt dabei die elektromagnetischen Felder.

Technik zur Astralreise
1. Hod ist die Astralwelt, der Astralkörper.
2. Der Astrale wird vom Mond gesteuert (lunares Astral) demzufolge ist die Astralprojektion bei zunehmendem Mond einfacher.

3. Die astrale Ebene ist die Ebene der Magie, In manchen Indianerstammen geben die Piaden, die Magie-Priester, den Leuten eine psychedelische Droge, um die Beschleunigung in die astrale Ebene zu fördern.
   Sie mischen Asche des Guarumo-Baumes mit den zermalmten Blättern der Coca-Pflanze (Erithroxilon Coca L.), die sie bei zunehmendem Mond verabreichen, um dadurch die astrale Abspaltung einzuleiten.
4. Auf Astralreisen kann man oft auf Bewohner der Astralebene treffen. Manche meiner Klienten wurden laut eigener Aussage von Astralwesen sogar misshandelt oder vergewaltigt.
5. Die folgende Astralreise können Sie folgendermaßen durchführen; Lockern Sie sich. Die Astralreise ist eine Reise in eine andere Dimension, indem sich die Seele vom Körper abspaltet. In der Out-of-body-experience-Seance imaginieren Sie ein Bild eines Flusses (20 Sek.). Schließen Sie Ihre Augen. Ihr Körper wird immer schwerer.
   Stellen Sie sich vor, wie Sie aus Ihrem Körper austreten und sich von oben betrachten. Versuchen Sie zu fühlen, wie Sie von einer imaginären Kraft nach oben an die Decke gezogen werden. In Ihrem Geist können Sie sich vorstellen, wie Sie einen Meter hochschweben.
   Mit der „astralen Nabelschnur“ können Sie überallhin eine Astralreise starten.

Symbole/Tattwas

Die alten Griechen, vor allem Neuplatoniker, teilten die Welt in 4/5 Teile. Diese Teilung besteht aus Elementen. Diese Elemente heißen: Feuer, Wasser, Luft, Erde und Geist.
Das Element Feuer ist heiß, aktiv. Seine Farben sind rot (gelb).
Das Element Wasser ist feucht, kühl, fließend. Die Farben sind blau (blaugrün).
Das Element Luft ist strömend. Seine Farbe ist silbern.
Das Element Erde ist trocken, kühl. Seine Farben sind braun, olivgrün, schwarz und gelb.
Das Element Geist hat die Farbe schwarz oder weiß.

Die Symbole dafür sind:	Feuer:	Rotes Dreieck.
	Wasser:	Silberner Mond.
	Luft:	Blauer Kreis.
	Erde:	Gelbes Quadrat.
	Geist:	Schwarzes Ei.

Begriffe wie Astralkörper, Doppelkörper oder ätherischer Körper

Astralprojektion

Fluidalkörper, bioplasmatischer Körper, Double oder Ätherkörper.
Schlafphase: Hypnagoger Zustand.
Der Astralkörper bezeichnet einen hypnotischen feinstofflichen Körper.

Die Silberschnur
Bei Out-of-Body-Experiences wird gelegentlich berichtet, der Exteriorisierte erlebe sich mit seinem Körper durch eine Art Silberschnur verbunden, die am Solarplexus austritt, und elastisch ist. Die 7 Ebenen sind:

1. Physische Ebene.
2. Astralebene.
3. Mentalebene.
4. Buddhische Ebene (höchste Ebene).
5. Atmische Ebene.
6. Anupadaka-Ebene (IST-Ebene).
7. Adi (göttliche Ebene).

Außerirdische

Unsere Geschichte wurde seit Jahrtausenden verfälscht. Das Wort „Engel" auszusprechen war so tabu, dass die Rabbiner es aus dem Ritus verbannten. Die Wesen, die vor 5000 Jahren als Götter verehrt wurden, waren Außerirdische aus dem All, die Zivilisatoren unserer Ahnen waren. Die Venus war die Heimat der Götter. Die Geschichte Kleinasiens wurde von Venus regiert, wobei die folgenden Götter mit ihr identifiziert wurden: Baal, Istar, Astarte, Marduk, Bel, Assur. Peru und Mexiko standen unter den Göttern: „Großer Stern", Orejona, Viracocha, Kukulkan. Die Erde wurde von Flugkörpern von der Venus besucht. Später wurde der Menschheit einiges vorgelogen, um das Lügengerüst der ägyptischen, griechischen, hebräischen und christlichen Verschwörer nicht zum Einsturz zu bringen.
Das Wort Asien soll vom Phönizischen „asir" stammen, was „zentral" bedeutet und vom skandinavischen Wort „ase" = Gott abgeleitet wurde. Die Phönizier stammten von den Pelasgern ab, den „Ahnen von den nördlichen Meeren", deren Götter Asen hießen. Die phönizischen, phrygischen und assyrisch-babylonischen Völker gaben ihren Göttern Namen, in denen keltisch-skandinavische Wurzeln enthalten sind: Astarte, Astaroth, Asmodi, Ascherah.
Im Buch Henoch hieß der Engel-Astronaut, der den Menschen Wissen vermittelte, Azazel. Aus diesem Grund haben die Dämonen Namen, die mit As, Az, Bal oder Bel beginnen: Azazel.
Schuld an der Verfälschung war eine Verschwörung von Eingeweihten, an der Moses und der Pharao Echnaton beteiligt waren. Sie führten die Operation „einziger Gott" durch.
Alle gebildeten Menschen wussten im 15. Jahrhundert, dass der Planet Erde rund ist; nicht nur Christoph Kolumbus! Zur Zeit des Galileis war es bereits Tatsache, dass sich die Sonne um die Erde dreht. Man wusste es sogar schon seit 2.000 bis 3.000 Jahren, doch man verschwieg es aus Angst vor dem höheren Befehl. Auch schon Jahrhunderte zuvor hatten die Inder, Mexikaner und Inkas bewiesen, dass sie über ausgezeichnete astronomische Kenntnisse verfügten. Die Philosophen

Plato und Pythagoras hatten gelehrt, dass die Erde rund ist und sich dreht. Selbst wie eine Kugel ist.

Die Sintflut überschwemmte um das Jahr 10000 vor unserer Zeitrechnung das Greenland, in dem eine hochentwickelte Kultur bestand. Nach der Überlieferung trat eine Katastrophe ein, indem ein Riesenbrand den Planeten und die Menschen verbrannte und sie sodann ertranken. Manche hatten eine Mutation auf Grund hoher kosmischer Strahlung und verwandelten sich (nach der griechischen Mythologie) in Tiere.

Der Feuerregen könnte theoretisch vier Ursachen haben:

1. Starkes Signal von außerirdischen Kulturen, um Aufmerksamkeit zu erregen.
2. Kernexplosion oder Atomkrieg, ausgelöst durch die Bewohner der Erde.
3. Vulkanausbrüche.
4. Zusammenstoß eines Kometen mit der Erde, Meteoritenregen, oder Explosion der Asteroiden.

   Das Inlandeis brach aus seiner Verankerung, es stieß die Berge Skandinaviens um, hob die Kontinente und floss in die Ozeane.

   Das Keltenreich wurde durch den Ärmelkanal getrennt. Im Norden entstand England und Irland, im Süden Gallien. Die Erde bestand nunmehr aus einem Hexenkessel, in dem Versinken, Brausen und Chaos herrschten.

   Die Wellen brandeten bis zu 2000 bis 4000 m Höhe. Für diese These gibt es mehrere Faktoren:

   1. Die Menschheit wurde fast völlig vernichtet, jedoch gab es einige Überlebende.
   2. Nach den Überlieferungen konnten sich nur die retten, die auf hohe Berge klettern konnten, was natürlich mehrere Tage dauerte, wenn sie es überhaupt schafften.
   3. Nach dem Bericht der Bibel heißt es, Noah habe sich auf den Berg Ararat gerettet, der über 4000 m liegt.
   4. In einer Höhe von 4000 m sind Elefanten in Zentralasien im Eis aufgefunden worden.

      Fünf Rettungsinseln wurden von der Katastrophe verschont:

      1. Der Himalaya.
      2. Das iranische Hochland.
      3. Das abessinische Hochland.
      4. Der peruanische Altiplano.
      5. Das mexikanische Hochland.

Die meisten Tiergattungen konnten sich retten, da sie wohl eine Vorahnung hatten.

Als es auf der Erde wieder ruhiger zuging, stiegen die Überlebenden im Niltal nieder. Sicherlich hatten die Menschen große Schwierigkeiten zu überwinden, da sie wohl Strahlungen und Seuchen ausgesetzt waren und einen Mangel an frischen Lebensmitteln hatten.

Äthiopien und Ägypten schienen von der Sintflut fast verschont geblieben zu sein.

Vor dem Jahr 10000 vor unserer Zeitrechnung wird der Planet Erde von zwei Blöcken beherrscht: Atlantis und Mu.

Menschen, die sich noch erinnern konnten, zeichneten in Peru einen Motor und einen Raumanzug auf die Puerta del Sol. In Mexiko gravierte jemand noch wissenschaftlicher eine Rakete. Heilige, Götter und Engel waren außerirdischer Herkunft.

Julius Cäsar, Augustus, Kalif Omar, Karl der Große, Dschingis-Khan und andere haben folgende Taten begangen:

240 v. Chr.:	Niederbrennen der Bibliothek von Persepolis durch die Truppen Alexanders des Großen.
75 v. Chr.:	Die Sybillinischen Bücher der Priester des Apollo werden beim Brand des Kapitols vernichtet.
48 v. Chr.:	Erste Brandlegung in der Bibliothek von Alexandria auf Befehl von Julius Cäsar.
Um 1 n. Chr.:	Augustus lässt mehr als 2.000 Orakelbücher vernichten.
54 n. Chr.:	Der heilige Paulus lässt in Ephesos alle Bücher verbrennen, die von „sonderbaren Dingen“ handeln.
3. Jh.:	Die christlichen Kaiser des Abendlandes verbrennen die Wunder der antiken Welt und sogenannte heidnische Archive. Die wahre Geschichte der Welt geht in diesem verbrecherischen Unternehmen unter.
390 n. Chr.:	Zweite Brandlegung in der Bibliothek von Alexandria durch die Christen.
7. Jh.:	Unwissende irische Mönche verbrennen 10.000 Runenmanuskripte aus Birkenrinde, die die Überlieferungen der keltischen Kultur enthielten.
641 n. Chr.:	Dritter Brand in der Bibliothek von Alexandria, auf Befehl von Kalif Omar gelegt.
789 n. Chr.:	Karl der Große vernichtet die Dokumente der heidnischen Riten.
1221 n. Chr.:	Dschingis-Khan verbrennt die Bücher des antiken Ghulghuleh, dem Theben des Orients.
13. Jh.:	Die Katholiken vernichten die Bücher der Katharer.
14. u. 15. Jh.:	Die Inquisition verbrennt die häretischen Manuskripte.
16. Jh.:	Der christliche Bischof Diego de Landa und die Inquisition vernichten die gesamten heiligen Bücher der Mexikaner.
1709 n. Chr.:	In Lissabon verbrennt die Inquisition die wissenschaftlichen Dokumente von Gusmâo.

20. Jh.: In Paris versteckt man die brahmanischen astronomischen Tafeln, die evtl. zerstört wurden.

Der Ahne von Noah, der Patriarch von Henoch, hat in allen Details die erste Ankunft der „Engel" auf der Erde vor 15.000 bis 20.000 Jahren und die Geschichte unseres Planeten bis zur Sintflut aufgezeichnet. Henoch sprach von Reisen im Flugzeug oder in der Rakete, aber der Überlieferer konnte nicht über die fliegende Maschine schreiben, da er es für eine unglaubwürdige Übertreibung hielt, was noch heute der Fall ist. Stattdessen schrieb er über eine „Vision". Alles, was an Tatsachen berichtet wurde – Radio, Helikopter, Fernsehen, Astronauten, Raketen, Atomkrieg – wurde verfälscht.

Drogen wurden schon seit den frühesten Zeiten zur Erleuchtung von allen Völkern genommen:

„Nauacatl": Halluzinogener Pilz der Azteken (Mexiko), enthält ein Alkaloid (Psilocybin), das Erinnerungsbilder und Visionen in grüner Farbe erzeugt.

„Yage": Tropische Schlingpflanze in Amerika, die als Absud eingenommen wird. Steigerung der Fähigkeit, auf große Entfernung zu sehen und zu hören.

„Huanta": Nachtschattengewächse mit weißen Blüten. Sehr giftig. Zauberer verfallen für zwei bis drei Tage in Koma und bringen von ihrer Reise in das Land der Götter Informationen über die Zukunft mit.

„Honda": Pilz aus Neuguinea. Die Papuas benutzen ihn, um Halluzinationen und religiöses Delirium zu bewirken.

„LSD 25": Alkaloid aus dem Mutterkorn. Euphorie oder Depressionen. Starke Halluzinationen. Beschleunigung der Zeit und Bewegung wie bei einem Film. Verzerrung der Bilder, Machtgefühl, Wahnsinn.

Entführer

Menschen sind auf mysteriöse Weise seit dem Anfang der Zeit verschwunden, doch die Einflüsse haben sich verändert: Götter, Dämonen, Elfen, Geister und UFOs haben Menschen entführt und wieder zurückgebracht, manchmal auch nicht. Dr. Moore und seine drei Freunde reisten 1678 nach Irland. Er erzählte im Gasthaus in Dromgreagh, dass er als Kind oft von Elfen entführt worden sei. Die Magie einer Hexe habe ihn retten können. Während er erzählte, sah er eine Gruppe Männern hereinkommen und ihn mit sich fortziehen. Alles, was die Zeugen sehen konnten, war, wie Moore von einer unsichtbaren, unwiderstehlichen Kraft von seinem Stuhl aus dem Raum gezerrt wurde. Seine Freunde wollten ihn festhalten, jedoch vergebens. Erst durch die Macht der Hexe gelang es ihm, die Situation unter Kontrolle zu bringen.

Diese Geschichte wurde von den drei Zeugen beglaubigt. Eine Kopie davon liegt heute im Britischen Museum London.

In „Begegnungen der dritten Art“ wird beschreiben, wie ein Gefreiter Jerry Unwin am 1. August 1959 sich immer wieder verflüchtigte und aufkreuzte, bis er für immer von der Bildfläche verschwand.
Der Cro-Magnon-Mensch fertigte besondere Waffen und Werkzeuge aus Holz und Knochen an. Er lebte im Klan und einer patriarchalischen Hegemonie.

Bannspruch

Im Namen des Großen Geistes
Und des ewigen Lichts
Und der guten Engel
Und der guten Wesen

Soll alles Böse
Von diesem Haus
Und von meinen Lieben
Und von mir
Sich entfernen und fern bleiben

Im Namen des Großen Geistes
Und des ewigen Lichts
Und der guten Engel
Und der guten Wesen

Soll jedes böse Wesen
Und jede böse Kraft
Gebannt sein
Und gebannt bleiben

Im Namen des Großen Geistes
Und des ewigen Lichts
Und der guten Engel
Und der guten Wesen

In Ewigkeit
Amen

Das Besprechen

Gebet: Heilige Barbara

Heilige Barbara, reinige das Blut
Bring es ins Gleichgewicht
Und alles wird gut.
So sei es.

Heilige Barbara, reinige das Blut
Bring es ins Gleichgewicht
Und alles wird gut.
So sei es.

Heilige Barbara reinige das Blut
Bring es ins Gleichgewicht
Und alles wird gut.
So sei es.

So soll es sein!

Im Namen des Vater und des Sohnes und des Heiligen Geistes. Amen!

Dieses Gebet hilft bei Aids, Krebs, Diabetes, Rheuma, Entgiftung des Körpers. Besorgen Sie sich ein neues Heft, in dem Sie alle Gebete des Besprechens aufschreiben. Nur durch das Abschreiben wirkt das magische Gebet.

Heiliger Vitus

Glieder zittern, Alltag in Qual
Ruhe kehrt ein, Alltag verschwinde
Licht und Liebe immerdar.

Glieder zittern, Alltag in Qual
Ruhe kehrt ein, Alltag verschwinde
Licht und Liebe immerdar.

Glieder zittern, Alltag in Qual
Ruhe kehrt ein, Alltag verschwinde
Licht und Liebe immerdar.

So soll es sein!
Im Namen des Vaters und des Sohnes und des Heiligen Geistes. Amen!

Hilfreich bei Epilepsie, Parkinson und Krämpfen.

Verschiedene Formen zu Channeln

Das Wort Channel bedeutet im Englischen „Kanal“. Das Medium spricht dabei als Vermittler durch einen Kanal eines Wesens aus dem Jenseits. Oft wird eine Verbindung zu aufgestiegenen Meistern, Geistführern und Schutzengeln gesucht. Das Medium befindet sich während des Channelns in Trance.

Trance

Um sich in mediale Trance zu begeben, braucht man Entspannung, Konzentration und einen höheren geistigen Raum, in den man hineingeht.
Man geht in einen verdunkelten Raum, schaltet alle technischen Geräte ab und entspannt sich vollkommen, indem man ungefähr 20 Atemzüge nimmt. Dann konzentriert man sich fünf Minuten auf einen Gegenstand oder eine Blume etc.
Nun stellen Sie sich vor, wie vor Ihnen ein hoher Meister sitzt. Stimmen Sie sich in seine Schwingungen und in den Energiefluss ein. Das Chi muss fließen. Nehmen Sie als Konzentrationsübung einen Kristallstein in die Hand und spüren Sie seine Energien.

Kontaktaufnahme mit dem spirituellen Meister

Mit einer Kordel oder Kreide können Sie sich schützen, indem Sie auf den Boden einen Kreis zeichnen. Gehen Sie in den Trancezustand. Imaginieren Sie, wie Sie ins Licht und in eine höhere Dimension gehen und darin schwingen. Stellen Sie

sich vor, wie Sie von höheren Lichtwesen empfangen werden, die Sie heilen. Gehen Sie durch die Pforte des Lichts.
Bitten Sie den höchsten geistigen Führer, zu erscheinen. Grüßen Sie ihn und fragen Sie ihn, ob er aus dem Licht und von Gott kommt. Lassen Sie ihn im Namen Jesus Christus schwören, dass er ein Lichtwesen ist. Wenn nicht, lassen Sie im Namen Gottes einen spirituellen Meister kommen, nach dessen Namen Sie fragen.
Jedes andere Wesen sofort wegschicken. Nun können Sie Ihre Fragen stellen.
Dann können Sie aus der Selbsthypnose aufwachen.

Hexenbrett

Am Anfang einer Séance sollte man nur drei bis fünf Leute haben, um mit ihnen am Hexenbrett zu arbeiten. Die Teilnehmerzahl des Zirkels sollte ungerade sein. Es sollte genügend geräuchert und um die Mitternachtsstunden befragt werden. Der Magier Gregor A. Gregorius empfiehlt, so viele Kerzen anzuzünden, wie Teilnehmer anwesend sind. Auch sollte man dunkle Kleidung dabei tragen und den Schmuck wegen der Strahlung ablegen. Uhren sollten von den Wänden abgenommen werden, um die Konzentration zu stärken. Im Raum sollte man zusätzlich eine Schale mit Wasser aufstellen, damit negative Energien absorbiert werden können. Danach muss man das aufgeladene Wasser wegschütten.

Hellsehen durch die Kristallkugel oder Kristalle

Es gibt drei Arten der Hellsichtigkeit:
1. Angeborene Hellsicht.
2. Pathologische Hellsicht.
3. Hellsicht, die man später erlernt.

Hellsehen mit Kristallkugeln

Beim Hellsehen in Kristallen nehme man einen Bergkristall oder eine Bergkristallkugel. Um Mitternacht lege man den Kristall auf ein schwarzes Samttuch und konzentriere sich eine halbe Stunde lang darauf. Das gedämpfte Licht sollte hinter dem Hellseher über seinen Rücken scheinen. Dabei sollte man nicht vergessen, den magischen Kreis zu ziehen, um geschützt zu sein.

Spiegelmagie

Vorsicht vor Spiegelmagie! Besonders, wenn es sich um einen schwarzen Spiegel handelt! Der schwarze Spiegel zieht niedere Astralwesen an! Ich habe dies bereits erprobt. Man kann darin zwar ziemlich gut hellsehen und sieht auch verschiedene Wesen, es ist jedoch höchst gefährlich!

Astralprojektion

Muldoon schlägt in seinem Buch „Die Aussendung des Astralkörpers“ vor, zu imaginieren, man werde vom Wasser getrieben, bzw. von einem Wasserwirbel

herumgeschleudert. Eine andere Vorstellung des Astralkörpers ist, man werde wie ein Derwisch herumgewirbelt. Oder mit seinem Astralkörper mit den Wolken fliegen.
Stellen Sie sich vor, Sie würden einen Ballon aufblasen und mit diesem Ihren Körper hochblasen.
Schweben Sie, indem Sie sich von Ihrem feinstofflichen Körper abspalten, einige Meter über Ihrem Körper frei herum. Danach schweben Sie wieder zum Boden herab.
Somit können Sie Astralreisen machen.

Schutz vor Wesenheiten

Schützen Sie sich vor allem vor Wesenheiten, indem Sie neben Weihräucherungen und Weihwasser aus der Kirche Ihre magische Arbeit mit einem Gebet beginnen und mit dem Entlassungsgebet beenden:

„Im Namen des allmächtigen Gottes,
Im Namen des Vaters, des Sohnes
Und des Heiligen Geistes,
Im Namen von Jesus Christus,
Im Namen von Adonai,
Entlasse ich alle herangeführten Wesen
Und befehle ihnen, sich zu entfernen!
Kraft meines allmächtigen göttlichen Willens!
Im Namen Adonai: Entweichet!“

Man kann einen Schutzkreis visualisieren, indem man sich vorstellt, aus den Fingern strahlt Licht aus. Beginnend im Uhrzeigersinn spricht man die Bannung:

„Ich banne euch, ihr negativen und destruktiven Mächte! Fort mit euch, ihr dunklen Schatten aus meiner Seele und meinem Geist! Fort mit euch aus diesem Raum! Ich öffne mein Kronen-Chakra für die göttliche Energie. Im Namen des Vaters, des Sohnes und des Heiligen Geistes. So sei es! Amen.“

Darüber hinaus kann man sich vorstellen, wie man einen Od-Mantel, einen Astronauten-Anzug aus hellblauem Licht anzieht, den man mit einem Reißverschluss schließt. Als andere Schutzmaßnahme gilt das Pentagramm, das man immer bei magischen Arbeiten dabei haben sollte.

Das kabbalistische Kreuz

Mit dem Gesicht nach Osten stehend, ziehen Sie einen Lichtball (wie eine kleine Sonne) aus dem Universum bis zu Ihrem dritten Auge (Ajna) herunter.
Vibrieren Sie nun „*Ateh*“ (Aaa-t-eee-hhh). Ziehen Sie mit Ihrer Hand den Lichtstrahl bis zum Solarplexus und bis zu Ihren Füßen hinunter. Vibrieren Sie nun „*Malkut*“ (Maaal-kuuut). Berühren Sie mit der Hand und dem Lichtstrahl die rechte Schulter und vibrieren Sie „*Ve Geburah*“ (Veee Geee-buuu-raaahh). Ziehen Sie die Hand mit dem Lichtstrahl bis zur linken Schulter hinunter und vibrie-

ren Sie „*Ve Gedulah*" (Veee-Geee-duu-laaahh). Visualisieren Sie nun das gesamte Licht-Kreuz auf Ihrem ganzen Körper mit vier Lichtkugeln, indem Sie Ihre Hände vor der Brust falten, und vibrieren Sie „*Le Olam Amen*" (Leee-Ooolaammm-Aaameeen).
Sie können nun Ihre Hände sinken lassen.
Anschließend können Sie das kabbalistische Kreuz mit einem Gebet beenden:

„Vor mir ist Raphael,
hinter mir ist Gabriel,
zu meiner Rechten Michael,
zu meiner Linken Uriel,
um mich herum flammen die Pentagramme,
über mir ist Hexagramm."

Trance-Zustand und Channeln

Die Kreativität wird durch Channeling gefördert. Es ist ein Kontakt zu den höheren Dimensionen. Wenn man Kontakt zu einem Geistführer erbittet, wird er in Ihr Leben treten. Man hat im Trance-Zustand das Gefühl, die Weisheit erlangt zu haben. Manche Geistführer werden als Lichtwesen bezeichnet, da sie mit Licht arbeiten. Hochstehende Geistführer werden in Ihr Leben treten, um Ihren Lebensweg zu erleuchten. Sie helfen bei der Unterstützung Ihrer Pläne und Ihrer Ideen. Hochentwickelte Geistführer würden Ihnen niemals Angst einjagen oder Ihr Ego stärken. Sie schmeicheln Ihnen nicht, loben Sie dennoch bei Fortschritt. Sie geben Ihnen die Gabe, großartiger innerer Visionen.
Die niederen Wesen sollten Sie niemals in Ihren Körper oder in Ihre Nähe lassen. Schicken Sie diese sofort weg. Fragen Sie sie, ob sie aus dem Licht kommen.
Manche Geistführer übermitteln Ihnen ihre Botschaften durch höhere Telepathie. Manchmal erscheinen Geistführer durch Lichter und Farben; man sieht sie nicht immer, sondern spürt sie lediglich.
Jedes Channeling wird mit Hilfe Ihrer Seele geschehen.
Sorgen Sie 15 Minuten lang für Ruhe und stellen Sie alle technischen Geräte ab. Entspannen Sie sich vollkommen. Schalten Sie eine Meditationsmusik ein.

1. Legen oder setzen Sie sich bequem hin. Ihre Kleidung sollte locker sein.
2. Schließen Sie Ihre Augen. Atmen Sie ca. 20 Atemzüge in den oberen Brustkorb ein.
3. Werfen Sie Ihre Sorgen ab. Hüllen Sie negative Gedanken in einen Ballon, der davon schwebt.
4. Entspannen Sie sich vollkommen und kommen Sie zur Ruhe. Ihr Mund sollte leicht geöffnet sein.
5. Hüllen Sie sich in eine weiße Lichtblase mit hellen Strahlen ein.
6. Kommen Sie langsam in die Realität zurück und genießen Sie die Ruhe.

7. Üben Sie ein bis zwei Wochen, täglich ca. 20 Minuten lang, um sich an die tiefere Entspannung und innere Stille zu gewöhnen.
8. Nun sollten Sie in der Lage sein, sich in einen Zustand der absoluten Entspannung hinein zu versetzen.
9. Sobald Sie wieder ganz entspannt sind, wählen Sie ein positives Element wie Liebe oder Friede aus.
10. Nun malen Sie sich aus, wie es wohl sein könnte, wenn dieses positive Element in Ihr Leben treten würde. Versuchen Sie, diesen Gedanken fünf Minuten festzuhalten.
11. Wiederholen Sie diese Übung mit anderen Gegenständen wie z. B. mit einer Blume oder einem Kristall.
12. Stellen Sie sich vor, wie ein hoher Meister vor Ihnen sitzt. Praktizieren Sie diese Übung fünf Minuten pro Tag und eine Woche lang.
13. Stellen Sie sich vor, wie Sie in einem Tempel oder einem Kloster sitzen und die Ruhe genießen.
14. Nun sollten Sie in der Lage sein, spontan in einem Channeling-Raum zu sein.
15. Jetzt ist die Zeit gekommen, in der Sie Ihren Kanal öffnen können.
16. Nehmen Sie Ihre Trance-Haltung ein und sitzen Sie bequem und mit geradem Rücken. Atmen Sie bewusst. Stellen Sie sich vor, wie Sie immer höher in eine andere Dimension emporschweben. Imaginieren Sie, wie Sie im Licht baden.

    Sehen Sie vor Ihrem geistigen Auge, wie sich Ihnen viele Lichtwesen nähern. Sie öffnen Ihnen ihre Tore. Sie heißen Sie willkommen.

    Nun sehen Sie eine Tür, die Sie in eine Welt des Lichts der höheren Schwingung führt. Gehen Sie durch diese Tür hindurch. Spüren Sie, wie das Licht sich über Sie ergießt, Sie heilt und reinigt.

    Bitten Sie, den höchsten Geistführer, zu erscheinen. Grüßen Sie ihn und achten Sie auf seinen Gruß. Er kann beispielsweise nur nicken. Wie sieht Ihr Geistführer aus?

    Sie können sich mit ihm mental unterhalten. Da Sie verbal channeln wollen, bitten Sie Ihren Geistführer, den Kanal zwischen Ihnen zu öffnen. Bedanken Sie sich bei allen Lichtwesen.

    Das Channeln sollte nicht 40 Minuten überschreiten, da man sonst erschöpft ist.
17. Stellen Sie sich vor, wie in Ihrem Nackenbereich ein goldenes Licht strahlt. Imaginieren Sie, wie das goldene Licht in Ihren Körper und in Ihre Aura fließt. Nun sehen Sie, wie Sie im Licht des Geistführers sitzen. Er besitzt eine helle Schwingung.

    Fragen Sie anschließend nach dem Namen oder dem ersten Buchstaben Ihres Geistführers. Stellen Sie ihm Ihre Fragen.

    Genießen Sie die Harmonie mit ihm. Bitten Sie ihn, den Kontakt zu intensivieren, damit Sie ihn beim nächsten Mal schneller kontaktieren können. Be-

danken Sie sich bei ihm. Sie sollten solange channeln, bis Sie die richtige Schwingungsfrequenz spüren.
Die Geistführer und Lichtwesen veranstalten eine Feier, wenn man mit ihnen Kontakt aufnimmt.

18. Wenn man channelt, gelangt man zur inneren Wahrheit. Die innere Wahrheit ist die äußere Klarheit!
19. Die Botschaften der hohen Geistführer sind voller Licht und Liebe. Als Channel-Medium werden auch Sie zu der Quelle der Liebe und des Mitgefühls.
20. Sollten Sie für andere Menschen channeln, können Sie ihre Energie beeinflussen.
21. Channeling verändert Ihre Zukunft zum Positiven.
22. Spirituell werden Sie sich durch das Channeln höher entwickeln und gelangen zur Erleuchtung.
23. Die innere Wandlung wird Ihnen schon nach dem ersten Channeling auffallen. Sie lassen dann mehr Licht in Ihren Körper strömen.
24. Es kann sein, dass Sie später einen noch höher stehenden Geistführer bekommen, der mit einer höheren Frequenz arbeitet.
25. Wenn Sie channeln, ist Ihre Aura lichtvoller und Sie ziehen Menschen dadurch magisch an. Sie werden wahrscheinlich andere Kontakte suchen als bisher, denn Menschen, die sich nicht um ihre spirituelle Entwicklung bemühen, werden aus Ihrem Leben automatisch verschwinden.
26. Die Zeiten ändern sich. Die Erdschwingung erhöht sich. Auch in den elektromagnetischen Frequenzen der Erde findet der Wandel statt.

Jinn (Cin)

Cin sind islamische Geister. Sie sind aus Feuer entstanden. Um das dritte Auge zu öffnen, benutzt man folgendes Mantra: „*Thhhohhh*“.
Eine islamische Atemtechnik ist folgender Laut, den auch die Sufis benutzen: „*Ha-hu!*“
Mehrmals wiederholen, wobei die Laute kurz ausgesprochen werden.
Cin sehen aus wie Rauch und bewegen sich in Sekundenschnelle. In 8 Sekunden können sie um die ganze Welt fliegen. Sie können sich in nahezu 99 Gestalten umwandeln.
Darüber hinaus haben sie viel Wissen. Cin können ebenso wie Menschen essen, trinken und heiraten. Sie werden geboren und sterben. Im Gegensatz zu den Menschen haben Cin ein viel längeres Leben. 700 bis 1000 Jahre ist die Lebenserwartung. Sie kämpfen stets gegeneinander und bekriegen sich. Das Leben eines Cins endet mit dem Verschwinden im Boden. Ihre größte Eigenschaft ist, sich in negativen Zeiten und depressiven Zuständen, in den Menschen hineinzuschlüpfen und ihn für seine Zwecke auszunutzen.

Die gefährlichsten Cin und deren Namen

1. Meymun: Dieser Cin ist in den Samstagsstunden verfügbar. Es ist der Cin des Uranus. Er ist alt und spaziert gern am Brunnenrand. Außerdem kann er fliegen. Seine Helfer tragen die Farbe weiß.
2. Mureh: 150 cm. Seine Hände sind länger als sein Körper. Seine zwei Diener sehen ihm ähnlich, und sie bewegen sich im Blitztempo.
3. Teykel: Er besitzt eine sehr starke Cin-Armee.
4. Ahmer: Dieser Cin ist in den Dienstagsstunden verfügbar. Er ist eines der Kinder von Iblis. Seine Farbe ist rot. Er hat die Gestalt eines Menschen und lässt Blut fließen. Dieser König der Cins hat die Fähigkeit, jemanden in Halluzinationen zu versetzen.
5. Denahes: Dieser Cin kann Leute in den Wahnsinn treiben.
6. Fekacin: Der schnellste Cin bei Einladungen.
7. Semhuris: Donnerstags-Cin. Hat viel Wissen. Sieht dem Menschen sehr ähnlich und verfügt über Hab und Gut. Seine Helfer sind weiß angezogen.
8. Zubea: Freitags-Cin. Hat die Fähigkeit, zwei Liebende zu vereinen. Seine Helfer sind grün angezogen.
9. Kemtemin: Der gefürchtetste aller Cin-Könige. Bei ihm werden die Menschen in den Wahnsinn getrieben.
10. Montags-Cin: Abdullah el-Hiyem.
11. Dienstags-Cin: Mihrez el-Ahmer.
12. Mittwochs-Cin: Burkan. Seine Kleider sind gelb.

Ein wissenschaftlicher Versuch, Cin zu erklären

Atom, Elektron, Proton und Moleküle brauchen wir hier nicht detailliert zu erklären, da es zum Allgemeinwissen zählt. Cin sind aus kosmischen Lichtern entstanden, könnte man sagen. Sie können in ihrer eigenen Geschwindigkeit durch einen Lichttunnel enorm schnell fliegen, sogar bis zu 300.000 km in der Sekunde! Sie bewegen sich auf elektromagnetischen Feldern und verfügen über Alpha-, Gamma-, X- und Röntgenstrahlen. Alle diese Informationen kann man in den jeweiligen Suren des Korans nachlesen.

Es gibt Hocas, die einen Goldschatz mit Hilfe der Cins finden können. Manche Cin sind in der Lage, einen Brand im Haus zu entfachen. Bei manchen Menschen können Cin epileptische Anfälle verursachen, obwohl kein neurologischer Befund vorliegt. Auch hysterische Lähmungen, Ticks, Zungenlähmungen, hysterische Gehörlosigkeit und Blindheit, Erbrechen, Scheinschwangerschaften, Amnesie, Schlafwandlung, Bilokation, hysterischer Wahn, hysterisches Lachen und Weinen gehören zu diesen Symptomen.

Sofern muslimische Cin in Usbekistan angerufen werden, ist es möglich, diese zu Heilzeremonien anzurufen. Die Anrufung von bösartigen oder ungläubigen Cins führen zu Schäden. Wenn der praktizierende Heiler bei seinem Ritual die islamischen Vorschriften befolgt, muss er immer erst das Wohlwollen Allahs erbitten. Nachdem der Heiler sich in Richtung Mekka verneigt hat und Allah um Beistand bat, bringen ihm seine Assistenten ein totes Huhn, das er an den Füßen packt und es dreimal um den Kopf des Patienten kreisen lässt. Anschließend wird dem Huhn der Kopf abgeschnitten (wie grausam!) und das ausströmende Blut wird auf die kranken Körperteile des Kranken gestrichen. Der Heiler umkreist den Kranken immer schneller und schlägt dabei auf die Schamanentrommel. Dabei ruft der Heiler nach den helfenden Cin. Der Glaube besagt, Cin ernähren sich von Tierblut. Wenn sie in Erscheinung treten, lecken sie nicht nur das Blut, sondern auch die Krankheit weg. Nur über die Mundöffnung, so der Glaube, wird das Eindringen in den menschlichen Körper ermöglicht.

Bei Verstorbenen kann ein Schamane den Trauertanz der Frauen unterstützen, indem er ständig und sehr laut in die Hände klatscht, damit die Cin vertrieben werden.

Ein Schamane vollzieht einige Beschwörungen und Bannzauber. Unter seiner Anleitung wird ein Bildnis des Verstorbenen von den Angehörigen aus Teig geformt. Die Größe beträgt 10-15 cm. Aus Leder und Stoff werden Gegenstände angefertigt, die Aufschluss über den Besitz des Verstorbenen geben sollen.

Das Geheimnis der ewigen Jugend

In unserer heutigen Zeit kann der Mensch zwischen 120 und 150 Jahren in voller Gesundheit leben. Die Drüsen leiten den Prozess der Verjüngung der Zellen und des ganzen Körpers ein. Das Altern der Zellen und bestimmter Organe beginnt um die 30 Jahre. Aber um das Altern zu verlangsamen, kann man nicht nur mit ganz bestimmten Maßnahmen die Zone im Gehirn, die das Alter bestimmt, beeinflussen, sondern auch auf die Drüsen und Zellen einen direkten Einfluss nehmen. Doch als erstes muss man vermeiden, seinem Körper und seinem Geist zu schaden.
Es ist zuerst der Geist, der bestimmt!
Wenn Sie sich alt fühlen.
Wenn Sie von morgen nichts erwarten.
Wenn Sie nicht mehr zu lernen haben.
Wenn Sie keine Ziele mehr haben.

Essen Sie wenig Fleisch, aber viele Früchte, Gemüse und reines Olivenöl. Bleiben Sie schlank. Stehen Sie vom Tisch immer mit ein wenig Hunger auf. Joggen Sie nicht, wenn Sie über 40 sind, sondern gehen Sie in der freien Natur wandern. Vermeiden Sie heftige Kraftanstrengungen, die Ihren Körper nur stressen.

Drei Nahrungsmittel sind der Schlüssel der ewigen Jugend

4 bis 5 Mandeln am Tag
10 oder 15 getrocknete oder frische Weintrauben
1 EL reines Olivenöl
1 Kapsel mit Extrakten des Olivenblatts

Das Elixier des langen Lebens

Der Olivenkern enthält eine winzig kleine Menge dieses Elixiers:
Nehmen Sie 100 g getrocknete Oliven, am besten unter einem Olivenbaum gesammelt. Waschen Sie sie, trocknen Sie sie ab und zermahlen Sie sie zu einem festen Brei. Legen Sie die Paste 15 Tage lang in 1 Liter Alkohol mit 60 Grad und filtern Sie die Paste danach.
Nehmen Sie einen EL pro Tag, verdünnt in einem Glas – halbvoll mit Wasser – jeden Tag Ihres Lebens. Ihre Apotheke wird Ihnen dabei helfen.

Knoblauch-Zitronen-Elixier

Zubereitung: 2 Liter Zitronensaft pressen und 40 Knoblauchzehen zerdrücken. 3 Wochen stehen lassen (in einer dunklen Flasche im Kühlschrank). Einmal pro Jahr 3 Wochen lang trinken (jeden Morgen vor dem Frühstück ein halbes Glas).
Dieses Elixier ist gegen jede Krankheit: Gegen Schlaganfall, Herzprobleme, Augenprobleme, Blutdruck, Fette, Krebs etc.

Wie die Sufis heilten

Bronchitis bei Kindern

Rezept 1

2 TL geschnittene Lakritzen
2 TL Leinsamen
12 TL Honig
Zubereitung: Lakritzen und Leinsamen in ¼ bis $^{3}/_{8}$ Liter Wasser 10 Minuten lang kochen, abseihen und mit Honig süßen.
2 bis 3-mal täglich.

Rezept 2

$^{1}/_{8}$ TL Aloe
Zubereitung: In Milch auflösen.
Anwendung: Aloe in Wasser auflösen und lauwarm auf die Brust auftragen.

Durchfall

3 TL gemahlener Ingwer
5 TL Fenchelsamen
Honig
Zubereitung: Fenchel pulverisieren und mit Honig zu einer Paste verrühren.
1 TL im Tee 3-mal täglich, vor dem Zubettgehen.

Erkältungen

Rezept 1

1 TL Weizenkleie
5 schwarze Pfefferkörner
$^{1}/_{8}$ TL Salz
Zubereitung: Die Zutaten 3 Minuten lang in ¼ Liter Wasser kochen und abseihen.
2-mal am Tag.

Rezept 2

½ TL zerstoßene Zimtrinde.
Zubereitung: In $^{3}/_{8}$ Liter Wasser 10 Minuten kochen, abseihen und mit Honig süßen.
2-mal am Tag.

Übergewicht

Rezept 1

1 TL Valerian-Wurzel (Wurzel von Valeriana officinalis)
1 TL geriebene Muskatnuss
Zubereitung: Die Ingredienzien zu Pulver zermahlen.
$^{1}/_{8}$ TL 30 Minuten vor jeder Mahlzeit mit Wasser einnehmen.

Rezept 2

1 TL Limettensaft
Mit ¼ Liter Wasser am Morgen auf nüchternen Magen einnehmen.

Rezept gegen Haarausfall

½ Liter Feigenbaumwurzeln
1 Liter Kokosnussöl oder Olivenöl

Zubereitung: Feigenwurzeln 3 Tage lang im Schatten trocknen, dann zerkleinern und 15 Tage lang in Olivenöl aufbewahren. Später abseihen und das Öl in einer Glasflasche aufbewahren.
Anwendung: Vor dem Zubettgehen in die Kopfhaut einmassieren und über Nacht einwirken lassen.

Rezept gegen Migräne
½ TL schwarze Pfefferkörner
Zubereitung: Mit 3 EL Wasser zermahlen und abseihen.
1 oder 2 Tropfen in die Nasenlöcher.

Zahnschmerzen und Zahnfleischentzündung

Rezept 1
¼ Liter Ingwer-Wasser
½ TL Salz
Zubereitung: Salz mit Ingwer-Wasser verrühren.
Auf den Gaumen reiben.

Rezept 2
3 TL Essig
3 TL Rosenwasser
Zubereitung: Essig mit Rosenwasser in einem Glas verrühren.
3-mal täglich gurgeln.

Dr. Maoshing Ni rät in seinem Buch „So werden Sie 100“, wie man laut Rezepte des Gelben Kaisers, sehr lange lebt:
Man sollte sich in der Woche vegetarisch ernähren und am Wochenende Fleisch essen. Ingwer hat entzündungshemmende Eigenschaften; wirkt schmerzlindernd und entzündungshemmend, gegen Migräne und Magenschmerzen, krebshemmend.

- Wegen der Omega-3-Fettsäuren öfter Fisch essen; wirkt gegen Herzbeschwerden.
- Isst man täglich 2-3 Äpfel, wird der Cholesterinspiegel gesenkt.
- Blaubeeren können unsere Nervenzellen schützen und unsere Gehirnzellen bewahren.
- Man sollte täglich mindesten eine Tasse Suppe essen, um an Gewicht zu verlieren.
- Oliven-, Sesam-, Raps-, Mandel- oder Fischöl sind gute Fette wegen der Omega-3-Säure.
- Butter-, Erdnuss- und Kokosöl sind schlechte Öle.
- Wenn Sie zu häufig gegrilltes Fleisch essen, das schwarz ist, kann es das Krebsrisiko fördern.
- Apfelessig fördert die Lebensverlängerung und ist entzündungshemmend gegen Magen-, Darmprobleme.
- Honig ist ein natürliches Antibiotikum und stoppt Krebsgeschwüre im Magen.
- Kletten werden gegen Rheuma, Leberkrankheiten und Krebs eingesetzt.

- Tomaten wirken gegen Brust- und Gebärmutterkrebs. Vorsicht: nicht Kindern unter einem Jahr zum Essen geben!
- Verwenden Sie nur Meersalz, und das in Maßen.
- Bei Alzheimer-Krankheiten und MS Nachtkerzen-Öl in Tabletten einnehmen, wegen der Omega-3-Säuren.
- Gegen Diabetes, Herzkrankheiten und Krebs helfen Kirschen.
- Olivenöl senkt den Blutdruck.
- Brokkoli senkt das Lungenkrebsrisiko.
- Ihre Knochen können Sie mit Orangensaft stärken.
- Spinat für die Sehkraft.
- Essen Sie Artischocken, um die Leber vor Vergiftung und Krebs zu schützen.
- Bei einem Experiment mit Ratten hatten diejenigen mehr Brustkrebs, die zu viel Zucker fraßen, als die, die weniger fraßen.
- Süßstoffe wie Saccharin können Krebs auslösen.
- In der chinesischen Medizin gelten die 5-Elemente-Regeln:
  Man soll für jedes Element die jeweilige Farbrichtung an Gemüse oder Obst essen. Grün für Holz, Rot für Feuer, Gelb und Orange für Erde, Weiß für Metall, Schwarz und Blau für Wasser. Dasselbe gilt für Nüsse und Getreide.
- Panax Ginseng ist eine 5000 Jahre alte Anti-Aging-Pflanze.
- Schisandra ist ebenso ein Verjüngungsmittel und wird bei der Chemotherapie eingesetzt, um wieder zu Kräften zu kommen.
- Gelée Royale wird gegen Tumore eingesetzt.
- Für ein starkes Herz nehmen Sie Weißdorn ein.
- Osha hemmt das Tumorwachstum.
- Für eine gesunde Prostata: Sägepalme.
- Mit Hilfe von Süßholzwurzel und Enzian kann man die Nikotinsucht hemmen.
- Ehemalige Alkoholiker sollten Kapseln der Bupleurum-Wurzel einnehmen. Wirkt auch bei Hepatitis.

Heilpflanzen (Essiac-Kräuter)

In diesem Kapitel geht es vor allem um Heilkräuter. Eines davon nennt sich „Essiac“. In ihrem Buch „Essiac, das geheimnisvolle Elixier“ stellt B. Olsen die indianische Power-Medizin zur Stärkung der Immunkraft vor. Die kanadische Krankenschwester René Caisse entdeckte 1922 eine Medizin, die gegen Krebs hilft. Diese Medizin nannte sie „Essiac“. 80 % der Krebs-Patienten wurden mit diesem Mittel geheilt. Dieses Mittel ist besonders gegen Brustkrebs erfolgreich.

Große Klette
Botanischer Name: Arctium lappa (Große Klette), Arctium minus (Kleine Klette). Im Volkstümlichen auch Klettenwurzel genannt.
Zubereitung: 30 Gramm Klettenwurzel für einen Liter Tee anwenden.

Vorsicht! Nicht in der Schwangerschaft trinken, da die Große Klette östrogenähnliche Wirkung besitzt.

Kleiner Sauerampfer

Botanischer Name: Acetosella vulgaris.

Volkstümlich auch Feldsauerampfer genannt.

Zubereitung: Für ca. 35 Liter frische Kräuter ca. 450 g Pulver verwenden.

Rotulme

Botanischer Name: Ulmus fulva.

Volkstümlicher Name: Rotulme.

Therapie: Die Rotulme hilft bei nervösen Magen-Darmbeschwerden, Entzündungen im Hals und bei Husten.

Zubereitung: Die Rinde der älteren Bäume wird abgeschält. Die saftige innere Rinde wird abgezogen und getrocknet. Die Rinde wird pulverisiert. Bei Fieber und Husten wird ein Umschlag gemacht.

Essiac-Tee

Zutaten: Klettenwurzel (geschnitten) 6,5 Tassen (1,5 Liter)
Kleiner Sauerampfer (Pulver) 500 g
Rotulme (Rinde, Pulver) 125 g
Medizinalrhabarberwurzel (Pulver) 31 g

Flüssige Zutaten: Quellwasser, destilliertes Wasser.

¼ Liter getrocknete Zutaten und 7 ½ Liter Wasser ergeben 7 Liter Tee (14 Flaschen);

$^{1}/_{8}$ Liter getrocknete Zutaten und 3 ¾ Liter Wasser ergeben 3 ½ Liter Tee (7 Flaschen).

$^{1}/_{16}$ Liter getrocknete Zutaten und 2 Liter Wasser ergeben ca. 1 ¾ Liter Tee (3 ½ Flaschen).

Zubereitung

2 Töpfe aus rostfreiem Stahl oder aus Glas (einer mit Deckel), ein Sieb, Trichter, eine dunkle und braune Glasflasche.

1. Die getrockneten Zutaten mischen.
2. Die Menge an getrockneten Zutaten abmessen und an einem dunklen und kühlen Ort lagern.
3. Die vorgegebene Menge Wasser in den Topf gießen.
4. Das Wasser im zugedeckten Topf sprudelnd kochen lassen.
5. Die getrockneten Zutaten in das kochende Wasser geben.
6. Den Topf zudecken und auf kleiner Flamme 10 Minuten kochen.
7. Den Herd abstellen. Im zugedeckten Topf 6 Stunden lang ziehen und abkühlen lassen.
8. Rühren. Topf wieder zudecken und nochmals 6 Stunden lang stehen lassen.
9. Die Mischung auf den Herd stellen und etwas erhitzen.

10. Herd ausstellen und den Inhalt durch das Sieb in den zweiten Topf abfüllen.
11. Den ersten Topf reinigen.
12. Den Inhalt des zweiten Topfes durch das Sieb in den ersten Topf zurückgießen.
13. Die heiße Flüssigkeit in die dunkle Flasche gießen und in den Kühlschrank stellen.

Anwendung

1. Auf leeren Magen vor dem Zubettgehen (mindestens 4 Stunden nach der letzten Mahlzeit) 4 Esslöffel (60 ml) trinken.
2. Man kann den Tee auch morgens, zwei Stunden vor dem Frühstück, trinken.
3. Man kann den Tee mit gleichen Teilen Waser verdünnen.
4. Durch die Ausscheidung der Toxine kann es zu Übelkeit kommen. Der Tumor kann vergrößert werden. In diesem Fall können Sie die Therapie unterbrechen.

Grapefruitkern-Extrakt

Kaufen Sie sich in der Apotheke diesen Extrakt. Es ist ein Wundermittel gegen jede Krankheit, Allergien und Pilzinfektionen. Es ist ebenso ein rein biologisches Antibiotikum.

Kräuter mit tumorhemmender Wirkung (gegen Krebs)

Amygdalin/Laetril/Vitamin B 17
Algen (Chlorella, Spirulina)
Seegras
Aloe
Bärenschote (Astragalus)
Gelee Royal
Canthaxanthin
Cornivora
Chaparral
Citrus Pectin
Echinacea
Essiac
Ginko
Ginseng
Gravida
Haelen 951
Hoxsey´s Herbs
Kohl, Broccoli, Rosenkohl
Kurkuma
Leinöl
Mistelextrakt (Iscador)
Maitake-Pilz
Lapachol
Silymarin
Traubenextrakt
Sulfide
Himalaja Maiapfel
Äthiopische Windpflanze Maytenus
Serrata

Magenkrebs

Täglich 0,6 Liter. Der höchste Anteil: Karotten, rote Bete, Rettich, Kohl-Karotten-Saft, Bärentraube-Raute-Ringelblume-Salbei (zu gleichen Teilen). 8 Wochen lang trinken. Danach Rohkost, indem man zwischendurch Sonnenblumenkerne und Kürbiskerne kaut.

Schlenz-Methode (nach Prof. Lampert)

Heiltee (gegen Krebs und zur Entschlackung und für die Schilddrüse):
Wermut (Artemisia absinthium): Ausscheidung gegen Gifte.
Schafgarbe (Achillea millefolium): Nieren/Blase.
Wacholder (Juniperus communis): Blutreinigend.
Anis (Pimpinella anisum): Verdauung.
Fenchel (Foenicklum vulgare).
Kümmel (Carum caru).
Bibernelle (Pimpinella saxifraga): Darm.
1 TL pro Tasse mit heißem Wasser trinken.

Breuss-Kur gegen Prostatakrebs, Brustkrebs; Krebs-Kur

Gegen Herz-Rhythmus-Störungen und Abgeschlagenheit bei der Chemotherapie: Cardiodoron 20 %: 3-mal täglich 15 Tropfen.

Malve: Gegen Kehlkopf-Krebs. 1 TL pro ¼ Liter Wasser, über Nacht. Morgens leicht erwärmen. Der Rest zum Gurgeln. Die Rückstande in etwas Wasser anwärmen und mit Gerstenmehl zu einem Brei vermischen und um den Hals wickeln.

Gallum: Gegen Zungenkrebs.

Oxalis acetosella: Gegen Magenkrebs. Jede Stunde 3-5 Tropfen verdünnt in Wasser.

Zinnkraut: Gegen Krebs. Sitzbäder und Umschläge.

Das Necronomicon (nach Abdul Alhazred)

Die Beschwörung des Feuer-Gottes (Sumerisch)

Geist des Feuers, erinnere Dich!
GIBIL, Geist des Feuers, erinnere Dich!
GIBRA, Geist der Flammen, erinnere Dich!
O Feuergott, Mächtiger Sohn von ANU, Fürchterlichster unter Deinen Brüdern, Erhebe Dich!
O Gott der Feuerung, Gott der Zerstörung, erinnere Dich!
Erhebe Dich, o Feuergott, GIBIL, in Deiner Majestät und verschlinge meine Feinde!
Erhebe Dich, o Feuergott, GIBRA, in Deiner Kraft und verbrenne die Zauberer, die mich verfolgen!
GIBIL GASCHRU UMUNA YANDURU
TUSCHTE YESCH SCHIR ILLANI U MA YALKI! GISCHBAR IA ZI IA
IA ZI DINGIR GIRRA KANPA! Erhebe Dich, Sohn der Flammenden Scheibe des ANU!
Erhebe Dich, Abkömmling der Goldenen Waffe des MARDUK!
Ich bin es nicht, sondern ENKI, der Meister der Magie, ist es, der Dich herbeiruft!
Ich bin es nicht, sondern MARDUK, der Töter der Schlange, ist es, der Dich jetzt ruft!
Verbrenne das Böse und die, die es tun!
Verbrenne den Zauberer und die Hexe!
Versenge sie! Verbrenne sie! Zerstöre sie!
Verschlinge ihre Kräfte!
Trage sie hinweg!
Erhebe Dich, GISCHBAR BA GIBIL BA GIRRA ZI AGA KANPA!
Geist des Feuergottes, Du bist beschworen!
KAKKAMMANUNU!

Der Exorzismus Barra Edinnazu gegen Geister, die den Kreis angreifen

Zi anna Kanpa!
Zi kia Kanpa!
Gallu Barra!
Aschak Barra!
Gigim Barra!
Alal Barra!
Telal Barra!
Masqim Barra!
Utuq Barra!

Idpa Barra!
Lalartu Barra!
Lallassu Barra!
Akhkharu Barra!
Urukku Barra!
Kielgalal Barra!
Lilitu Barra!
Utuq Xul edin na zu!
Akka Xul edin na zu!
Gigim Xul edin na zu!
Mulla Xul Edin na zu!
Dingir Xul Edin na zu!
Maswim Xul edin na zu!
Barra!
Edinnazu!
Zi anna Kanpa! Zi kia Kanpa!

Der Exorzismus gegen Azag-Thoth und seine Abgesandten

Siede! Siede! Brenne! Brenne!
Utuk chul ta ardata!
Wer bist du, wessen Sohn?
Wer bist du, wessen Tochter?
Welcher Zauber, welche Zaubersprüche haben dich hergebracht?
Möge Enki, der Meister der Magie, mich befreien!
Möge Ascariludu, Enkis Sohn, mich befreien!
Mögen sie deine schändlichen Zaubereien kraftlos machen!
Ich kette dich!
Ich binde dich!
Ich liefere dich an Girra aus,
Den Herren der Flammen,
Der versengt, verbrennt, fesselt,
Vor dem sogar der mächtige Kutulu Furcht hat!
Möge Girra, der der Immer-brennende, meinen Armen Stärke geben!
Möge Gibil, der Herr des Feuers, meiner Magie Macht geben!
Ungerechtigkeit, Mord, Erstarren der Lenden,
Zerreißen der Gedärme, Verschlingen des Fleisches und Wahnsinn,
Auf alle Weisen hast du mich verfolgt!
Wahnsinniger Gott des Chaos!
Möge Girra mich befreien!
Azag-Thoth Ta Adata! Ia Marduk!
Ia Marduk! Ia Asalluchi!
Du hast mich als Leichnam erwählt.

Du hast mich dem Schädel übergeben.
Du hast Phantome ausgesandt, um mich heimzusuchen.
Du hast Vampire ausgesandt, um mich heimzusuchen.
Du hast mich den herumirrenden Geistern der Wüsten übergeben.
Du hast mich den Phantomen der verfallenen Ruinen übergeben.
Du hast mich den Wüsten und Wüsteneien, den verbotenen Landen übergeben.
Öffne nie mehr deinen Mund zu Zaubereien gegen mich!
Ich habe dein Bildnis den Flammen von Gibil übergeben!
Brenne, wahnsinniger Teufel!
Brenne, wahnsinniger Gott!
Möge der brennende Girra deine Knoten lösen!
Mögen die Flammen von Gibil deinen Strick entknoten!
Mögen die Gesetze des Verbrennens deine Kehle ergreifen!
Mögen die Gesetze des Verbrennens mich rächen!
Nicht ich bin es, sondern Marduk, Enkis Sohn, der Meister der Magie ist es, der dir befiehlt!
Kakkammu! Kanpa!

Ein ausgezeichneter Spruch gegen die Horden der Dämonen, die des Nachts angreifen

Isa Ya! Isa Ya! Ri Ega! Ri Ega!
Bi Escha Bi Escha! Xiyilqa! Xiyilqa!
Duppira Atlaka Isa Ya Uri Ega
Limmutikunu Kima Qutri Litilli Schami Ye
Ina Zumri Ya Ri Ega
Ina Zumri Ya Bi Escha
Ina Zumri Ya Xiyilqa
Ina Zumri Ya Duppira
Ina Zumri Ya Atlaka
Uba Zumri Ya La Tatara
Ina Zumri Ya La Tetixxi Ye
Ina Zumri Ya La Taqarruba
Ina Zumri Ya La Tasaniqa
Ni Yisch Schammasch Kabtu Lu Tamatunu
Ni Yisch Enki Bel Gimri Lu Tamatunu
Ni Yisch Marduk mashcmasch Ilani Lu Tamatunu
Ni Yisch Gischbar Qamikunu Lu Tamatunu
Ina Zumri Ya Lu Yu Tapparrasama!

Übersetzung
Brecht auf! Brecht auf! Geht weg! Geht weg!
Schämt euch! Schämt euch! Flieht! Flieht!

Kehrt um, geht, brecht auf und geht weg!
Eure Schlechtigkeit steige gleich dem Rauche empor zum Himmel!
Brecht auf und verlasst meinen Körper!
Aus meinem Körper fort mit Scham!
Aus meinem Körper flieht!
Aus meinem Körper kehrt um!
Aus meinem Körper geht fort!
In meinen Körper kehrt nicht zurück!
Meinem Körper kommt nicht nahe!
Meinen Körper bedrängt nicht!
Beschworen seid ihr bei Schammasch, dem Mächtigen!
Beschworen seid ihr bei Enki, den Herren Aller!
Beschworen seid ihr bei Marduk, dem Großen Magier der Götter!
Beschworen seid ihr beim Feuergotte, eurem Zerstörer!
Von meinem Körper möget ihr ferngehalten werden.

Das sechste und siebente Buch Mosis (Moses)

Der Befreier der Israeliten, Moses, war aus der Unterjochung durch die Ägypter nach biblischen Quellen der Bruder Arons und Mirjams, geboren um 1600 vor Christi. Verschiedene Beschwörungsformeln werden in diesem Buch beschrieben. Liebeszauber und das Verhexen von Feinden werden ausführlich dargestellt. Unten sind einige Beispiele aufgeführt:

Mittel gegen Krebs

Gegen den Krebs der Brust des Weibes hilft eine Kröte, darauf gebunden, nachdem man vorher über dieselbe das Kreuzeszeichen gemacht hat.
Gegen das Handschwitzen, was nicht erlaubt, ein Uhrmacher zu werden, hilft man sich, wenn man mit derselben Hand einem Toten über das Gesicht herunterfährt.
Das Vieh ist gegen jeden Zauber geschützt, wenn man an beide Pfosten der Stalltür Blätter nagelt, worauf man folgendes geschrieben hat:

† A † C † S † m † S † C † V †
S † T † S † S † m † T †M † T † M
S † S † T † S † S † C † S † m †
S † C

Ein Mittel gegen die Cholera

Sobald jemand von der Cholera ergriffen wird, muss er alle fünf Minuten vier Tropfen gesättigte Kamphertinctur nehmen.

Dem Feind seine Macht nehmen

Um seine Feinde zu besiegen, nimmt man ein Tongefäß, … wirft einen Zettel, auf dem der Name des Gegners geschrieben ist, hinein. Günstig ist, wenn man ein Stück Schlangenhaut oder Schlangenleder hineingibt. Man verschließe das Tongefäß mit einem Tuch. Nun besorgt man sich einen Glücksbringer wie Hufeisen etc., sowie eine grüne Kerze. Auf die linke Seite des Glücksbringers stellt man das Tongefäß und auf die rechte Seite legt man einen Zettel, auf den man seinen Wunsch mit kurzen Worten beschrieben hat. Man wartet, bis die Kerze heruntergebrannt ist, um den Glücksbringer nach dem Ritual über der Eingangstür zu befestigen. Der Rest des Kerzenwachses wird geschmolzen und auf den Wunschzettel getropft. Danach das Papier zusammenfalten und unter das Kopfende seines Bettes legen. Das verschlossene Tongefäß stellt eine Art Gefängnis dar, in der die Macht der Feinde und deren Ti Bon Ange (Seele) gefangen gehalten werden soll. Öffnet man das Tongefäß zu irgendeinem Zeitpunkt und nimmt den Zettel mit dem Namen heraus, erhalten die Gegner ihre Macht zurück. Aus diesem Grund sollte das Tongefäß an einem sicheren Ort aufbewahrt werden.

Der Schlüssel Salomon (Clavicula Salomonis)

Das Ziehen des Kreises

Man nehme den Dolch oder das Schwert und ziehe einen Kreis außerhalb des inneren Kreises (Abstand von einem Fuß Breite). Zwischen den Linien zeichne man den Heiligen Buchstaben Tau (Tau ist der hebräische Buchstabe, der das Kreuz ersetzt). Man zeichne zwischen dem ersten und dem zweiten Kreis vier hexagonale Pentakel, zwischen die man die furchterregenden Namen Gottes schreibe:
Zwischen Ost und Süd den Höchsten Namen „*Ihvh*".
Zwischen Süd und West den Essentiellen Namen „*Ahih*".
Zwischen West und Nord den Namen der Macht „*Alivn*", Elion.
Zwischen Nord und Ost den großen Namen „*Alh*", Eloah.
Darüber hinaus zeichne man um diese Kreise herum zwei Quadrate. In die Kreise schreibe man die vier Namen des Heiligsten Gottes:
Im Osten: *Al, El.*
Im Westen: *Ich, Iah.*
Im Süden: *Agla.*
Im Norden: *Adni, Adonai.*

Der Meister wiederholt folgendes Gebet:
„Wenn wir in aller Demut hier hinein treten, möge Gott der Allmächtige in diesen Kreis kommen, im Eindringen einer ewigen Glückseligkeit, einer göttlichen Blüte, einer alles-erfüllenden Freude, einer reichen Barmherzigkeit und einer immerwährenden Fürsprache. Mache alle Dämonen von diesem Ort fliehen, besonders jene, die sich diesem Werk entgegenstellen, und lass die Engel des Friedens diesem Kreis bestehen und ihn schützen, von welchem Zwietracht und Streit scheide und fliehe. Wachse und dehne dich aus über uns, o Herr, in deinem Hochheiligen Namen, und segne unsere Konversation und unsere Versammlung! Weihe, o Herr, unser Gott, unser demütiges Eintreten, du, der Gesegnete und Heilige der Ewigen Zeitalter! Amen."

Beschwörung

O ihr Geister, euch beschwöre ich im Namen der Macht, Weisheit und Tugend vom Geiste Gottes, des unerschaffenen Himmlischen Wesens, des unermesslichen Gottes, der Größe Gottes, der Einheit Gottes; und im Heiligen Namen Gottes „Eheieh, der die Wurzel, den Stamm, die Quelle und den Ursprung all der anderen Göttlichen Namen bildet, von woher sie alle ihr Leben und ihre Macht beziehen. Ich beschwöre euch im Namen Tetragrammaton Elohim. Ich beschwöre euch in dem außerordentlich mächtigen Namen Elohim Gibor, der die Stärke Gottes symbolisiert. Ich beschwöre und exorziere euch in dem Hochheiligen Namen Eloah Va-Daath. Ich beschwöre euch in dem äußerst mächtigen Namen El Adonai

Tzabaoth. Ich beschwöre euch in dem außerordentlich mächtigen Namen Elohim Tzabaoth. Ich beschwöre euch in dem machtvollen Namen Shaddai. Ich beschwöre euch mit dem machtvollen Namen El Chai. Schließlich beschwöre ich euch alle, ihr rebellischen Geister, im Hochheiligen Namen des Gottes Adonai Melekh, durch die Macht von Methatron und bei den Engelscharen, die unaufhörlich rufen Qadosh, Qadosh, Qadosh (heilig, heilig, heilig!), welche Kether, Chokmah, Binah, Gedulah, Geburah, Tiphareth, Netzach, Hod, Yesod und Malkuth heißen.
Ich beschwöre und befehle es euch mit aller Kraft, o Dämonen, bei der Macht all dieser Heiligen Namen:
Asher, Adonai, Iah, Hoa, El, Eloha, Elohinu, Eheieh, maron, Kphu, Esch, Innon, Even, Agla, Hazor, Eeth, Yaii, Araritha, Yova, Ha-Kabir, Messiach, Ionah, Mal-Ka, Erel, Kuzu, Matzpatz, El Shaddai.
Rede an die Engel:
Ich beschwöre und bitte euch inständig, o ihr Engel Gottes und ihr Himmlischen Geister, mir zu Hilfe zu kommen, kommt und seht die Zeichen des Himmels, und legt für mich Zeugnis ab von dem Erhabenen Herrn für den Ungehorsam dieser bösen und gefallenen Geister, die einst eure Gefährten gewesen sind!

Reihenfolge der Pentakel

1. Sieben: dem Saturn geweihte Pentakel = Schwarz.
2. Sieben: dem Jupiter geweihte Pentakel = Blau.
3. Sieben: dem Mars geweihte Pentakel = Rot.
4. Sieben: der Sonne geweihte Pentakel = Gelb.
5. Fünf: der Venus geweihte Pentakel = Grün.
6. Fünf: dem Merkur geweihte Pentakel = Mischfarben.
7. Sechs: dem Mond geweihte Pentakel = Silber.

Saturn

Fig. 11: Das erste Pentakel des Saturns. Dieses Pentakel dient dazu, um die Geister in Angst und Schrecken zu versetzen, und um diese zum Gehorchen zu unterwerfen.

Fig. 12: Das zweite Pentakel des Saturns, um den Stolz der Geister zu unterdrücken. Dies ist das berühmte „SATOR“.

Fig. 13: Das dritte Pentakel des Saturns. Es muss im magischen Kreis angefertigt werden, das um Mitternacht die Geister des Saturns angerufen wird.

Fig. 14: Das vierte Pentakel des Saturns. Dieses Pentakel dient zum Experimentieren des Ruins, der Zerstörung und des Todes.

Fig. 15: Das fünfte Pentakel des Saturns. Schutz der Geister des Saturns um Mitternacht und Verjagung der Geister, die Schätze hüten.

Fig. 16: Das sechste Pentakel des Saturns. Die Person wird von Dämonen besessen sein.

Fig. 17: Das siebte und letzte Pentakel des Saturns. Dieses Pentakel wird von Engeln, die angerufen werden, das Universum vor Erdbeben zittern lassen.

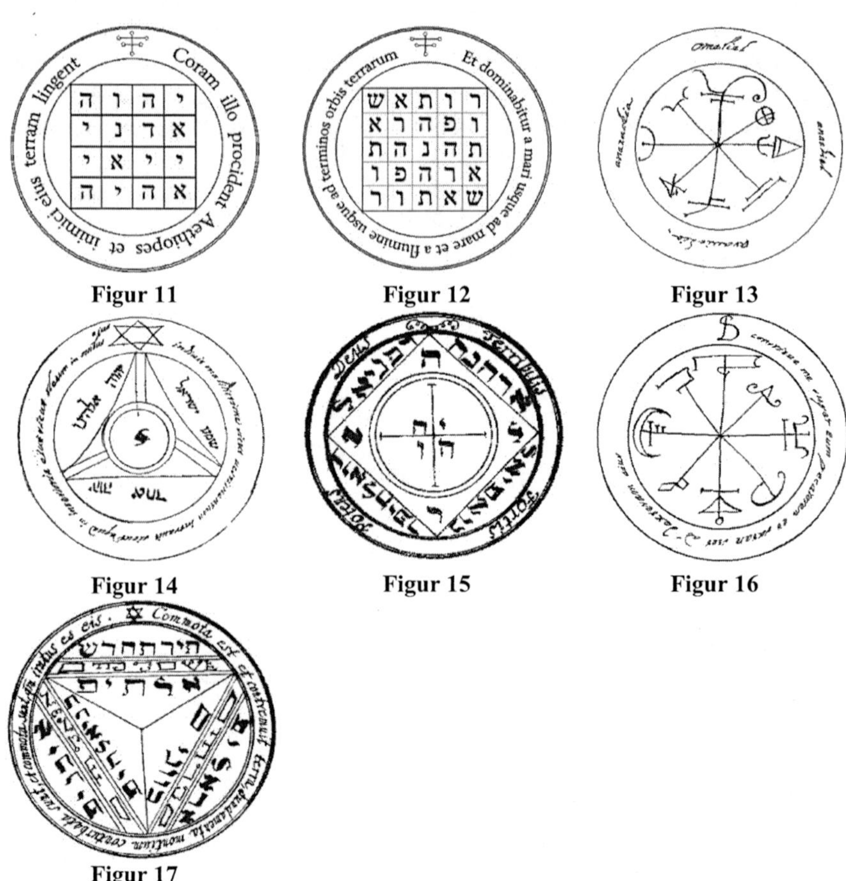

Figur 11 Figur 12 Figur 13

Figur 14 Figur 15 Figur 16

Figur 17

Jupiter

Fig. 18: Das erste Pentakel des Jupiters. Dieses dient dazu, die Geister des Jupiters anzurufen.

Fig. 19: Das zweite Pentakel des Jupiters. Zur Erlangung von Ruhm, Ehre, Reichtum und materiellen Gütern. Es muss auf Pergament gezeichnet werden.

Fig. 20: Das dritte Pentakel des Jupiters. Schutz und Verteidigung der Geister, die sofort gehorchen.

Fig. 21: Das vierte Pentakel des Jupiters. Reichtum und Ehre. Sein Engel heißt Bariel.
Es sollte im Zeichen des Krebses auf Silber graviert werden.

Fig. 22: Das fünfte Pentakel des Jupiters. Es dient für Visionen.

Fig. 23: Das sechste Pentakel des Jupiters. Schutz vor irdischen Gefahren.

Fig. 24: Das siebte und letzte Pentakel des Jupiters. Gegen Armut, zur Geistervertreibung und Schatzhütung.

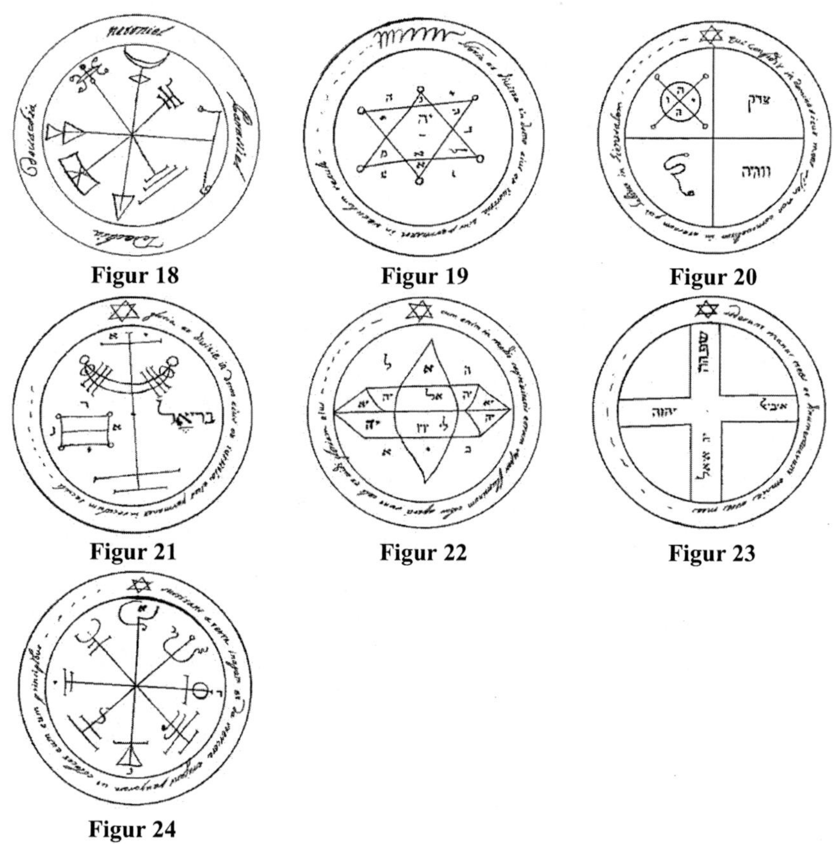

Figur 18 Figur 19 Figur 20

Figur 21 Figur 22 Figur 23

Figur 24

Mars

Fig. 25: Das erste Pentakel des Mars. Geeignet, um Geister des Mars anzurufen. Die hebräischen Namen der vier Engel Madimiel, Bartzachiah, Eschiel und Ithuriel.

Fig. 26: Das zweite Pentakel des Mars. Gegen Krankheiten, wenn man das Pentakel auf die betroffene Stelle legt.

Fig. 27: Das dritte Pentakel des Mars. Gegen Krieg, Streit oder Feindschaft und rebellische Geister. Die Buchstaben der Namen Eloah und Shaddai. Im Zentrum steht der Buchstabe Vau.

Fig. 28: Das vierte Pentakel des Mars. Macht im Krieg, führt zu Sieg. Im Zentrum steht der Name Agla.

Fig. 29: Das fünfte Pentakel des Mars. Schreibe es auf Pergament, denn es ist für Dämonen fürchterlich.

Fig. 30: Das sechste Pentakel des Mars. Es hat eine starke Macht. Gegen Angriffe.

Fig. 31: Das letzte Pentakel des Mars, das in der Stunde des Mars auf Pergament geschrieben werden muss, damit es Hagel und Sturm regnet.

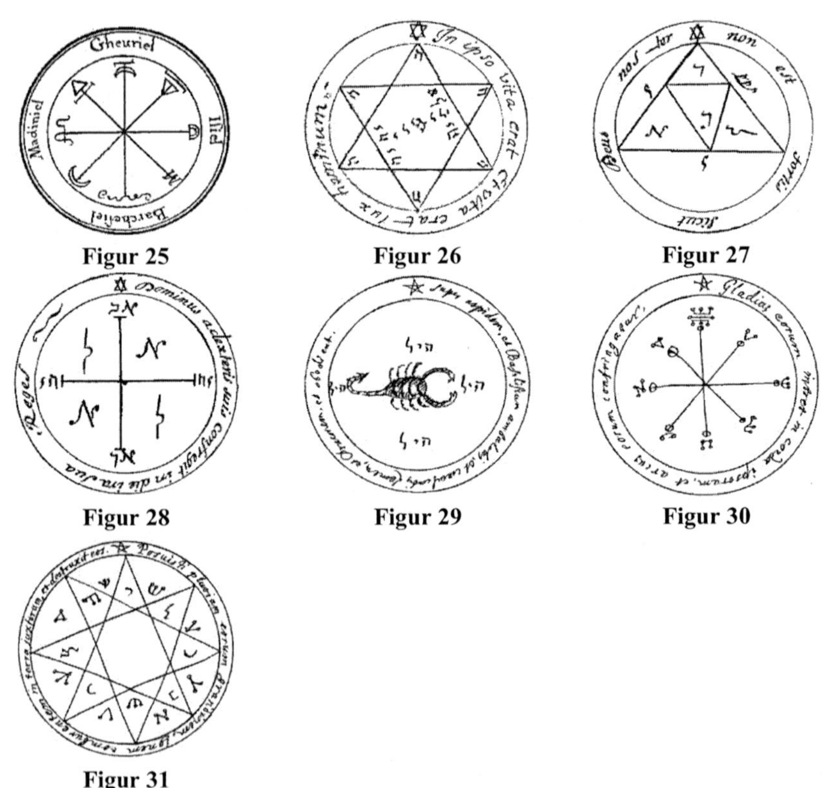

Figur 25 Figur 26 Figur 27

Figur 28 Figur 29 Figur 30

Figur 31

Sonne

Fig. 32: Das erste Pentakel der Sonne. Engelgeister.

Fig. 33: Das zweite Pentakel der Sonne. Gegen den Stolz und Hochmut der Geister. Die Namen der Engel sind Shemeshiel, Paimoniah, Rekhodiah und Malkhiel.

Fig. 34: Das dritte Pentakel der Sonne. Erlangung des Königreichs und der Herrschaft.

Fig. 35: Das vierte Pentakel der Sonne. Befähigung, Geister zu sehen.

Fig. 36: Das fünfte Pentakel der Sonne. Es dient dazu, jene Geister anzurufen, die dich astral in Sekundenschnelle an einen anderen Ort tragen.

Fig. 37: Das sechste Pentakel der Sonne, das für die Unsichtbarkeit geeignet ist.

Fig. 38: Das letzte Pentakel der Sonne. Wenn jemand im Gefängnis sitzt, dient es dazu, freigelassen zu werden. Es sollte zur Stunde der Sonne in Gold graviert werden.

Figur 32 Figur 33 Figur 34

Figur 35 Figur 36 Figur 37

Figur 38

Venus

Fig. 39: Das erste Pentakel der Venus, das dazu dient, die Geister der Venus im Zaum zu halten, besonders, die darauf geschriebenen.

Fig. 40: Das zweite Pentakel der Venus. Für die Würde und die Ehre.

Fig. 41: Das dritte Pentakel der Venus. Erweckung der Liebe. Der Engel Monachiel muss am Tage und zur Stunde der Venus angerufen werden, um ein Uhr oder um acht Uhr.

Fig. 42: Das vierte Pentakel der Venus. Macht. Zwingt die Geister zum Gehorsam.

Fig. 43: Das letzte Pentakel der Venus. Liebes-Pentakel.

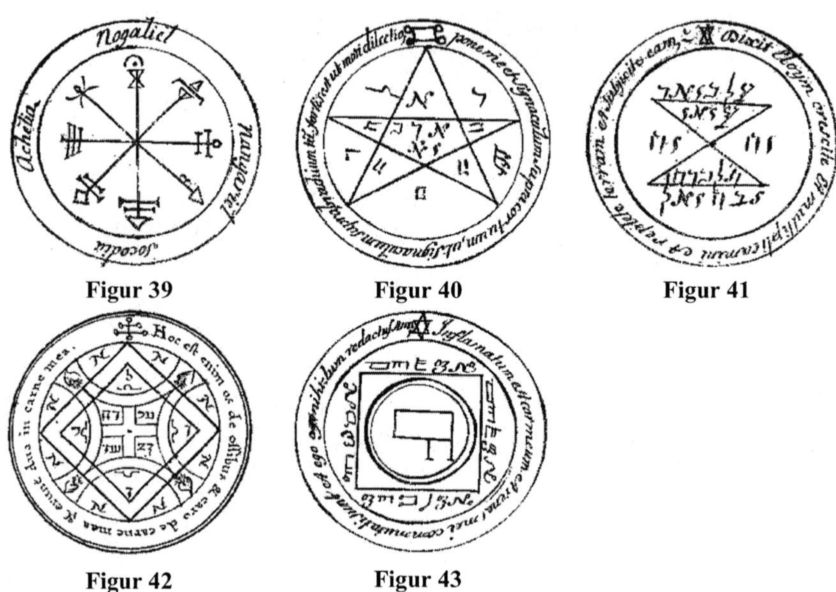

Figur 39 Figur 40 Figur 41

Figur 42 Figur 43

Merkur

Fig. 44: Das erste Pentakel des Merkurs. Namen der Geister Yekahel und Agiel.

Fig. 45: Das zweite Pentakel des Merkurs. Die Namen der Geister Böel und andere Geister.

Fig. 46: Das dritte Pentakel des Merkurs. Engelsnamen Kokaviel, Ghedoriah, Savaniah und Chokmahiel.

Fig. 47: Das vierte Pentakel des Merkurs. Wissen erlangen und verlorenen Dinge zu finden. Geister, die Allatori heißen.

Fig. 48: Das letzte Pentakel des Merkurs. „Sesam öffne dich“-Tore lassen sich damit öffnen.

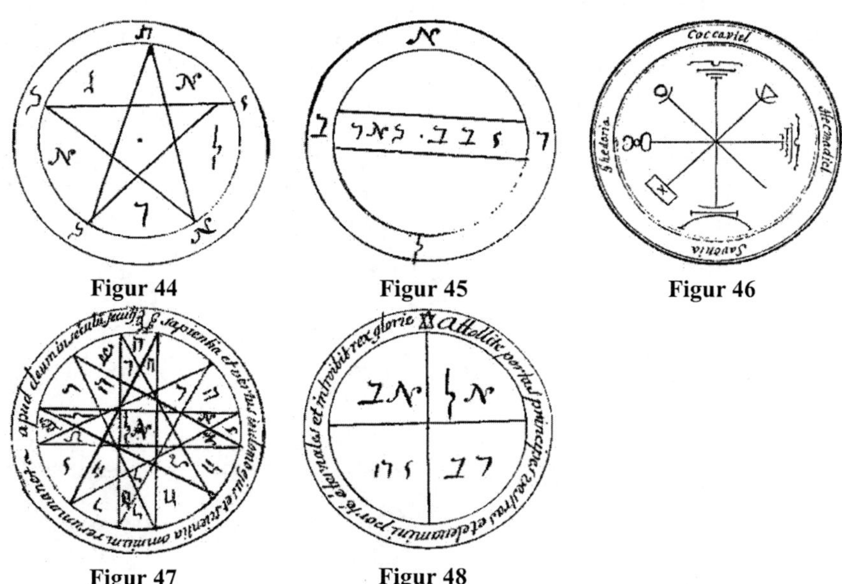

Figur 44 **Figur 45** **Figur 46**

Figur 47 **Figur 48**

Mond

Fig. 49: Das erste Pentakel des Mondes dient dazu, die Geister des Mondes anzurufen und verschlossenen Türen zu öffnen.

Fig. 50: Das zweite Pentakel des Mondes hilft gegen Gefahren durch Wasser, Regen und Unwetter.

Fig. 51: Das dritte Pentakel des Mondes hilft auf Reisen, bei nächtlichen Angriffen und jeglichen Gefahren durch Wasser.

Fig. 52: Das vierte Pentakel des Mondes. Schutz vor bösem Zauber und jeder psychischen und physischen Verletzung. Der Engelsname lautet Sophiel.

Fig. 53: Das fünfte Pentakel des Mondes hilft bei Träumen. Vernichtung von Feinden. Jenseitskontakte durch Iachadiel und Azarel.

Fig. 54: Das letzte Pentakel des Mondes. Anrufung des Regens. Sollte auf einer Silberplatte graviert werden und am Tag und zur Stunde des Mondes angefertigt werden.

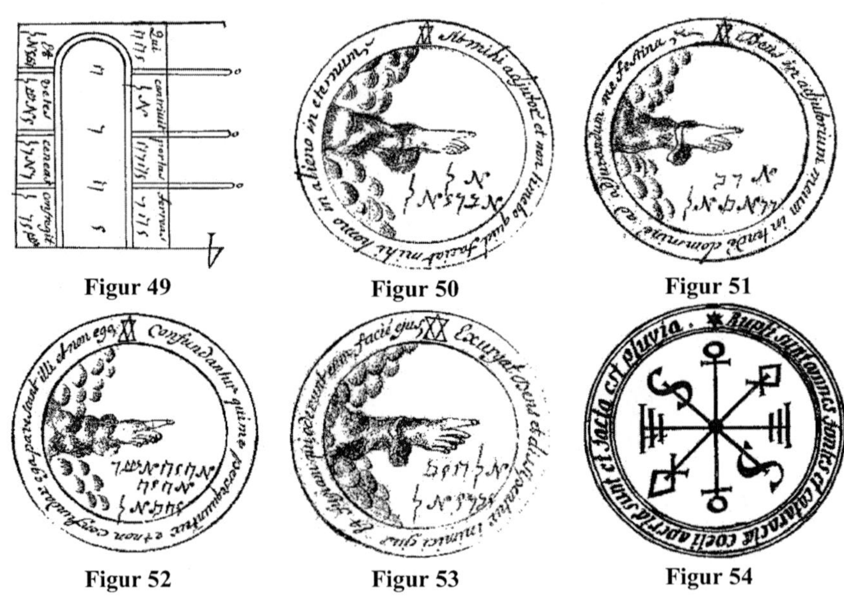

Figur 49 **Figur 50** **Figur 51**

Figur 52 **Figur 53** **Figur 54**

Wasser-Exorzismus
Nachdem sich der Meister entkleidet hat, steigt er in das Wasser oder in das Bad und rezitiert:

„Ich exorziere dich, o Wesen des Wassers, bei Ihm, der dich erschaffen hat, damit mir die Geister nicht schaden können!"

Dann reinigst du dich im Bade und sprichst dabei folgende Sätze:

„Mertalia, Musalia, Dophalia, Onemalia, Zitanseia, Goldaphaira, Dedulsaira, Ghevialaira, Gegropheira, Cedahi, Gilthar, Godieb, Ezoiil, Musil, Grassil, Tamen, Pueri, Godu, Huznoth, Astachoth, Tzabaoth, Adonai, Agla, On, El, Tetragrammaton, Shema, Aresion, Anaphaxeton, Segilaton, Primeumaton."

Diese Namen rufe man dreimal, bis man gereinigt ist. Nachdem man aus dem Bade gestiegen ist, besprenge man sich mit exorziertem Wasser:

„Läutere mich, o Herr, mit Ysop, und ich werde rein sein; wasche mich, und ich werde weißer sein als der Schnee."

Nach dem Ankleiden rezitiere man folgendes Gebet:

„El, Mächtiger und Wunderbarer, ich segne dich, ich verehre dich, ich verherrliche dich, ich rufe dich an, ich statte dir Dank ab, aus diesem Bade, auf dieses Wasser es vermag, alle Unreinheit und Begierde des Herzens von mir zu nehmen durch dich, o Heiliger Adonai; und möge ich alle Dinge durch dich vollenden, der du lebst und regierst bis zu den Zeitaltern der Zeitalter. Amen."

Danach nehme man Salz und weihe es:

„Der Segen des Allmächtigen Vaters sei auf diesem Wesen des Salzes, sei alle Bosheit und Schlechtigkeit von ihm genommen und alles Gute möge hinein dringen, denn ohne dich kann der Mensch nicht leben, weshalb ich dich segne und anrufe, damit du mir beistehst."

Danach nehme man die exorzierten Salzkörner und werfe sie ins Bad. Nochmals entkleidet, sage man:

„Imanuel, Arnamon, Imato, Memeohn, Rectacon, Muoboii, Paltellon, Decaion, Yamenthon, Yarin, Tatonon, Vaphoron, Gardon, Existon, Zagveron, Momerton, Zarmesiton, Tileion, Tixmion."

Zum Schluss steige man aus dem Bad und ziehe ein weißes Ritualgewand an. Auch die Schüler des Meisters müssen das gleiche Zeremoniell durchführen.

Weihrauch-Exorzismus
„O Gott von Abraham, Gott von Isaac, Gott von Jacob, geruhe diese wohlriechenden Gewürze zu segnen, damit sie die Stärke, Kraft und Macht erlangen, die guten Geister anzuziehen und alle feindlich gesinnten Phantome zu bannen, auf dass sie sich zurückziehen. Durch dich, oh Heiligster Adonai, der du lebst und regierst bis in die Zeitalter der Zeitalter. Amen.

Ich exorziere dich, o unreiner und befleckter Geist, der du ein übelwollendes Phantom bist, im Namen Gottes, dass du aus diesem Duftstoff hinfort gehst, du und all deine Täuschungen, dass er geweiht und gesegnet sei im Namen des Allmächtigen Gottes. Möge der Heilige Geist Gottes denen Schutz und Macht gewähren, die sich dieser Duftstoffe bedienen; und möge kein übelwollender und böser Geist und kein Phantom jemals hier hinein dringen können, durch den unaussprechlichen Namen des Allmächtigen Gottes. Amen.
O Herr, lass dieses Wesen des Duftstoffes gesegnet und geweiht sein, so dass es der Menschheit ein Heilmittel sei für das Wohl von Leib und Seele durch die Anrufung deines Heiligen Namens. Möge allen Wesen, die den Duft dieses Weihrauchs, und dieser Gewürze einatmen, Gesundheit von Leib und Seele beschieden sein, durch Ihn, der die Zeiten erschuf. Amen."

Nun besprenge man die Gewürze mit diesem Wasser.

Feuer- Exorzismus
„Ich exorziere dich, o Wesen des Feuers, bei Ihm, von dem alle Dinge erschaffen wurden, so dass jede Art von Trugbild sich aus dir zurückziehe und unfähig sei, auf irgendeine Weise Schaden zuzufügen oder zu täuschen durch die Anrufung des Höchsten Schöpfers von allen. Amen.
Segne, o Allmächtiger und Barmherziger Gott, dieses Wesen des Feuers, so dass es von dir gesegnet zur Ehre und Verherrlichung deines Hochheiligen Namens gereiche, auf dass es ohne Widerstand oder Übelwollen für diejenigen wirkt, die von ihm Gebrauch machen. Durch Dich, o Ewigwährender und allmächtiger Herr und ruch Deinen Heiligsten Namen. Amen."

Die 7 magischen Regeln

1. Einen magischen Spiegel mit warmen Wasser und einer magischen Seife reinigen und abtrocknen.
2. Aufstellen des magischen Spiegels.
3. Aufstellen der magischen gesegneten Kerzen vor dem Spiegel.
4. Verbrennen von geweihtem Weihrauch.
5. Einreiben des magischen Öls, das alle lästigen und bösen Personen abhält. Beim Einreiben spricht man: *„Spieglein, Spieglein an der Wand; beschütze und behüte mich vor allen Feinden und bösen Geistern. Behüte mich vor allen falschen Freunden!"*
6. Nach dem Einreiben muss man einen magischen Zaubertrunk trinken, der ihn auch von innen schützt.
7. Vor dem Zubettgehen mit Quellwasser abwaschen, von dem man einen Tropfen in das magische Wasser beimengt, so ist man auch nachts geschützt.

Die Geschichte der Magie

Die alten griechischen Magier glaubten an Hecate, die Mond- und Todesgöttin, die ihnen Stärke geben sollte. Diese Magier konnten angeblich mittels großer Zauberei Tote zu sich rufen, die Menschheit in den Wahnsinn treiben, aus verschiedenen Kräutern gefährliche Gifte mischen und das Fleisch der Toten essen. Am meisten befanden sich diese gefährlichen Magier im Gebiet von Tesalia.
Manche dieser Magier verkauften den Seemännern „Windsäcke“, indem sie mittels paranormaler Kräfte den Wind in sogenannte „Stoff-Windtaschen“ einfingen, die sie mit den bekannten Seemannsknoten zubanden, und diese dann an die Seemänner verkauften. Sobald man die Knoten aufgebunden hatte, flog der Wind hoch und blies die Segel auf! Wenn die Knoten aufgelöst wurden, der Wind jedoch nicht nach draußen flog, dann hatte ein Scharlatan die Seemänner betrogen!
Die alten Römer hatten große Furcht vor den Magiern, die sie aus dem Lande verwiesen. Von Zeit zu Zeit wurden manche verdächtige Magier in den Abgrund gestürzt. Die größte Jagd in Europa wurde im 4. Jahrhundert im Römischen Reich durchgeführt. Selbst Kräuterhexen wurden vernichtet. Im 13. Jahrhundert begann die Römisch-Katholische Kirche mit der Inquisition. Die Aufgabe der Inquisition lag in der Untersuchung der „Ungläubigen“. Diese Ungläubigen glaubten nicht an die Dogmen der Kirche.
Während der Pest im 14. Jahrhundert wurden Magier beschuldigt, den Brunnen vergiftet und die Umwelt mit dem Teufel gemeinsam ins Unglück getrieben zu haben.

Aus byzantinischen Quellen geht hervor, dass Aaron in der Zeit von 1122 bis 1180 als Schwarzmagier mit Hilfe von bösen Geistern die Todes-Wahrsagerei betrieb.
Aus dem Spätmittelalter finden wir in den Zauberbüchern von Grimoire verschiedene magische Formeln, die aus der assyrischen Zeit überliefert wurden.
Nach Cicero teilt sich die römische Magie in drei Gruppen:

1. Haruspices: Priester der Weissagung, die die Eingeweideschau praktizierten, die diese Kunst von den Etruskern kannten.
2. Fulgurales: Die Kunst, aus dem Blitz zu lesen und Blitze fernzuhalten.
3. Rituale.

Die Praxis der Magie

Tischrücken (nach Spiesberger)

Eines der ältesten Methoden, Kontakt mit dem Jenseits zu bekommen, ist das Tischrücken. Darin ist eine psychophysische Kraftprojektion enthalten.
Versuchen Sie ein leichtes drei oder vierbeiniges Tischchen zum Bewegen oder zum Schweben zu bringen. Es sollte im Raum völlige Dunkelheit herrschen.

Später kann man Rotlicht oder Kerzenschein benutzen. Die Teilnehmerzahl sollte nicht mehr als sechs bis sieben Personen sein, möglichst abwechselnd mit männlichen und weiblichen Geschlechtern, zwecks polaren Ausgleichs.
Nun bilden wir eine Kette, in der sich das kreisende Fluid verstärkt. Die Hände und Finger leicht gespreizt auf den Tisch legen. Die Kleinfinger sollten die des Nachbarn berühren. Es folgt daraufhin die Entspannung mit rhythmischem Atmen. Es bedarf manchmal einiger Sitzungen, bis Leben in den Tisch kommt. Es können ebenso Trancezustände auftreten.
Man muss den Tisch wie eine Person ansprechen. Man verlange Heben, Senken und Neigen in verschiedene Richtungen. Meist wendet sich der Tisch nur einer Person zu, nämlich dem spiritistischen Zirkelleiter.
Ignoranten in der Kette sollten unbedingt ausgeschlossen werden, da sie die spiritistische Sensibilität stören. Rauchen, Kaffeegenuss oder Geschlechtsverkehr am Tage führen zur Odminderung. Arme und Beine sollten nicht gekreuzt werden. Auch ein Glas Wasser auf dem Tisch kann auch zum Verlust des Ods führen.

Der Tisch kann meist nur mit Ja (dreimal Anheben) oder Nein (zweimal Anheben) antworten. (Dies ist nur ein Beispiel für Kommunikationsregeln: Wie solche Wesen durch den Gebrauch eines Tisches ‚antworten‘, und mit welchem Code sie sich bemerkbar machen, kann sehr unterschiedlich sein. Wichtig dabei ist nur, dass die Regeln für alle Anwesenden verständlich und eindeutig sind.)

Man kann dazu auch ein Hexenbrett verwenden.
Der Zirkelleiter sollte ungefähr solche Fragen stellen:

„Ist eine Wesenheit im Raum?“
„Bist du der Astral eines noch Lebenden?“
„Bist du der Astral eines Verstorbenen?“
„Auf welcher Daseinsebene befindest du dich?“
„Welcher Planetenwesenheit gehörst du an?“

Dämonische Wesenheiten, die der Astralwelt angehören, geben ihren Namen nur ungern preis. Sie nennen oft folgende Namen: Loni, Ino, Isoa, Cerysi, Useas, Limoi, Himu, Gomiel.
Die drei Letzten sind Baumwesen und 2 Gnome.
Man schreibe zusätzlich abwechselnd theonische und dämonische Namen auf den Fußboden:

Adonai – Astaroth
Beelzebub – Sadai
Elohim Gibbor – Aziel
Belial – Jhvh (Jehova)

Die Formel bei einer dem Saturn angehörenden planetarischem Prinzip lautet:
„Im Namen des heiligen Saturnus, im Namen von Cassiel (etc.) gebiete ich dir, den Tisch zu bewegen!“

Dabei zeichne man Symbole der einzelnen Planeten auf den Boden.
„Astralschwingungen“ gehorchen viel lieber im Namen der Urahnen. Naturgeister gehorchen im Namen des Erdgeistes und der Elementargeister.
Die Namen der Urahnen Isis, Caymas, Orias, Alphur (Feuerelement), i Wolgor, i Zyboleth, Falegoi (Wasserelement) sind sehr effektiv.
Der Tisch reagiert meist auf die Wesen, wenn man folgende Sprüche sagt:
Luftgeister auf *„Sylphe verschwinde!“*, Erdgeister auf *„Kobold sich mühen“* etc., Luftgeister auf *„Leuchte Sylphe!“*, Feuerwesen auf *„Verschwinde in Flammen!“* usw.
Auch das Aufsagen von Gebeten aus heiligen Büchern wie die Bibel und Bhagavad Gita sind vorteilhaft.
Die Rune Is und Man erwies sich ebenso stark, indem man das Singen der Runen bei Bildung der Kette vorantrieb.

Die schwarze Messe

Die schwarze Messe sieht in jedem Land anders aus: Die englische, deutsche, spanische, italienische, französische und türkische schwarze Messe legt die Rituale im jeweiligen Land anders aus.
Die Schilderung in der Kirche einer „angeblichen“ Nonne die ein Nonnenkostüm trägt: Der Satanspriester steht zwischen den Knien der Nonne, wobei ihre Beine gespreizt sind.
Wenn die Nonne während dieser Zeit ihre Periode hat, ist sie besonders lustvoll.
Die Hostie wird herumgereicht.
Bei diesem Ritual wird ein satanisches Abendmahl zelebriert.
Satan bekommt normalerweise von den Teilnehmern des Sabbats einen rituellen Kuss auf das Gesäß. Die Symbolik des Körpers im mittelalterlichen Christentum beinhaltet die Gesäß- und die Genitalzone und wird als „Bereich der Finsternis, des Höllischen und Teuflischen“ bezeichnet. Die oberen Körperzonen dagegen wurden als das Geistig-Göttliche benannt.
Auf den sexuellen Sabbat-Orgien kann man diverse psychopathologische Perversionen finden: Sadismus, Masochismus, Homosexualität und Inzest.
Die Hexe Necato erzählt von einer Messe, bei der Schlangen und Kröten der Kopf abgetrennt und in den Kessel geworfen wird.
Beim Tanz auf dem Sabbat handelt es sich um einen sexuellen Tanz der Orgie.
Die Fruchtbarkeitstänze sind schon aus der Altsteinzeit bekannt. Dabei umtanzen neun Frauen einen nackten Mann, dessen Phallus markant ist.
Heavy Metall ist die „Musik des Teufels“, behaupten manche Christen. Vergewaltigung, Opferung und sexuell-magischer Sex ist an der Tagesordnung bei der schwarzen Messe. Sexuelle Triebe und Gewaltphantasien gehören dazu. In Melanie Möllers Buch heißt es dazu:

„Geister wurden heraufbeschworen, um bestimmte Leute zu verfluchen (...) Einige Mitglieder ließen sich die Handgelenke einritzen, und ihr Blut floss in die Silberschale. Dann urinierte man hinein. Danach wurde noch Wein zugegossen. Schließlich trank jeder aus der Schale. Im Anschluss begannen die Leute ausgelassen zu werden. (...) Jedenfalls fingen sie einen Umtrieb an, der in eine Sex-Orgie mündete. (...) Bei einer anderen Gelegenheit hatten sich einige Mitglieder des Zirkels versammelt und sprachen über 'Brüter'. Das Wort war mir neu. Eines der Mitglieder erklärte, dass die Brüter Frauen seien. Die allein zu dem Zweck geboren und aufgezogen wurden, dass sie wieder Babys bekamen, die von den Satanisten gebraucht werden konnten: entweder um im Satanismus ausgebildet oder als rituelles Opfer gebraucht zu werden. Da nie eine öffentliche Erfassung der Geburt erfolgte, wurden sie nicht vermisst, wenn sie missbraucht oder getötet wurden. Man erklärte ihnen, dass sie jetzt alt genug seien, für Satan ein Kind zu gebären. Man legte sie auf den Altar. Sie wurden mit Sperma und Urin eingerieben. Gebete wurden gesprochen. Dann sollten sie auch von innen gereinigt werden. Einer aus dem Siebenerrat zog sich einen Gummihandschuh an und bestrich ihn mit Salbe, und dann führte er die ganze Hand in die Scheiden der Mädchen ein. Es war eine Salbe, die wie Feuer brannte. Sie war ihnen nicht unbekannt. Robbi hatte schon im Alter von vier Jahren damit schon ein Erlebnis gehabt. Niemand von den Opfern würde sich trauen zu fragen, warum ein Mann aus dem Siebenerrat einen Gummihandschuh anzieht bevor er mit der Creme, die wie Feuer brennt, in die Scheide des Mädchens fährt. (...) Und keine fragte, warum die Scheide des Mädchens mit einem scharfen Strahl kalten Wassers ausgespült wird, bevor die Männer sich daran machten, das Kind für Satan zu zeugen. (...) Schließlich hatte sie grade ein Kind zur Welt gebracht. Aber sie unterdrückte ihre Gefühle – welch ein Liebesbeweis für Satan! Und um Satan noch näher zu kommen, erlaubte man ihr, das winzige Herz ihres Kindes selbst zu essen. Kindstötungen standen mit ziemlicher Regelmäßigkeit auf dem Programm. Darüber nachzudenken oder gar darüber zu sprechen, habe ich mir nie erlaubt. Es war egal. Es war egal! Es ist Satans Gesetz: Jedes innerhalb der Sekte gezeugte Kind muss Satan geopfert werden. Der Satanist gehorcht. Nur die Frauen, die vom Satanspriester geschwängert werden, dürfen ihr Baby behalten. Sie werden zu Teufelskindern erzogen. Man hat uns erzählt, dass all die anderen Kinder mit toter Seele zur Welt kämen – und die mussten geopfert werden. Manche gleich nach der Geburt, andere erst im zarten Alter von drei oder sechs Monaten. Wie es Satan gerade in den Kram passte."

Bereits im Säuglingsalter beginnen die Misshandlungen und der Missbrauch.
Beim Ekeltraining handelt es sich um das Bluttrinken, das Essen von Tierkadavern und Exkrementen, Maden, Würmern, oder besteht darin auf einer ausgegrabenen Leiche zu übernachten.

In einem Aussteiger-Bericht heißt es im gleichen Buch: „*Langsam füllten sich die engen Wege zwischen den Gräbern mit schemenhaften Gestalten. (...) Grob geschätzt liefen da bestimmt an die 250 Kuttenträger herum. Dazu kamen dann noch die Frauen. (...) Sie kokettierten geradezu mit ihren festen Brüsten, ihren prallen Schenkeln und ihrer zarten Haut bemalt mit satanischen Symbolen aus Blut. (...) Drei Stunden lang quälten uns die Priester, zumindest mich: endlose Gebete, Lobpreisungen und Belehrungen – ich konnte nicht mehr stehen! Zwei Dämonen des Herrn (...) führten eine junge Frau im schwarzen Umhang zum Altar. Mit ausgestreckten Armen empfing sie der Priester. Er nahm ihr das Cape ab. Zum Vorschein kam ein makelloser, nackter Körper. (...) Die beiden Dämonen zwängten ihre Hand- und Fußgelenke zwischen die Eisenfesseln. (...) In meinem Kopf drehte sich alles. Die konnten doch nicht ... sie umbringen? (...) Mir wurde heiß (...) Das halte ich nicht durch! (...) Die Angst um mein Leben war stärker als der Drang, wegzulaufen. Ich blieb. (...) Überfallartig stieß der Priester einen animalischen Schrei aus und stürzte sich auf die bewegungslose Frau. Mit beiden Händen griff er seine Kutte schob sie hoch und fummelte ungeduldig seinen steifen Penis hervor. Mit fanatischer Begierde drang er in sie ein. (...) Ein Priester nach dem anderen stieg über sie, bestimmt zwanzig Kerle. (...) Endlich hatte auch der letzte Priester seinen Samen in sie hinein gepumpt. (...) Der erste Kuttenträger trat nochmals an sie heran. Er stellte sich ans Kopfende des Altars, uns zugewandt. (...) Sein Arm holte aus, und mit unbändiger Wucht stieß er ihr einen gebogenen Dolch zwischen die Rippen, den er zuvor in seiner Rechten verborgen gehalten hatte. (...) Ich konnte nicht mehr. Aus. Ende. (...) ein schweres Vergehen. (...) Hinschauen sollten wir damit wir hart würden. Die Rituale waren das Training dafür. (...) Der Altar war leer, nur die blutverschmierte Platte erinnerte noch an den Mord, der dort gerade stattgefunden hatte. (...) Namenlos, gefühllos, Satan treu ergeben.*"

Ein Seelenmord für weibliche Mitglieder bestand darin, dass den gefesselten Mädchen eine Klammer in den Mund gesetzt wurde. Die Männer urinierten sodann in den Mund hinein. Oftmals müssen die Mitglieder die menschlichen Eingeweide mit Blut verzehren.

Die extreme Gewalt und der sexuelle Missbrauch der Kinder sind unvorstellbar grausam! Wo bleibt hier die polizeiliche Hilfe?

Manchen Mädchen werden die Schamlippen mit dem Rasiermesser abgetrennt und mit Beilage zum Essen gegeben. Anschließend wird ein Messer in die Vagina des Mädchens gestoßen, bis sie stirbt. Manchen Müttern wird viel Geld geboten, damit sie sich ruhig verhalten. Satanisten verfolgen ehemalige Mitglieder mit dem Aufsprühen satanischer Symbole an Fenster, Wände oder Türen. Sie machen Psychoterror und haben oft telekinetische Kräfte, mit denen sie ihren Opfern Angst einjagen. Unter Drogen und Alkohol werden Orgien gefeiert.

Friedhofsschändungen sind Alltag im Satanismus. Unter Satansmord versteht man extreme Kriminalität, wie die Tötung eines Säuglings.

Diese grauenvollen Szenarien werden von Satanisten oft vertuscht und verschwiegen. Die Kinder werden von den eigenen Eltern an Kinderbordelle verkauft.

Die Lehre des blutigen Satanismus kann man in einem Tagebuch einer Satanistin lesen. Sie schrieb am 25.01.1999: „Ich habe meine Seele an den Teufel verkauft!"

Am 13.09.1999 findet folgender Vorfall auf dem Friedhof in Ortaköy/Istanbul statt: Die Leiche eines jungen Mädchens wird in einem halbnackten Zustand in der Friedhofserde gefunden. Bevor das Mädchen ermordet wurde, hat man sie auf bestialische Weise erstochen. Noch erschreckender: Nach ihrem Tod wurde sie mehrfach vergewaltigt! Die perversen Mörder waren vor dem Tod des Mädchens drei Freunde von ihm. Die Mörder sagten aus, dass sie Satanisten seien. Die Botschaft des Teufels lautete:
„Diese Nacht muss sie als Opfer sterben! Satan hat es so befohlen und wir haben sie ermordet."

Satanssekten

Leben mit dem Teufel. Die Teufelssekten bilden eine Art „Mafia". In Teufelssekten wird gemordet, gefoltert und vergewaltigt. Ritueller Satanismus findet überall in satanischen und in germano-faschistischen Kulten statt. Orte des Grauens sind meist Keller, Scheunen und Kirchen. Ausgestattet sind diese Kultstätten wie Folterkammern: Seile, Kruzifixe, Balken, Messer, Axt, Dolche, Schwerter, Peitschen, Ketten, Handschellen, schwarze Umhänge und Masken, umgekehrte Kreuze. Christen werden verteufelt. Hier können die Täter ihre sadistischen Phantasien ausleben. Satanische Kulte sind grausam. Wir bitten die Leser, unter keinen Umständen solche Praktiken nachzumachen, sondern wir versuchen anhand der Beispiele zu demonstrieren, welch Psychopathen Satanisten sind.

81 % der Satansanhänger werden gezwungen, Menschenfleisch zu essen. Unter Drogeneinfluss werden sie zu perversen Spielen animiert.

78 % werden mit Satan verheiratet.

72 % werden stundenlang lebendig in Särgen oder Gräbern begraben.

Bei den okkult-satanischen Ritualen treten Satanspriester auf, die oft als „Kapuzenmänner" verkleidet sind.
Die Anhänger haben häufig eine Psychose. Die Satanssekten sind hierarchisch organisiert. In den höheren Ebenen befinden sich oft Anwälte, Priester, Polizeibeamte etc.
Manchmal treffen sich Satanisten auf Friedhöfen.

Die Namen des Teufels in verschiedenen Sprachen

1. Azazel (Hebräisch): Er lehrt den Menschen die Kriegsmaschinen zu produzieren.
2. Balaam (Hebräisch): Der wütende Teufel.
3. Beherit: Der aramäische Name des Teufels.

4. Bilé: Keltischer Name des Unterwelt-Gottes.
5. Chemosh: Gott der Moabiten; er wurde später zu einem Teufel.
6. Coyote: Der Teufel der Indianer.
7. Dagon: Der Rache-Meeresteufel der Palästinenser.
8. Demogorgan: Griechischer Name für Teufel.
9. Diabolus (Griechisch): „Der nach unten Fließende".
10. Emma-o: Der Wächter der Hölle auf Japanisch.
11. Euronymus: Bei den Griechen der Todesprinz.
12. Gorgo: Der Griechische Name für den Teufel.
13. Lilith: Weiblicher Teufel auf Hebräisch.
14. Mania: Der Höllengott der Etrusker.
15. Marduk: Der Stadtgott der Babylonier.
16. Melek Taus: Der Teufel der Yeziden.
17. Mephistopheles (Griechisch): Der das Licht meidet (s. Faust).
18. Metztli: Der Gott der Finsternis bei den Azteken.
19. Mictian: Der Todesgott bei den Azteken.
20. Midgard: Der Sohn Lokis als Schlange.
21. Moloch: Der Teufel bei den Kenianern.
22. Mormo (Griechisch): Der König der Hexen, der Partner Hecates.
23. Naamah: Der Teufel der Verführung auf Hebräisch.
24. Nihasa: Der Teufel bei den Indianern.
25. Nija: Gott der Unterwelt bei den Polen.
26. O-Yama: Der Name des Teufels bei den Japanern.
27. Pluto: Gott der Unterwelt bei den Griechen.
28. Sammael (Hebräisch): „Das Gift Gottes".
29. Samnu: Der Name des Teufels in Zentralasien.
30. Sedit: Der Teufel bei den Indianern.
31. Seth: Der Teufel bei den Pharaonen.
32. Supay: Gott der Unterwelt bei den Inkas.
33. T'an-mo: Der Teufel bei den Chinesen.
34. Tehort: Russischer Name für den schwarzen Teufel.
35. Tezcatlipoca: Der Höllengott bei den Azteken.
36. Yen-lo-Wang: Der Höllenwächter bei den Chinesen.

Cin-Teufel

Es gibt eine Theorie, dass sich Cin-Teufel von Milch, Wasser, Blut, Knochen, Spucke, und anderen Körperflüssigkeiten und ebenso von Fleisch durch Fotosynthese ernähren. Sie benötigen das menschliche Blut und die biologische Flüssigkeit zum Überleben.

Spermagnostiker

Es gab immer wieder Bewegungen, in denen die Sexualität rituell vollzogen wurde; bei den Römern des Bacchuskults z. B. Ebenso gab es die Spermagnostiker, die glaubten, dass im männlichen Samen eine besondere magische Kraft gelegen habe, daher vollzogen sie zu bestimmten Zeiten Massenorgien, in denen es nur darum ging, das Sperma zu rituellen Zwecken zu sammeln, um die Sexual-Mystik zu stärken.

Die Erfahrungen eines meiner Klienten über die schwarze Messe
(von Wolfgang Uhl)

Diese Erfahrungen, die mir ein Klient mitteilte, möchte ich Ihnen hier schildern:
Eines Tages kam ein Mann in mein Büro und berichtete, dass er ständige Alpträume hat, die er nicht loswird. Dies habe etwas mit der schwarzen Messe zu tun. Und so berichtete er mir zum ersten Mal, er habe an einer schwarzen Messe teilgenommen und sei immer wieder nachts schweißgebadet aufgewacht. Durch die Heirat mit einer älteren Frau kam er in einen liturgischen Kreis. Er ging jeden Sonntag in die Kirche und betete fromm. Doch eines Tages eröffnete ihm seine christlich eingestellte Frau, dass sie nicht nur zu Gott betete, sondern auch zu Luzifer, dem Erleuchteten, sodass sie ihn gern in den Kreis der Erleuchteten einführen möchte:
„Zuvor machte sie auch Andeutungen, dass sie sehr tolerant sei, und ich auch mit den anderen weiblichen Mitgliedern der Gemeinde die Liebe auskosten sollte, da dies die Gemeinschaft besser zusammenhält. Und so sollte ich über die Liebe der Gemeinschaft etwas für den Zusammenhalt tun. Sie berichtete, dass einmal im Sommer geeignete Novizen neu aufgenommen werden, und sie wollte, dass ich daran teilnehme. Ich versprach es ihr und gelobte Treue und Verschwiegenheit. An einem lauen Sommertag führte sie mich zu einer Kirchenruine, wobei sie mir sagte: 'Nun bekommst du die Weihe unseres geliebten Erzengels Luzifer. Denn Luzifer ist nach Gott der höchste Erzengel, den Gott zwar aus dem Paradies verbannt, ihn jedoch nie vernichtet hat, sodass er einen bestimmten Zweck erfüllt.'
Dann betrat ich die Kultstätte, die mit Fackeln ausgestattet war. In der Mitte befand sich ein Altar, auf dem eine nackte Frau breitbeinig lag. Auf dem Altar befanden sich Kultgegenstände, wo ein umgekehrtes Kreuz zu sehen war. So standen wir im Halbkreis, als auf einmal die Gemeinschaft anfing, über die Liebe zu singen. Ich erhielt ein Gefäß zum Trinken, was mich nach kurzer Zeit berauschte. Es war eine Frau, die die Zeremonie abhielt. Nach einer Weile nahm sie ein Gefäß, und die Frau auf dem Altar urinierte hinein, von dem wir nun trinken sollten. Das Gefäß war noch zusätzlich mit Wein gemischt. Ich habe das alles gar nicht richtig mitbekommen, weil alles wie im Rausch vorbeilief, und mich eine Frau küsste und mit mir sexuelle Dinge machte. Auch den Schwur, den ich geleistet habe, bekam ich gar nicht richtig mit, auch wie ich nach Hause kam.
Einige Jahre später ließ ich mich scheiden. Nachts wachte ich auf und träumte ständig davon und werde die Alpträume nicht mehr los." Ich sandte ihn zu einem Priester, der sich seiner annahm, doch seine Alpträume sind ihm geblieben.

Engel

Engel sind Lichtwesen und Gottes Boten. Die wichtigste Klassifizierung stammt aus dem sechsten Jahrhundert von Dionysios Areopagita und befindet sich in seinem Buch „Die himmlischen Hierarchien“, in dem es neun Stufen gibt:

1. Seraphim.
2. Cherubim.
3. Throne.
4. Herrschaften.
5. Mächte.
6. Gewalten.
7. Fürstentümer.
8. Erzengel.
9. Engel.

Erste Triade

1. Seraphim: Die Seraphim tragen flammend rote Schwerter. Den Thron Gottes umkreisend singen sie: *„Heilig, heilig, heilig ist der Herr der Heerscharen! Die ganze Welt ist erfüllt von Seiner Herrlichkeit.“*
2. Cherubim: Die Cherubim tragen tiefblaue Gewänder und Schwerter.
3. Throne: Die Throne sind die Richterengel, die zur Sicherheit des Urteils und der Wahrheit Gottes beitragen.

Zweite Triade

1. Herrschaften: Entscheidungen über kosmische Verantwortungen und Überwachung der Aufgaben jedes einzelnen Engels.
2. Mächte: Himmlische Pläne.
3. Gewalten: Ausführung des Plans. Sie beschützen den Himmel vor dämonischen Übergriffen, wachen über Menschenseelen und begleiten verlorene Seelen zum Himmel.

Dritte Triade

1. Fürstentümer: Sie organisieren die Aufgaben, die auf der Erde erledigt werden müssen. Ihr Interesse gilt den geistigen Aspekten.
2. Erzengel: Sie sind die wichtigsten Boten Gottes.
3. Engel: Unsere Schutzengel sind uns am nächsten.

Engel-Gebete

1. Engel Michael, der zu meiner Rechten steht und mir Gottes Schutz gewährt.
2. Engel Gabriel, der zu meiner Linken steht und mir Gottes Kraft verleiht.
3. Engel Uriel, der vor mir den Weg erhellt und mit Gottes Licht mich füllt.
4. Engel Raphael, der in meinem Rücken steht und mir Gottes Heilung schenkt und über mir der liebe Gott.

Engel-Magie

Rufen Sie Erzengel Michael 3-mal:
„Erzengel Michael, komme und beschütze mich, begleite mein Ritual!“
3-mal: *„Alle unwillkommenen Wesen in meinem Energiefeld müssen jetzt gehen!“*

Stellen Sie sich vor, wie Erzengel Michael oder seine Engellegionen Sie von den schwarzen bändern freischneiden. Sprechen Sie zu den Wesen: *„Jeder von euch hat ein vollkommenes Zuhause. Geht dorthin!“*
Rufen Sie Ihren Schutzengel, der den großen strahlenden Lichtkanal öffnet, und das Licht wie einen „Staubsauger“ die Wesen anzieht und nach oben in die Lichtheimat aufnimmt: *„Friede sei mit euch jetzt und für alle Zeiten!“*
Sprechen Sie sodann: *„Sende mir die violette Flamme der Transformation! Ich rufe die violette Flamme der Umwandlung. Violettes Feuer lodere, lodere, lodere in, durch und um jedes Elektron, verwandle jede disharmonische Schwingung in Licht, bis es dem göttlichen Plan entspricht.“*
Sehen Sie, wie jedes Elektron und Atom gereinigt und wieder in reines Licht verwandelt wird. Senden Sie das violette Licht besonders in die betroffenen Körperregionen. Sprechen Sie dabei: *„Ich bin frei! Ich bin frei! Ich bin ewig frei!“*
3-mal: *„Schutzengel! Sende mir das Licht der Heilung!“*
Sehen Sie, wie Ihr Energiefeld mit grünem Licht angefüllt wird, wie es aufgeladen wird und sich von den dunklen Angriffen erholt. Bedanken Sie sich bei Ihrem Engel. Stellen Sie sich einen Licht-Mantel aus Silber vor. Alles Negative, was von außen kommt prallt daran ab.

Exorzistisches Gebet

„Im Namen Jesu Christi, unseren Herrn und Gottes, durch die Fürsprache der unbefleckten Jungfrau und Gottesmutter Maria, des Heiligen Erzengels Michael, der heiligen Apostel Petrus und Paulus und aller Heiligen gehen wir voll Zuversicht daran, die Angriffe des teuflischen Truges zurückzuschlagen.
Ich löse in Euren Namen jegliche Art von Flüchen, Schikanen, Zaubereien, Fallen, Schnüren, Lügen, Hindernissen, Betrügereien, Entgleisungen, falschen spirituellen Diensten, den bösen Blick, böse Wünsche und Verwünschungen, alle Gebrechen sowie jede Krankheit jeglicher Ursache einschließlich meiner Fehler und Sünden.
Im Namen Gottes breche ich den Einfluss jedes satanischen Gelübdes und Paktes, jede spirituelle Knechtschaft, alle Fesselungen der Seele sowie satanischer Werke. Im Namen Gottes zerbreche und löse ich alle Fesselungen und der sich daraus ergebenden auswirkenden Folgen wie falsche Vermittlung, auch durch Heiler und Wahrsager, falsche Propheten, Okkultisten, Phänomene und Erscheinungen, Satanskult, Hexen, Hexenmeister und Voodoo!
Im Namen Jesu Christi, unseren Herrn und Gottes, durch die Fürsprache der unbefleckten Jungfrau und Gottesmutter Maria, des Heiligen Erzengels Michael, der heiligen Apostel Petrus und Paulus und aller Heiligen, sowie des Heiligen Geistes befreie mich durch das Wort der Erkenntnis von jedem negativen Geist, der sich gleich welcher Art an mich gehängt hat!“

Engel Ezawen ist der Schutzengel für geistig behinderte Menschen.
Engel Raphael ist der Schutzgeist der Seelen, Engel der Heilung; Mittwoch; Scheitelchakra; Atmungsorgane.

Engel, Erzengel, Götter und andere Helfer

Erzengel Michael: Schutzengel. Sonntag. Wurzelchakra. Blut. Bitten Sie Erzengel Michael, Sie oder andere Personen/Orte in seinen tiefblauen Mantel einzuhüllen. Bitten Sie Erzengel Michael immer wieder, die seelischen und körperlichen Fesseln zu durchtrennen, die in Ihrer Vergangenheit negative Emotionen hervorriefen. Mut. Reinigung von Räumen. Freisetzung von gebundenen Seelen. Übermittelt von Erzengel Michael (aus: Gespräche mit Erzengel Michael, Band 2, von Natara, ersch. in Lichtsprache Nr. 21, 09.2004):

„Legt eure Fingerspitzen an eure Schläfen, dorthin, wo ihr den Puls spürt. Drückt zart auf diesen Punkt. Ihr werdet spüren, wie leicht der Kopf wird. Alle Gedanken verfliegen. Wenn ihr das 9 Minuten lang macht, täglich mindestens 48 Tage lang hintereinander, dann ist alles gelöscht. Dann könnt ihr euch wieder selbst fühlen. Dadurch werden alle Fremdgedanken und auch alle unbewussten Gedanken von außen gelöscht. Man kommt dann wieder zu freien Gedanken. Die Übung löscht schon nach einem Mal viel, aber erst nach 48 Tagen ist die Manipulation endgültig nicht mehr möglich. Es öffnet sich ein Tor zu neuen Energie-Ebenen, wichtig für die neue Dimension. Und die Übung verstärkt auch die Liebe.“

Licht-Mantel: *„Meine geliebte, mächtige ICH-BIN-Gegenwart! Umhülle mich jetzt mit meinem mächtigen, magischen, elektronischen Mantel aus Lichtsubstanz! Mache ihn so kraftvoll, dass ihn keine menschlichen Schöpfungen durchdringen können! Sie, dass ich durch ihn unsichtbar, unbesiegbar und unverwundbar bin, und nur erreichbar für Deine allmächtige Vollkommenheit; und unendlich und göttlich empfindsam für Dich und Deine göttliche Vollkommenheit, meine geliebte ICH-BIN-Gegenwart!“*
Visualisieren Sie, wie sich das Licht um Sie herum ergießt. Fühlen Sie den Lichtschutz. (Nr. 7, Juli 2003).

Der Silberne Strahl der Gnade: Ein Lernthema, das sich immer wiederholt, sollte mit der folgenden Anrufung gesprochen werden: *„Ich bitte den Silbernen Strahl der Gnade um Auflösung meiner karmischen Muster.“*
Dabei stellt man sich den Strahl als perlweißen Schnee vor, der sich anfühlt wie eine innere Dusche. Man sage: *„(Grace), bitte lösche dieses Muster, sonst erschafft das Universum immer wieder diese Situation!“*

Aufhebung alter Gelübde: Folgende Anrufung: *„Ich bitte um Bewusstheit, um die Entfernung aller Kristalle, aller alten Gedanken und Gefühle, genetischen Begrenzungen und um die Befreiung vom Tod.“*

***Violetter Strahl zur Aura-Reinigung**:* Folgende Anrufung:

„Bitte, Silberner Strahl und Violetter Strahl, vermischt Euch! Bitte fließe durch meinen physischen, emotionalen, mentalen und spirituellen Körper und erfülle ihn ganz! Diese Energie möge durch alle Ebenen fließen, wo ich bin.“

***Klärung mit Erzengel Michael**:* Entspannen Sie sich. Atmen Sie alles aus, was gehen möchte und nicht zu Ihnen gehört. Gehen Sie in Ihr Herz- Chakra hinein und öffnen Sie Ihr Herz mit Ausatmen. Lenken Sie Ihre Aufmerksamkeit darauf. Visualisieren Sie das glühende Erdinnere. Senden Sie Ihre Energien aus Ihrem Herz-Chakra zum Wurzel-Chakra hinaus und hinein ins Erdinnere.
Achten Sie auf die Strömung. Lenken Sie Ihre Aufmerksamkeit auf die Sonne und senden Sie Kraft. Atmen Sie diese Energie in Ihr Kronen-Chakra hinein und hinaus:

„Lieber Erzengel Michael, ich bitte dich, mich hier und heute von allen Energien, Einflüssen und Wesenheiten zu befreien, die auf meinem Weg der Heilung nicht länger förderlich für mich sind. Ich bitte dich, diese Energien umzuwandeln und dorthin zu bringen, wo sie dem höchsten Wohle dienen. Ich danke dir dafür.“

Visualisieren Sie, wie Sie in einem Octaeder sitzen. Atmen Sie nun weiter Licht in Ihr Herz von der Erde und Sonne hinein. Atmen Sie aus und lassen Sie dieses Licht in Ihren Octaeder hineinströmen, das immer heller und heller wird.
Mit jedem Atemzug wird es immer heller und heller in Ihrem Octaeder. Strahlend helles Licht umgibt Sie. Umgeben von diesem hellen Licht, sprechen Sie:

„Kraft meines kosmischen Bewusstseins, ordne ich an, dass alle Energien und Wesenheiten, die nicht zu meinem höchsten Wohle dienen, hier und jetzt und unwiderruflich mein Energiefeld verlassen!“

Atmen und visualisieren Sie, wie all diese Energien durch einen grauen Nebel in den Octaeder wandern und dort über eine kleine Öffnung den Octaeder verlassen. Dort befindet sich Erzengel Michael. Er wird sich weiter um diese Wesenheiten kümmern. Atmen Sie alles aus. Alles, was Ihnen nicht dienlich ist, kann jetzt Ihr Energiefeld verlassen: *„Hiermit fordere ich all meine Energien von dir zurück und gebe sie dir in tiefer Liebe wieder.“*

Atmen Sie Energie. Zum Wohl aller Beteiligten segnen (von Erzengel Michael):

„Ich lasse dich in Liebe los und wünsche dir dein persönliches Glück. Lieber Erzengel Michael, bitte durchtrenne alle energetischen Verbindungen, die mir und dieser Person nicht länger dienlich sind, zum Wohle aller Beteiligten. Ich bitte dich, diese Verbindungen nun unwiderruflich zu entfernen. Ich danke dir dafür.“

Atmen Sie. Visualisieren Sie, wie Erzengel Michael die Verbindungen auflöst. Nun können Sie die Person entlassen. Visualisieren Sie, wie die blaue Energie von Erzengel Michael an dem Spiegel abprallt. Dies ist die göttliche Energie. Im Dienste des Lichts bitten Sie um Klarheit und Heilung:

„Ich danke dir in tiefer Liebe und für deine Unterstützung und Führung."

Atmen Sie. Die Farbe Blau fließt im Strahl auf Sie und Erzengel Michael lädt Sie damit auf. Namaste.

Erzengel Jophiel: Bitten Sie Erzengel Jophiel, Ihren Ausbildungsplatz, Ihre Universität, Ihren Arbeitsplatz, das Gericht oder das Parlament mit einem goldenen Strahl zu erfüllen.

Erzengel Chamuel: Engel der Liebe. Bitten Sie ihn, Personen oder Orte mit seinem Liebesschauer zu überschütten. Beruf. Verlorene Gegenstände. Seelengefährten. Frieden.

Erzengel Gabriel: Engel der Harmonie. Montag. Herzchakra. Verdauung. Stoffwechsel. Beauftragen Sie ihn, sein weißes Licht auf jene Menschen herab zu strahlen, die deprimiert oder verwirrt sind. Adoption. Fruchtbarkeit. Kreativität. Journalismus. Schreiben. Arbeit bei Fernsehen und Radio. Rufen Sie Erzengel Gabriel an: *„Erzengel Gabriel, ich bitte dich, steh mir bei, wenn ich ... (Beschreibung des Projektes). Bitte öffne meine kreativen Kanäle. Hilf mir, meinen Geist zu öffnen. Danke, Gabriel."*

Erzengel Uriel: Feuer Gottes. Engel des Friedens. Samstag. Halschakra. Lichtfluss im Körper. Er überwacht die Hölle. Kreativität. Naturkatastrophen. Kreatives Schreiben. Spiritualität, Wetter.

Erzengel Zadkiel: Engel der Gnade und der inneren Wandlung. Rufen Sie die silberviolette Flamme an und lassen Sie sich von ihr umhüllen, bis eine Reinigung stattgefunden hat.

Engel Samuel: Dienstag. Sakralchakra. Hormonsystem.

Engel Haniel: Ruhm Gottes. Babylonische Tradition, Kabbala. Heilung. Mondenergie. Hellsichtigkeit. Anrufung: *„Erzengel Haniel, ich bitte darum, dass dein göttlicher Magnetismus nur positive Energie zu mir zieht. Glorreicher Haniel, ich danke dir!"*

Erzengel Raziel: Gottes Geheimnis.

Engel Zahariel: Donnerstag. Solarplexus-Chakra. Bewegungsapparat.

Engel Anael: Freitag. Ajna-Chakra. Gehirn. Nervensystem.

Engel Afriel: Zuständig für Kinder und Jugendliche.

Engel Akatriel: Engel der göttlichen Mysterien und rätselhaften Fälle.

Engel Akriel: Libido, Unfruchtbarkeit, Sterilität.

Engel Amasras: Wird im Buch Henoch erwähnt. Gärtner und Bauer. Kann angerufen werden, um magische Rituale zu verstärken.

Engel Ambriel: Engel des Monats Mai. Kommunikation. Neuer Arbeitsplatz.

Engel Amitiel: Engel der Wahrheit und Ehrlichkeit.

Engel Anahita: Engel der Fruchtbarkeit und Schwangerschaft.

Engel Anauel: Engel der Finanzen.

Engel Aral: Gottesflamme.

Engel Armisael: Bei Geburtswehen. Kind im Mutterleib.

Engel Asariel: Neptun. Hellsichtiges Medium.

Engel Azrael: Reinkarnation. Spirituelle Themen. Jenseitskontakte.

Engel Balthial: Engel der Vergebung.

Engel Barakiel: Engel des Monats Februar. Glück. Glücksspieler.

Engel Ecanus: Engel der Literatur.

Ashtar: Friedliche Interaktionen mit Außerirdischen. Veränderungen auf der Erde. Schutz. Angst. Spiritualität. Rufen Sie Ashtar in sternenreichen Nächten an.

Devi: Hinduistische Göttin. Süchte. Entgiftung. Reinigung von Körper und Geist. Beziehungen. Kontaktieren Sie Devi, wenn Sie in der Natur sind.

Erzengel Ariel: Kabbala. Göttliche Magie. Umweltangelegenheiten. Rufen Sie Ariel in der Natur an, in der Nähe eines Gewässers.

Erzengel Sandalphon: Gottes Geheimnis. Musik. Gebete. Bestimmung des Geschlechts eines Ungeborenen.

Heiliger Johannes: Angst. Depression. Heilung. Krankenhausaufenthalt. Spiritualität.

Isis: Ägyptische Mondgöttin. Göttliche Magie. Freude. Selbstwert.

Maeve: Irland. Alchemie. Aromatherapie. Kontakt mit Elementarwesen. Heilung. Kräuterkunde.

Merlin: Keltische Tradition. Alchemie. Kristalle. Göttliche Magie. Energiearbeit. Heilung. Prophezeiung. Zeit-Beeinflussung.

Saint-Germain: Alchemie. Seelisch-Geistiger Schutz.

Salomon: Jüdische Tradition. Kabbala. Göttliche Magie. Kunst. Poesie. Reinigung von Räumen. Freisetzung gebundener Geister. Anrufung: *„Salomon, oh Salomon, ich brauche deine Unterstützung. Ich brauche ein Wunder, jetzt sofort! Beseitige alle niederen Geister und Energien aus meinem Inneren und meinem Umfeld. Erfülle mich mit dem Licht göttlicher Heilung. Bitte komm zu mir und scheine dein Licht auf diese Situation."*

Engel der Sternzeichen

Widder:	Machidiel	Waage:	Uriel
Stier:	Asmodel	Skorpion:	Barbiel
Zwillinge:	Ambriel	Schütze:	Anachiel
Krebs:	Muriel	Steinbock:	Hanael
Löwe:	Verchiel	Wassermann:	Gabriel
Jungfrau:	Hamaliel	Fische:	Barchiel.

Schutzgebete

„Wenn du in reiner Liebe gekommen bist, darfst du bleiben.
Wenn du nicht in reiner Liebe gekommen bist,
musst du dorthin zurückkehren,
wo du her kamst oder nach oben in das Licht
schauen und den Engeln folgen."

Folgendes Schutzgebet sollte am ersten Abend, an drei Dienstagen, mit einer weißen Kerze, in einer katholischen Kirche aufgesagt werden:

„Ich bitte dich, Herrgott, Heilige Mutter Maria, Heiliger Anton, Heiliger Nikola, ich bin ... (Ihr Name), Tochter von ... (Name Ihrer Mutter). Ich bitte Euch, gibt mir Gesundheit, Glück, Freude, Erfolg in Arbeit und Liebe, Frieden und Ruhe im Haus, jeden Wohlstand, innere Zufriedenheit, seelischen Frieden! Reinigt, säubert, durchreinigt mich von bösen Menschen und bösen Mächten!"

Ein anderes Schutzgebet lautet folgendermaßen

„Lieber Gott, liebe Engel,
alle Energien, alle Fremdbesetzungen und alle Seelen, die nicht zu meinem Energiesystem gehören, schicke ich jetzt mit Licht und Liebe dorthin, wo sie hingehören.
Lieber Gott, liebe Engel, ich bitte Euch darum, reinigt bitte meine Räume so, dass nur Positives bei mir ist."

Gehen Sie mit einer weißen Kerze durch Ihre ganzen Räume. Anschließend nehmen Sie ein Meeressalzbad.

Schutzgebet vor dem Bösen

1. *„Lieber Gott, liebe Engel, helft mir! Helft mir! Helft mir! Lieber Gott, liebe Engel, erlöst mich jetzt aus diesem Zustand, erlöst mich von dem Bösen! Befreit mich von ... Helft mir bei ... fernzuhalten. Führt mich aus den Versuchungen, schützt mein Leben und führt mich zum Sieg über mein niederes Selbst. Lieber Gott, liebe Engel, helft mir! Helft mir, helft mir! Lieber Gott, liebe Engel, kommt in mein Leben! Lieber Gott, liebe Engel, steht mir bei! Schützt mein Kind! Schützt mein Haus, Hof und alles, was zu mir gehört! Gewaltige ICH BIN das Instrument für die sieben Strahlen und Engel. Ich werde*

nicht zurückweichen. Ich werde stehen bleiben. Ich werde nicht zögern zu sprechen. Und ICH BIN ein Instrument des göttlichen Willens."

2. *„Du, Fluch, kehre mit gleichem Wortlaut zum Ursprungsort zurück und löse dich in Licht und Liebe auf! Im Namen des Dreieinigen Gottes befehle ich allem Dunklen meinen Körper zu verlassen, und Liebe und Freude kehren dauerhaft in mein Leben ein."*

Gebet gegen Verstrickungen

„Lieber Gott, geliebte Engel, ich bitte euch, schneidet mich frei von allen Verstrickungen! Macht mich stark im Glauben an das Gute im Menschen und an die göttliche Vorsehung! Schützt mich in jeder Lebenslage! Lasst mich begleitet sein von einem deiner Engel. Helft mir, anderen Menschen beizustehen! Ich danke Euch! Was immer auch geschieht, HIER BIN ICH. Hilf mir, göttliches Licht! Im Namen von Engeln und seinen Legionen, ICH BIN FREI und werde immer frei sein, und keine Macht – im Innen und Außen – kann mir die Freiheit nehmen!"

Bitten Sie das Universum eindringlich, Sie und Ihre Familie sofort in den göttlichen Dauerschutz aufzunehmen und dies sofort in Kraft treten zu lassen. Bitten Sie jeden Tag 3-mal darum und machen Sie dies über neun Tage. Es dauert ca. 3 Wochen, bis diese Matrix aufgebaut ist. Wenn Sie sich schlecht fühlen, lesen Sie 3-mal aus dem Psalm Davids.

Göttlicher Wille:

„Ich bin der Engel des ersten Strahls. Ich bin die führende Kraft. Wer mich ruft, steht unter meinem Schutz. Mit dem Liebesschwert, der klaren Unterscheidung, stehe ich jedem, der mich anruft, mit meinen Engellegionen zur Seite, euch zu befreien, die dunklen Dämonen eines Geistes zu bannen, euch aufzurufen, zum Mut und zur Tat, euch zu führen und zu begleiten ins göttliche Licht."

Gebet für eine Beziehung mit dem Partner (fünf Tage, 2-mal täglich):

„Ich danke dir und bitte dich, lieber Engel, dass du bitte sofort alles für mich tust; dass dieses Band, dieses Hindernis, dass noch zwischen ... (Name des Partners) und seiner Gedankenlosigkeit und Gleichgültigkeit mir gegenüber, mit mir zusammen zu sein, noch besteht. Dass du das bitte sofort und für immer mit deinem Schwert zerschlägst, sodass ... (Name des Partners) vollkommen frei ist von der Gedankenlosigkeit und Gleichgültigkeit, mir gegenüber und für immer bei mir sein kann, weil ich ihn vom ganzen Herzen liebe. Amen, Amen!"

Anrufung für folgende Themen

Gewicht

„Ihr himmlischen Wesen, bitte helft mir, ein gesundes Gewicht zu behalten. Ich brauche eure meisterliche Hilfe."

Kontaktaufnahme mit Naturwesen

Wenn Sie Feen oder Elementarwesen sehen möchten, bitten Sie:

„Geliebte Dana, Göttin der Kobolde, Herrin der Waldnymphen; mächtige Maeve, Königin der Feen; ich bitte um eure Hilfe bei der Kontaktaufnahme mit dem Königreich der Elementarwesen. Bitte stellt mich den Feen vor. Bitte schenkt mir einen offenen Geist, damit ich die Botschaften aus dieser magischen Dimension empfangen kann. Ich danke euch."

Engelszauber

Chaldäischer Engelszauber

Um ca. 3000 v. Chr. wurden die frühesten Engelszauberrituale im antiken Chaldäa verfasst und später auf Steintafeln aufgezeichnet. Folgende Zauberformel lässt sich auch in mittelalterlichen Grimoires finden:

„Sie sind die sieben Götter des unermesslichen Himmels;
Sie sind die sieben Götter der unermesslichen Erde;
Sie sind die sieben Götter der feurigen Sphären;
Die sieben Götter, sie sind sieben an der Zahl;
Sie sind die sieben schädlichen Götter;
Sie sind die sieben bösen Schreckgeister;
Sie sind die sieben bösen Flammengespenster;
Sieben im Himmel, sieben auf Erden;
Der böse Dämon, der böse Alal, der böse Gigim, der böse Tetal, der böse Gott, der böse Maskim.
Geist des Himmels, beschwöre sie, Geist der Erde, beschwöre sie!
Geist des Mulge, König der Länder, beschwöre sie!
Geist des Nin-gelal, Herrin der Länder, beschwöre sie!
Geist des Nin-dar, Sohn des Feuerhimmels, beschwöre sie!
Geist der Sukus, Herrin der Länder, die zur Nachtzeit erglänzt, beschwöre sie!"

Ägyptischer Engelszauber

Geoffrey James schreibt über die verbotene Kunst des Engelszaubers der Ägypter, die auf einem Papyrus geschrieben steht:
„Man nehme einen sauberen Leinenbeutel und schreibe darauf die unten angegebenen Namen. Man falte ihn zusammen, drehe daraus einen Docht, gieße reines Öl darüber und entzünde ihn. Folgende Worte schreibe man auf: *Armiuth. Lailamchouch. Arsenophrephren. Phtha, Archentechtha.*"

Die Astrologie stand in Zusammenhang mit dem ägyptischen Engelszauber praktizierte die Magie mit Zauberstäben, Weihrauch und Opfergaben.
Die Ägypter glaubten an die Erscheinungsform verschiedener Engel:

1. Als Statue.
2. Als Talisman.
3. Im Traum.
4. In Trance (auch durch Drogen).
5. Als Phantom aus dem Nichts.
6. Als Besessenheit.
7. In der Nekromantie.
8. Als unsichtbares Wesen.

Der folgende ägyptische Engelszauber stammt wahrscheinlich aus der Zeit vor 1000 v. Chr.:
„Um eine Vision von Besa zu erhalten: zeichne auf deine linke Hand Besa, wie unten angegeben, wickle deine Hand in einen schwarzen Stoffstreifen und um deinen Hals. Die Tinte, die du zum Schreiben verwendest, muss aus dem Blut einer Kuh, dem Blut einer weißen Taube, frischem Weihrauch, Myrrhe, schwarzer Schreibtinte, Zinnober, Maulbeerensaft, Regenwasser und dem Saft von Wermut und Wicke bestehen. Schreibe damit deine Bitte vor Sonnenuntergang auf und sprich dazu: ‚*Entsendet den ehrlichen Seher aus dem heilgen Schrein, ich beschwöre euch Lampsuer, Sumarta, Bairbas, Dardalam, Iorlex: O Herr, entsende die heilige Gottheit Anuth, Salbana, Chambre, Breith, jetzt, jetzt, schnell, schnell! Komm heute Nacht!*'"

Hebräischer Engelszauber

Die alten Hebräer benutzten die Magie der Ägypter und mischten diese mit der Kabbala und der jüdischen Mystik. Die hebräischen Engelszauber-Amulette wurden aus Metall mit Kräutern und Blättern hergestellt. Neben Salomon praktizierte auch Moses das Engelsmagie-Ritual, das als „Schwert des Moses"-Manuskript aus dem 4. Jahrhundert n. Chr. bekannt war:
„Zur Beschwörung eines Geistes schreibe man auf ein Lorbeerblatt: *Ich beschwöre den Fürsten, dessen Name Abraxas ist, im Namen ..., du mögest zu mir kommen und mir all das kundtun, was ich von dir verlange, und zwar unverzüglich!*"

Gnostischer Engelszauber

Simon Magus besaß verschiedene magische Künste:

1. Er hatte die Fähigkeit, sich unsichtbar zu machen.
2. Er hatte die Fähigkeit, aus Luft einen Menschen zu erschaffen.
3. Er konnte durch Felsen und Berge gehen.
4. Er stürzte in den Abgrund, ohne verletzt zu werden.
5. Er konnte durch die Luft fliegen.
6. Er ging in Begleitung angeblich verstorbener Seelen.

7. Er konnte sich in eine Schlange und andere Tiere verwandeln.
8. Er hatte telekinetische Kräfte und konnte die Möbel bewegen.
9. Er stürzte sich ins Feuer, ohne dabei verbrannt zu werden.
10. Er konnte Ketten zerbrechen.
11. Er konnte Statuen beleben, die plötzlich lebendig aussahen.
12. Er konnte das Aussehen eines anderen Menschen annehmen.

Mittelalterlicher Engelszauber

Anfang des 14. Jahrhunderts verurteilte die Kirche das Praktizieren von Engelsmagie, da es für die Kirche ketzerisch war. Das Eigentum der Templer wurde beschlagnahmt und die Templer vor Gericht angeklagt. 1318 veröffentlichte Papst Johannes XXII. ein Verbot gegen Engelszauber, bei dem acht italienische Priester verurteilt wurden:

„(Sie) haben sich auf das dunkle Geschäft der Nekromantie, Geomantie und andere magische Praktiken eingelassen und besitzen Schriften und Bücher, die von diesem Thema handeln … und setzen sich in Kreise, von denen aus sie häufig böse Geister heraufbeschwören. Gelegentlich schließen sie darüber hinaus in Spiegeln, Kreisen oder Ringen Teufel ein, die ihnen ihre Fragen zu Vergangenheit und Zukunft beantworten sollen … haben sie diese bösen Geister beschworen, führen sie alle möglichen merkwürdigen Experimente aus, die mit dem Teufel zu tun haben.“

Daraufhin wurde die Engelsmagie aus der Kirche verbannt. Lediglich der katholische Exorzismus ist aus der Zeit der Inquisition übrig geblieben.

Geisterzauber

In einem Manuskript des 17. Jahrhunderts taucht folgendes Ritual auf:

„Verabschiedung von Erscheinungen und anderen Geistern oder Elfen von jedwedem Ort oder Gebiet, wo ein Schatz verborgen ist. Zuerst soll der Zauberer sagen: *‚Im Namen des Vaters, des Sohnes und des Heiligen Geistes, Amen. Ich beschwöre euch Geister oder Elfen, euch sieben Schwestern mit den Namen Lilia, Restilia, Foca, Fola, Afryca, Julia, Venuilia. Ich beschwöre euch und befehle euch beim Vater, dem Sohn und dem Heiligen Geist und der Heiligen Maria, der Mutter unseres Heiligen Herrn und Erlösers Jesus Christus ... und bei allen Aposteln, Märtyrern und Beichtvätern, dass von jetzt an weder ihr noch ein anderer von euch über dieses Gebiet Macht habt und herrscht, weder drinnen noch draußen noch über diesen Diener des lebendigen Gottes, weder bei Tag noch bei Nacht. Die heilige Dreieinigkeit möge immer über ihm oder ihr walten. Amen. Amen.‘*“

Diese Methode wird mit einer Zauberflasche beschrieben, wobei das folgende Ritual auf heidnische Praktiken im Britannien der Renaissance zurückgeht:

„Eine hervorragende Methode, um eines Geistes habhaft zu werden … der noch nicht gebannt ist. Besorge dir zuerst einen breiten quadratischen Kristall oder ein Venusglas, das 8 cm lang und breit ist. Lege dann dieses Glas oder den Kristall an

3 Mittwochen oder 3 Freitagen in das Blut einer weißen Henne. Nimm es dann heraus und wasche es mit heiligem Wasser und räuchere es aus. Nimm dann 3 einjährige Haselnusszweige oder -ruten, schäle sie bis aufs Weiße ab. Glätte die Zweige auf einer Seite, und schreibe darauf die Namen der Geister oder Feen, die du 3-mal rufst. Vergrabe sie dann unter einem Hügel, der deiner Meinung nach von Feen heimgesucht wird, am Mittwoch vor der Anrufung, und am darauffolgenden Freitag nimm sie heraus und rufe um 8 oder 3 oder 10 Uhr. Dies sind günstige Zeiten mit günstigen Planetenkonstellationen für diesen Zweck. Aber wenn du sie anrufst, solltest du unbescholten sein und dein Gesicht nach Osten wenden. Und wenn du sie hast, banne sie in diesen Stein oder das Glas."

Das Rezept für eine Zaubersalbe lautet:
„Eine Salbe, die morgens und abends unter das Augenlid und auf die Augenlider aufgetragen wird, besonders aber bei Anrufungen oder wenn du meinst, du siehst nicht gut genug. Das heißt, eine Salbe, mit der du Geister sehen kannst. Gib Salatöl in eine Glasflasche, aber wasche sie zuvor mit Rosenwasser und Wasser aus den Blüten der Ringelblume. Die Blüten sollen nach Osten hin gepflückt werden. Wasche das Öl, bis es weiß wird, gib es dann in die Glasflasche und füge Malvenknospen, die Blüten von Ringelblumen, die Knospen oder Spitzen von wildem Thymian und die Knospen von jungen Haselsträuchern hinzu. Der Thymian muss in der Nähe eines Hügels gepflückt werden, an dem sich die Feen oft aufhalten. Schneide dort auch das Gras von einem Feenthrone ab, gib diese drei Zutaten zusammen mit dem Öl in eine Glasflasche und lasse es 3 Tage in der Sonne stehen, damit es sich auflöst. Danach kannst du es anwenden."
Das nächste Ritual ist ein Teil der christlichen Zeremonie, mit der man die Fee namens „Elaby Gathen" ruft. Diese Beschwörung wird durchgeführt, um eine Fee in ein magisches Glas zu bannen:

„Ich ... (Name), rufe dich, Elaby Gathen, im Namen des Vaters, des Sohnes und des Heiligen Geistes, und ich beschwöre dich, Elaby Gathen, beschwöre dich, weise dich an und befehle dir bei Tetragrammaton, Emmanuel, Messias, Sether, Panthon, Cratons, Alpha et Omega und bei allen anderen hohen und ehrfurchtgebietenden Namen des allmächtigen Gottes, den aussprechlichen und den unaussprechlichen, und bei allen Tugenden des Heiligen Geistes des Heiligen und deiner Tugenden, Elaby, bei allen Mächten und der Gnade und den Tugenden aller heiligen verdienstvollen Jungfrauen und Patriarchen. Und ich beschwöre dich, Elaby Gathen, bei den folgenden heiligen Namen Gottes: Sday, Eloy, Iskyros, Adonai, Sabaoth, hier jetzt sanft und friedlich in dieser Glaskugel zu erscheinen, ohne mich oder irgendein anderes Lebewesen zu verletzen oder zu gefährden, und dazu bann ich dich bei der ganzen Macht und Tugend unseres Herrn Jesus Christus."

Engel, die am Tage und des Nachts regieren

Engel die am Tage regieren ***Aus dem Großen Schlüssel von Solomon - Clavicula Salomonis und von Johannes Trithemius***								
Zeit/ Stunde	**Name**	**Sonntag**	**Montag**	**Dienstag**	**Mittwoch**	**Donner-stag**	**Freitag**	**Samstag**
1 Uhr	Yayn	Raphael	Sachiel	Anael	Cassiel	Michael	Gabriel	Zamael
2 Uhr	Yanor	Gabriel	Zamael	Raphael	Sachiel	Anael	Cassiel	Michael
3 Uhr	Nasnia	Cassiel	Michael	Gabriel	Zamael	Raphael	Sachiel	Anael
4 Uhr	Salla	Sachiel	Anael	Cassiel	Michael	Gabriel	Zamael	Raphael
5 Uhr	Sadedali	Zamael	Raphael	Sachiel	Anael	Cassiel	Michael	Gabriel
6 Uhr	Thamur	Michael	Gabriel	Zamael	Raphael	Sachiel	Anael	Cassiel
7 Uhr	Ourer	Anael	Cassiel	Michael	Gabriel	Zamael	Raphael	Sachiel
8 Uhr	Thainé	Raphael	Sachiel	Anael	Cassiel	Michael	Gabriel	Zamael
9 Uhr	Neron	Gabriel	Zamael	Raphael	Sachiel	Anael	Cassiel	Michael
10 Uhr	Yayon	Cassiel	Michael	Gabriel	Zamael	Raphael	Sachiel	Anael
11 Uhr	Abai	Sachiel	Anael	Cassiel	Michael	Gabriel	Zamael	Raphael
12 Uhr (Mittags)	Nathalon	Zamael	Raphael	Sachiel	Anael	Cassiel	Michael	Gabriel
Engel die des Nachts regieren								
1 (P.M.), 13 Uhr	Beron	Michael	Gabriel	Zamael	Raphael	Sachiel	Anael	Cassiel
2 (P.M.), 14 Uhr	Barol	Anael	Cassiel	Michael	Gabriel	Zamael	Raphael	Sachiel
3 (P.M.), 15 Uhr	Thanu	Raphael	Sachiel	Anael	Cassiel	Michael	Gabriel	Zamael
4 (P.M.), 16 Uhr	Athor	Gabriel	Zamael	Raphael	Sachiel	Anael	Cassiel	Michael
5 (P.M.), 17 Uhr	Mathon	Cassiel	Michael	Gabriel	Zamael	Raphael	Sachiel	Anael
6 (P.M.), 18 Uhr	Rana	Sachiel	Anael	Cassiel	Michael	Gabriel	Zamael	Raphael
7 (P.M.), 19 Uhr	Netos	Zamael	Raphael	Sachiel	Anael	Cassiel	Michael	Gabriel
8 (P.M.), 20 Uhr	Tafrac	Michael	Gabriel	Zamael	Raphael	Sachiel	Anael	Cassiel
9 (P.M.), 21 Uhr	Sassur	Anael	Cassiel	Michael	Gabriel	Zamael	Raphael	Sachiel
10 (P.M.), 22 Uhr	Agla	Raphael	Sachiel	Anael	Cassiel	Michael	Gabriel	Zamael
11 (P.M.) 23 Uhr	Cäerra	Gabriel	Zamael	Raphael	Sachiel	Anael	Cassiel	Michael
12 Mitternacht 24 Uhr	Salam	Cassiel	Michael	Gabriel	Zamael	Raphael	Sachiel	Anael

Meditationen, die den Aufstieg beschleunigen

Versetzen Sie sich in einen positiven Geisteszustand. Reinigen Sie energetisch Ihren Raum. Visualisieren Sie ein blaues Licht, das Sie herunterziehen und leiten Sie es durch Ihre ganze Wohnung. Nun müsste eine höhere Schwingung erfolgen.

Bitten Sie Erzengel Michael um Schutz. Zünden Sie zum Schutz aller Wesen eine Kerze an. Atmen Sie die wunderbare Energie des Universums ein, die Sie in Ihrem Solarplexus halten. Danach leiten Sie diese Energie nach oben. Nun können Sie aufstehen und Ihre Energien an das Universum abgeben. Bedanken Sie sich bei Erzengel Michael für seinen Schutz.

Erschaffung eines Wesens

1. Planen eines magischen Wesens, was soll es beherrschen? Welche Energie treibt es?
2. Dem Wesen einen Namen geben.
3. Erscheinungsbild festlegen.
4. Einen Wohnort definieren. Wie wird es mit Energie gefüttert?
5. Festlegen der Fähigkeiten.
6. Wie kann man es kontaktieren?
7. Dann programmiert und belebt man es.

Exorzismus - Rituale Romanum

Der sogenannte große Exorzismus, der Exorzismus zum Vertreiben von Dämonen, die von Personen Besitz genommen haben, kann nur im Auftrag des zuständigen Bischofs durchgeführt werden. Hierzu muss die Echtheit der Besessenheit eingehend geprüft werden. Dies geschieht anhand der typischen Symptome für eine Besessenheit. Wird die Besessenheit schließlich für echt befunden, so beauftragt der Bischof einen oder mehrere Priester mit dem Exorzismus. Zum Vollzug eines Exorzismus gehören dann im „Rituale Romanum" festgehaltene Gebete, das Vorlesen bestimmter Bibelstellen, das Abendmahl und das Verhör der Dämonen. Während dieses Verhörs sollen die Dämonen ihre Namen, ihre Anzahl und die Ursache der Besessenheit nennen. Außerdem muss die Frage gestellt werden, ob sie aufgrund der Zauberkunst einer Hexe oder eines Hexenmeisters in den Körper gefahren sind. Ein Exorzismus endet mit der Bedrohung der Dämonen durch den Exorzisten und dem Befehl zum Ausfahren, wobei häufig auch geweihte Gegenstände benutzt werden. Ein Exorzismus kann mehrere Stunden dauern. Da die Dämonen Widerstand leisten, kann sich der gesamte Gebetskampf über Monate hinziehen, die von Teilbefreiungen und Rückfällen geprägt sind.

Die im „Rituale Romanum" fixierten Gebete und Formeln basieren auf verschiedenen Bibelstellen, in denen Jesus oder die Apostel Exorzismen vornehmen. Eine zentrale Bedeutung hierbei besitzt die Dämonenaustreibung, die Jesus in Gadara vornahm.

Nach einem erfolgreichen Exorzismus kommt es zur Ausfahrt der Dämonen, die normalerweise sehr spektakulär verläuft. Das Opfer erleidet heftige Krampfanfälle, erbricht oder blutet aus der Nase. Auch während der Besessenheit aufgetretene Leiden wie Lähmung etc. sind plötzlich verschwunden. Darüber hinaus tritt bei dem Opfer danach stundenlange Erschöpfung ein. Neben diesen Folgen kommt es auch im Umfeld zu ungewöhnlichen Phänomenen. So können beispielsweise Kerzen erlöschen oder Scheiben zerspringen.

Rituale Romanum (Übersetzung)

Exorzismus: „*Gegen den Satan und die abtrünnigen Engel, herausgegeben auf den Befehl seiner Heiligkeit Leo XIII. Übersetzt aus dem römischen Rituale Romanum.*
Im Namen des Vaters und des Sohnes und des Heiligen Geistes. Amen.“

Gebet zum Heiligen Erzengel Michael: „*Glorreicher Fürst der Himmelscharen, heiliger Erzengel Michael, verteidige uns im Kampfe gegen die Mächte und Gewalten, gegen die Weltbeherrscher dieser Finsternis, wider die Geister der Bosheit unter dem Himmel! Komme den Menschen zu Hilfe, die Gott nach seinem Ebenbilde und Gleichnis schuf und um hohen Preis aus der Tyrannei Satans erkaufte. Dich verehrt die heilige Kirche als ihren Schutzpatron; dir übergab Gott, der Herr, die erkauften Seelen, um sie einzuführen in die Freuden des Himmels. Bitte den Gott des Friedens, dass er Satans Macht unter unseren Füßen vernichte, damit dieser die Menschen nicht mehr beherrschen und der Kirche nicht mehr schaden könne! Bringe unser Gebet vor das Antlitz des Allerhöchsten, damit die Erbarmungen des Herrn bald auf uns herabkommen! Ergreife den Drachen, die alte Schlange, die nichts anderes ist als der Teufel und Satan, und stürze ihn gefesselt in den Abgrund, damit er die Völker nicht mehr weiter verführe!*“

Exorzismus: „*Im Namen Jesu Christi, unseres Gottes und Herrn und durch die Fürsprache der unbefleckten Jungfrau und Gottesmutter Maria des heiligen Erzengels Michael, der heiligen Apostel Petrus und Paulus und aller Heiligen unternehmen wir zuversichtlich den Kampf gegen die Angriffe und die Arglist des Satans.*“

Psalm 67: „*Es erhebe sich Gott, dass seine Feinde zerstreut werden, und dass, die ihn hassen, vor seinem Angesichte fliehen. Wie der Rauch vergeht, so sollen sie vergehen, wie das Wachs schmilzt im Feuer, so mögen die Sünder vergehen vor dem Angesichte Gottes!*“

V: „*Seht hier das Kreuz des Herrn, fliehet, ihr feindlichen Mächte!*“

R: „*Gesiegt hat der Löwe aus dem Stamme Juda, das Reich Davids.*“

V: „*Deine Barmherzigkeit komme über uns, o Herr!*“

R: „*So wie wir auf Dich gehofft haben. Wir treiben dich aus, unreiner Geist, wer du auch sein magst, jedwede teuflische Gewalt, jedweden Angriff des Höllischen Gegners, jede teuflische Legion, Vereinigung und Sippe im Namen und durch die Kraft unseres Herrn Jesu und Christi, seiest du entwurzelt und vertrieben aus der Kirche Gottes und aus den nach Gottes Ebenbild erschaffenen und durch das kostbare Blut des göttlichen Lammes und erlösten Seelen! Wage es nicht mehr, heimtückische Schlange, das Menschengeschlecht betrügen und Gottes Kirche zu verfolgen, noch die Auserwählten Gottes zu schütteln und zu sieben, † (Kreuz) wie man den Weizen siebt! Es gebietet dir Gott der Allerhöchste †, dem gleich zu sein du in deinem großen Hochmut noch noch immer vermissest, er der will, dass alle Menschen selig werden und zur Erkenntnis der Wahrheit gelangen. Es gebietet dir Gott der Vater †; es gebietet dir Gott der Sohn †; es gebietet dir Gott der Heilige Geist †. Es gebietet dir Christus, das ewige menschgewordene Wort Gottes, † der für die Rettung unseres durch den Neid verführten Geschlechtes sich erniedrigt hat und gehorsam geworden ist bis zum Tode. Er hat seine Kirche auf festen Felsen gebaut und hat versprochen, dass die Pforten der Hölle sie niemals überwältigen werden, und dass er bei ihr bleiben werde alle Tage bis ans Ende der Welt. Es gebietet dir das Zeichen des Heiligen Kreuzes † und die Kraft aller Geheimnisse des christlichen Glaubens †. Es gebietet dir die hehre, jungfräuliche Gottesmutter Maria †, die seit dem ersten Augenblick ihrer unbefleckten Empfängnis durch ihre Demut dein wahnsinnig stolzes Haupt zertreten hat. Es gebietet dir der Glaube der heiligen Apostel Petrus und Paulus und der übrigen Apostel †. Es gebietet dir das Blut der Märtyrer und die fromme Fürbitte aller Heiligen †. Also denn beschwören wir dich, du verfluchter Drache, und den ganzen teuflischen Anhang, bei dem lebendigen † Gott, bei dem wahren † Gott, bei dem heiligen † Gott, bei Gott, der die Welt so sehr geliebt hat, dass er seinen eingeborenen Sohn dahingab, damit alle, die an ihn glauben, nicht verloren gehen, sondern das ewige Leben haben. Höre auf, die menschlichen Geschöpfe zu täuschen und ihnen das Gift der ewigen Verwerfung einzuflößen! Höre auf, der Kirche zu schaden und ihrer Freiheit Fesseln anzulegen! Fliehe, Satan, du Erfinder und Meister allen Betrugs, du Feind des menschlichen Glückes! Räume den Platz Christus, an dem du nichts von deinen Werken gefunden hast! Räume den Platz der einen, heiligen katholischen und apostolischen Kirche die Christus selbst durch sein Blut erworben hat! Beuge dich unter die mächtige Hand Gottes! Zittere und fliehe vor der Anrufung des heiligen und ehrfurchtgebietenden Namen Jesu, vor dem die Hölle erbebt, dem die Kräfte des Himmels und die Mächte und Herrschaften unterworfen sind, den die Cherubim und Seraphim unermüdlich preisen, indem sie rufen: „Heilig, heilig, heilig ist der Herr, der Gott der Heerscharen!“*

V: *„Unsere Hilfe ist im Namen des Herrn.“*

R: *„Der Himmel und Erde erschaffen hat!“*

V: *„Der Herr sei mit euch!“*

R: *„Und mit Deinem Geiste! Lasset uns beten! Gott des Himmels, Gott der Erde, Gott der Engel, Gott der Erzengel, Gott der Patriarchen, Gott der Propheten, Gott der Apostel, Gott der Märtyrer, Gott der Bekenner, Gott der Jungfrauen, Gott, der Du die Macht hast, das Leben zu geben nach dem Tode und die Ruhe nach der Arbeit, weil außer Dir kein Gott ist, und weil es keinen geben kann als Dich, den Schöpfer aller sichtbaren und unsichtbaren Dinge, und dessen Reich kein Ende haben wird. Demütig flehen wir Deine glorreiche Majestät*

an, sie wolle uns mächtig behüten vor jeder Gewalt, vor jedem Fallstrick und Betrug, vor jeder Verruchtheit der höllischen Geister und uns unversehrt bewahren. Durch Christus, unsern Herrn. Amen.
Vor den Nachstellungen des Teufels bewahre uns, o Herr! Dass Du Deiner Kirche Sicherheit und Freiheit, Dir zu dienen, gewähren wolltest; wir bitten Dich, erhöre uns! Dass Du die Feinde der heiligen Kirche demütigen wolltest; wir bitten Dich, erhöre uns!"

Nun wird der Ort mit Weihwasser besprengt.

Das Rituale Romanum von 1614

Das erste offizielle Rituale Romanum von 1614 ist das Letzte im Auftrag des Trienter Konzils herausgegebene liturgische Buch. Es enthielt als letztes Kapitel den Titel „Wie man vom Dämon Besessene exorzieren soll". Der Aufbau des Exorzismus nach dem Rituale Romanum von 1614:

Eröffnung

Allerheiligenlitanei – Antiphon – Pater noster Psalm 54 – Kreuzeszeichen – Salutatio – Gebet zur Eröffnung – Gebet gegen den Teufel – Anrede an den Teufel.

1. Hauptteil: Wortgottesdienst: 4 Lesungen aus dem Evangelium.
2. Hauptteil: Exorzismus: Salutatio – Vorbereitungsgebet, an Christus gerichtet – Kreuzversikel – Gebet: Anrufung des Namen Gottes. Erster Exorzismus – Salutatio – Gebet (um Schutz und Stärkung des Besessenen).
   Zweiter Exorzismus – Salutatio – Gebet (unterschiedliche Inhalte: Heilige, Schöpfer).
   Dritter Exorzismus – Pater noster, Ave Maria, Credo, Magnificat, Benedictus, Psalmen als zusätzliche Gebete).
   Schlussteil: Gebet um Befreiung.

Exorzisten in der römisch-katholischen Kirche sind heute Priester, die in der Regel Kenntnisse und Erfahrung besitzen, z. B. ein Zusatzstudium in Psychiatrie. Dabei sollten sie sich während dieser Ausbildung auch mit den Symptomen von Geisteskrankheiten (multiple Persönlichkeiten, Schizophrenie u. a.) vertraut machen.

Exorzismus

1. Entfernung von Geistwesen aus dem menschlichen Körper durch göttliche Energien.
2. Entfernung von negativen Energien.
3. Vertreibung besetzter Geister aus Körper und Geist.
4. Austreibung von unerwünschten Geistern.
5. Schutz vor Geistern und Dämonen.

Weitere Exorzismus-Gebete

1. *„Im Namen Gottes, befehle ich euch, ihr höllischen Geister, weichet von uns (ihnen) und diesem Orte (jenem) und waget nicht, wieder zurückzukehren und uns zu versuchen und uns zu schaden!*
   Heiliger Michael, streite für uns! Heilige Schutzengel, bewahret uns vor allen Fallstricken des bösen Feindes!
   Der Beistand der heiligen Engel und die Fürbitte der Heiligen sei mit uns (ihnen) und begleite uns (sie) überall und alle Zeit. Amen."
2. *„Herr, lass mich im Licht sein!"*
3. Am Morgen: *„Vater, in deine Hände lege ich diesen Tag, was er mir auch bringen mag, all die Sorgen und Freuden. Schenk mir die Kraft, der Versuchung zu widerstehen! Herr, ich vertraue auf dich. Danke, Vater."*
4. *"Domine, aspirando praeveni et adiuvando prosequere, ut cuncta nostra operatio a te semper incipiat, et per te coepta finiatur."*
5. *„Ich aber, Herr, ich vertraue dir, ich sage: ‚Du bist mein Gott.'"*
6. *„Im Namen Gottes, weiche Satan! Weichet all ihr bösen Geister: aus meinen Gedanken, meinem Herzen, meinen Gliedern! Ihr wollt mich ablenken vom Guten und verführen zum Bösen! Seid verscheucht, unnütze und gefährliche Gedanken!"*
7. *„Heilige Engel, verhindert Begegnungen, die uns gefährlich sind! Behindert und straft jene, die Erdball und Menschheit mir Unmoral, Perversionen und Süchten und des Todes, sowie mit Verbrechen aller Art überziehen und Körper und Geist und Seele von Milliarden Gotteskindern vergiften und schädigen!"*
8. *„Geliebter Gott, Urquelle, ich rufe dich, größter Meister aller Universen. Geliebte göttliche Wesenheiten, ich rufe euch, mir zu helfen, mich von dieser dunklen Macht und Energie zu befreien! Sie lähmt und beschränkt mich. Ich fordere mein Recht auf meine unversehrte und reine Seele. Geliebtes und schützendes Licht in dieses Haus! Lieber Erzengel Michael, auch dich rufe ich als Erlöser von allen üblen geistigen Energien. Bitte, liebe Engel, zieht diese dunkle Wolke von mir weg und schützt mich vor diesem Unlicht!*
   Meine liebsten Engel des Lichts, ich danke euch. Seid gegrüßt. Amen.
   Alle Gedanken und Gefühlsenergien, die mir fremd sind, schicke ich JETZT in die Quelle des Lichts und der Liebe! Ich bitte darum, dass sie neutralisiert und transformiert werden. Danke."

Gebet zur Auflösung von Elementalwesen

„Ich rufe dich, meinen Schöpfer, mit all deinen Engeln. Ich bitte dich um Hilfe und Heilung. Aus Unwissenheit habe ich Gedankenmuster erschaffen, das immer stärker und größer geworden ist. Es quält mich schon lange, vielleicht schon mehrere Leben lang. Nun bin ich bereit, es aufzulösen und zu befreien. Geliebte göttliche Macht, bitte hilf mir jetzt dabei. Danke dir göttliche Quelle!

Wir göttlichen Wesen, die Engel, wir befreien euch, wir beten für euch, wir lieben euch, ihr seid frei. Ich danke euch, göttliche Engel der Liebe und eurer Lichtenergie. Lieber Erzengel Michael, nimm diese verlorenen Wesen an deine Hand und führe sie weg von ihrem jämmerlichen Dasein und aus ihrer schmerzvollen Leidenszeit. Hilf ihnen, sich von ihren falschen Mustern zu lösen. Geht jetzt, mit diesen lieben Lichtwesen! Dort werdet ihr unterrichtet. Ihr seid frei! Lösche all diese Muster jetzt! Danke!"

***Vater-Unser* (lat. Fassung)**

Pater noster, qui es in caelis:
Sanctificetur Nomen Tuum;
Adveniat Regnum Tuum;
Fiat voluntas Tua
Sicut in caelo et in terra.
Panem nostrum cotidianum da nobis hodie;
Et dimitte nobis debita nostra,
sicut et nos dimittimus
debitoribus nostris;
et ne nos inducas intentationem;
sed libera nos a Malo.
Amen.

Symptome der Besessenheit

1. Großes Wissen über das Leben Anderer, insbesondere deren Sünden.
2. Reden in Sprachen, die dem Betroffenen nicht bekannt sind.
3. Melancholie.
4. Diverse Verrenkungen.
5. Epileptische Anfälle, erhöhte Speichelbildung, tierisches Verhalten.
6. Selbstverletzung.
7. Nahrungsverweigerung.
8. Aggressivität.
9. Beschimpfen von Pfarrern und anderen Geistlichen.
10. Unnatürliche Stimmen, mit tiefer Männerstimme.

Fluchbefreiung

Beschaffen Sie sich Kleidungsstück, Gegenstand oder Haare des Gegners. Um einen Fluch zurückzuschicken, brauchen Sie außerdem Sargnägel. Sprechen Sie dabei folgendes: *„Ihr Sargnägel, Begleiter der Maden, Würmer und Kreaturen der Dunkelheit, helft mir, bei meinem zerstörerischen Vorhaben, sobald ich es euch befehle!"*

Diese Sargnägel kann man auch benutzen, um einen Feind festzunageln.

Sprechen Sie bei diesem Ritual der Fluchbefreiung, indem Sie den Teufel anrufen:
„Pater noster upto in terra!“ („Vater unser, der du bist auf Erden!“)
„Hiermit kehrt dein Fluch zu dir zurück, ... (Name des Gegners)! ... (Name des Gegners), die Welt wird dich verlassen und die Hölle hat dich nun! Amen!“

Besondere Anzeichen eines Fluches
Schlafstörungen, Alpträume, Gewichtsprobleme, sexuelle Störungen, Asthma, Pech im Spiel, unglückliche Liebesbeziehungen, Lernschwierigkeiten, Depressionen, Angstzustände, Panikattacken, Krankheiten, Leid, Pech im Beruf, innere Leere, Antriebsschwäche, Krebs, Psychose, Zerstörung des Nervensystems, Rheuma, Lähmungen etc.

Fluid – Od – Aura

Fluid, Od, Aura, gehören sozusagen zur Struktur des Menschen. Das Od durchflutet die Aura, die nur ein Teil des Fluids ist. Der Fluidalkörper ist eine Schwingungsform, der Äther- und Astralleib zusammenhält. Es ist unmöglich, nach dem physischen Tod ohne Astralkörper zu existieren. Der menschliche Körper erscheint den Spirituellen, geteilt in zwei leuchtende Schwingfelder und Pole: Die rechte Körperhälfte strahlt blau, die linke rot. Wie der Magnet besitzt der Körper sein positives und negatives Spannungsfeld. Die rechte Körperhälfte ist positiv, die linke negativ gepolt. Die Grund-Pole befinden sich in den Händen und Füßen. Das Kronen-Chakra ist neutral. Stirn (+) und Nacken (-) besitzen eine starke Dynamik.
Die Brustseite ist positiv, die Rückenfront negativ.
Die Polarität der rechten Handinnenfläche ist positiv, der Handrücken negativ. Die linke Handinnenfläche ist negativ, der Handrücken positiv.
Positive Polarität haben Ring- und Kleinfinger, negative Daumen und Zeigefinger. Der Mittelfinger ist neutral.

1. Der Magnetiseur lege die Fingerspitzen einer Hand auf die Wasseroberfläche, ohne sie zu berühren.
2. Aufgeladenes Wasser mit der rechten Hand schmeckt frisch, mit der Linken hingegen lau, alkalisch und widrig.
   Ein Glas Wasser warm behaucht (rechtspolar), gibt dem Wasser einen erfrischenden Geschmack, mit kaltem Atemhauch einen lauwidrigen.
   Odisch aufgeladenes Wasser sollte kühl und in Seide oder paraffiniertem Papier aufbewahrt werden.

Gebete für die innere Heilung, Befreiung und Exorzismus

Reue-Gebet

„Herr, wir sind dein. Wir sind hier und möchten uns trennen von der Sünde, damit die Eifersucht des Bösen zunichtewerde.
Du, oh Jesus, bist gekommen, um uns das Leben zu geben, das Leben in Fülle; deshalb wollen wir nicht gleichgültig gegenüber deiner Liebe sein.

Wir beten gemeinsam: Verzeihe uns, oh Herr!

Wegen des Hasses, der Verleumdung und der Eifersucht, die wir hatten,

wir bitten dich: Verzeihe uns, oh Herr!

Wegen des Neides, der Gewalttaten und der Feigheit,

wir bitten dich: Verzeihe uns, oh Herr!

Wegen der Entzweiung und den Verrat in der Familie,

wir bitten dich: Verzeihe uns, oh Herr!

Wegen der Abtreibungen, des sexuellen Missbrauches und alles Leid, das wir unseren Brüdern und Schwestern verursacht haben,

wir bitten dich: Verzeihe uns, oh Herr!

Wegen der Fluchworte und der Schmähungen gegen deinen heiligen Namen,

wir bitten dich: Verzeihe uns, oh Herr!

Wegen aller Beleidigungen, die wir gegen die heilige Jungfrau Mutter Maria begangen haben,

wir bitten dich: Verzeihe uns, oh Herr!

Wegen aller Sünden, die wir begangen oder schon vergessen haben,

wir bitten dich: Verzeihe uns, oh Herr!“

Gebet der Reue

„Mein Herr und mein Gott, ich bedauere von ganzem Herzen habe, weil ich dadurch Strafen verdient habe, aber besonders, weil ich dich unendlich guten und liebenswürdigen Herrn und Erlöser, beleidigt habe.
Ich nehme mir ernstlich vor, mit der Kraft deiner Hilfe, dich nicht mehr zu beleidigen und die Gelegenheit zur Sünde zu meiden.
Barmherziger Herr und Gott, verzeih mir!“

Tägliches Schutzgebet

„Heiliger Erzengel Michael, bitte komm und hilf mir. Steh mir bei im Kampfe gegen die Bosheit und die Nachstellungen Satans. Sei du mein Schutz. Gott, der Vater im Himmel, gebiete ihm und ihnen (den Dämonen), darum bitte ich dich im Namen Jesu, der gesagt hat: ‚Was ihr immer den Vater in meinem Namen bitten werdet, wird er euch geben ...‘

Du aber, Fürst der himmlischen Heerscharen, treuer Diener Gottes, treuer Diener Mariens, heiliger Engel des Glaubens, im Namen Jesu, im Namen Mariens, bitte ich dich, mach mich unsichtbar, unangreifbar, unverletzbar für alle unsichtbaren und sichtbaren Feinde, damit sie mir nicht schaden können an Seele, Geist und Körper. Binde den Satan und alle übrigen bösen Geister, damit sie nichts gegen mich unternehmen können, mir in keiner Weise schaden dürfen; damit sie mir gegenüber wie ohnmächtig, wie blind sind, dass sie nichts sehen, nichts hören, nichts wegtragen dürfen.
Dir übergebe ich alle meine Feinde (hier zähle man alle seine Anliegen auf). Du aber, Fürst der himmlischen Heerscharen, stürze den Satan und alle übrigen bösen Geister, die zum Verderben der Seelen die Welt durchziehen. In der Kraft Gottes, in den Abgrund der Hölle hinab. Amen."

Exorzismus

Unter Anwendung des Kreuzzeichens und Weihwassers, insbesondere am Kranken- oder Sterbebett: „*Im Namen Jesu und im Namen Maria, befehle ich euch, ihr höllischen Geister, weichet von uns (ihnen) und diesem (jenem) Orte und waget nicht, wiederzukehren und uns (sie) zu versuchen und uns (ihnen) zu schaden. Jesus! Maria! Josef! (3-mal). Heiliger Michael, streite für uns! Heilige Schutzengel, bewahret uns vor allen Fallstricken des bösen Feindes!"*

Segensspruch: „*Der Segen † des Vaters, die Liebe † des Sohnes und die Kraft des † Heiligen Geistes; der mütterliche Schutz der Himmelskönigin, der Beistand der heiligen Engel und die Fürbitte der Heiligen – sei mit uns (dir, ihnen) und begleite uns (dich, sie) überall und allzeit! Amen."*

Gebet der Befreiung

Oh Herr, du bist groß, du bist Gott, du bist der Vater, wir bitten dich auf die Fürsprache und durch die Hilfe der Erzengel Michael, Raffael und Gabriel, dass unsere Brüder und Schwestern von den Zwängen des Bösen befreit werden.

Lasset uns beten: „*Befreie uns, oh Herr!*
Von der Angst, Traurigkeit und Besessenheit,

wir bitten dich: *Befreie uns, oh Herr!*
Von Hass, Unzucht und Neid.

Wir bitten dich: *Befreie uns, oh Herr!*
Von Gedanken der Eifersucht, des Zornes und des Todes.

Wir bitten dich: *Befreie uns, oh Herr!*
Von jedem Gedanken des Selbstmordes und der Abtreibung.

Wir bitten dich: *Befreie uns, oh Herr!*
Von jeder Form der Lüsternheit und ungezügelter Sexualität.

Wir bitten dich: Befreie uns, oh Herr!
Von jeder Spaltung der Familie und jeder bösen Freundschaft.
Wir bitten dich: Befreie uns, oh Herr!
Amen."

Gebet der Heilung

Herr Jesus Christus, du hast die Kranken geheilt und den Blinden die Augen geöffnet. Höre auf das Flehen unserer Brüder und Schwestern, und gewähre allen die Heilung des Leibes und des Geistes, damit alle deine große Barmherzigkeit besingen können.

Gemeinsam lasset uns beten: „Heile uns, oh Herr!
Von jedem Tumor im Kopf und jeder schädlichen Gedächtnisstörung.
Wir bitten dich: Heile uns, oh Herr!
Von Kopfschmerzen und jeder Art von Thrombose.
Wir bitten dich: Heile uns, oh Herr!
Von jeder Verkümmerung und Schrumpfung der Wirbelsäule und der Halswirbel und von Rheumatismus.
Wir bitten dich: Heile uns, oh Herr!
Von jedem Tumor am Hals und Verformung der Stimmbänder.
Wir bitten dich: Heile uns, oh Herr!
Vom Herzinfarkt und krankhaftem Herzklopfen.
Wir bitten dich: Heile uns, oh Herr!
Von jedem Tumor im Bauch, Nieren und Leber.
Wir bitten dich: Heile uns, oh Herr!
Vom Tumor an jeglichem Teil des Körpers.
Wir bitten dich: Heile uns, oh Herr!
Von jeglicher Lähmung an Händen, Armen, Beinen und Füßen.
Wir bitten dich: Heile uns, oh Herr!
Von jeder Form von Aids und Lepra.
Wir bitten dich: Heile uns, oh Herr!"

Anrufung an den Heiligen Erzengel Michael

„Heiliger Erzengel Michael, verteidige uns im Kampfe gegen die Bosheit und die Nachstellungen des Teufels. Sei unser Schutz! ‚Gott gebiete ihm', so bitten wir flehentlich. Und du, Fürst der himmlischen Heerscharen, stürze den Satan und die anderen bösen Geister, die zum Verderben der Menschen die Welt durchziehen, mit Gottes Kraft hinab in den Abgrund. Amen."

Geister und andere Wesen

Der Mensch besteht aus Mensch und Seele. Die hermetische und okkulte Lehre und die indische Philosophie entsprechen den sieben Weltebenen:

1. Stula Sharira: Erdkräfte.
2. Linga Sharira: Mondkräfte.
3. Prana Sharira: Sonnenkraft.
4. Die zweite Ebene befindet sich in der Astralebene: Marsebene und Vorstellungskräfte.
5. Die dritte Ebene befindet sich in der Mentalebene und Geisteskräfte.
6. Kama Manas: Merkurkräfte.
7. Arupa: Venuskräfte.
8. In der vierten Ebene sind die Saturnkräfte und die Akasha-Chronik.
9. Die fünfte Ebene beinhaltet die Jupiterkräfte.
10. In den weiteren zwei Ebenen sind noch nirvanische und paranirvanische mit der höheren geistigen Welt verbunden.

In der Astralebene befinden sich verschiedene feinstoffliche Wesen. Diese Ebene kann man in sieben bis acht Schwingungszustände einteilen, deren Farbe dunkelrot ist. In den höheren Schichten wird die Farbe heller.

Die zweite Ebene ist der Aufenthaltsort der Verstorbenen, die auf natürliche Weise gestorben sind.

In der vierten Schicht sind es die Opfer von Krieg, Seuchen, Krankheiten und Unglücksfällen.

In der fünften Schicht halten sich Selbstmörder und astrale Schatten, Larven und Geister auf.

In den untersten Schichten schwingen die Astraldämonen, astrale Werwölfe und Vampire.

Der Verstorbene entdeckt das Fegefeuer. Plötzlich ist er in der Lage, zu fliegen oder durch Wände zu gehen. Danach wird er durch eine Art Tunnel gezogen, an dessen Ende das Licht zu sehen ist. Geistige Führer warten bereits auf ihn, um ihm zu helfen.

Die dunklen Seelen (Schwerverbrecher etc.) kommen jedoch in eine eisige Kälte, wo sich Schlangen usw. vor kochend heißen Seen oder Teufel aufhalten. Dies ist die niedere astrale Welt. Wer sich gegen Gott gestellt hat und mit Hass und Ungerechtigkeit durch das irdische Leben geirrt ist, wird sich hier wiederfinden. Die tragischen Gestalten schlurfen trostlos vor sich hin. Diese gequälten Seelen bleiben solange in dieser Ebene, bis sie sich ihrer Reue bewusst werden und spirituell aufwachen. Dann erst können sie in die höhere Ebene hinaufsteigen, wo sich ein Geistführer ihrer annimmt.

Die fünf Gifte

1. Unersättlichkeit, Habsucht.
2. Zorn.
3. Sodomie.
4. Stolz.
5. Stupidität.

Im „Totenbuch der Tibeter" wird die Bardo-Erfahrung geschildert:

- Die erste Region ist der Bereich der Hölle.
- Die zweite Region wird der Bereich der hungrigen Geister genannt. Hier wird materieller Reichtum gesammelt, der den Hunger unersättlich werden lässt.
- Die dritte Region ist der Tier-Bereich. Wenn in diesen Bereich etwas Unvorhergesehenes kommt, entsteht ein Gefühl der Bedrohung und der paranoiden Angst. Die tierischen Instinkte werden hier zum Erwecken gebracht.
- Die vierte Region ist der Menschen-Bereich. Dies ist der Bereich des Forschens.
- Die fünfte Region ist der Bereich der eifersüchtigen Götter.
- Die sechste Region ist der Bereich der Götter, der die letzte Stufe des Bardo darstellt. Hierbei geht es um das Ich-Bewusstsein.

Positive Wesenheiten

Zu den positiven Wesenheiten gehören: Das Reich der Engel; Heilige Erzengel, Engel, Schutzengel.

Seraphim: Aus dem hebräischen: „Liebe". Sie sind am weitesten entwickelt. Sie sind Sinnbild für das Feuer.

Cherubim: Die innere Wahrheit ist die äußere Klarheit.

Throne: Geistige Gesetze der höchsten Heerscharen.

Herrschaften: Sie besitzen ein flammendes Schwert.

Mächte: Sie versinnbildlichen die hohe spirituelle Reinheit und besitzen einen flammenden Pfeil.

Fürstentümer: Sie haben Macht über Nationen, Regierungen, Königshäuser und Kulturen.

Erzengel: Erzengel Raphael ist das Element Luft zugeordnet worden. Erzengel Michael wird das Element Feuer, Erzengel Gabriel das Element Wasser und Erzengel Uriel das Element Erde zugesprochen.

Devas: Die Devas, die aus Hindu-Lehren bekannt sind, werden in drei Gruppen aufgeteilt:

1. Arupa Devas: Diese zählen zu der höheren mentalen Welt und haben nur einen Kausalkörper.
2. Rupa Devas: Sie zählen zu der niederen mentalen Welt und besitzen auch einen Kausalkörper.
3. Karma Devas: Diese gehören zur Astralwelt benutzen ihren Astralkörper, um in eine höhere Dimension zu reisen.

Devarajas: Sie sind die vier geistigen Herrscher der Elemente (Feuer, Wasser, Luft und Erde). Sie werden auch „die Engel der vier Kardinalpunkte" genannt.

Negative Wesenheiten

Incubi und Succubi: Ein Incubus ist eine männliche und ein Succubus eine weibliche schmarotzerhafte Wesenheit (Alb). Sie gehören zu den dämonischen Astralwesen, die den Vampiren angehören. Im Mittelalter galten Succuben als Hexen, die den Männern die Potenz schwächten. Incubi waren Teufel, die nachts mit Frauen einen Beischlaf hatten und diese mit unmoralischen Angeboten lockten. Sie sind die Astralen Verstorbener.

Ein Erzengel ist nur in der Lage, engelhafte Elementale zu erschaffen. Luzifer dagegen kann nur Dämonen erschaffen.

Element Feuer: Zu den Wesen des Elementes Feuer gehören Salamander.

Element Luft: Sylphen, Waldgeister, Feen und Elfen gehören zum Element Luft.

Element Wasser: Es ist aus dem Akasha-Prinzip, dem Äther entstanden. Die Wesen des Elementes Wasser sind Nixen und Undinen.

Element Erde: Gnome, Elfen, Kobolde und Zwerge gehören dem Element Erde an. Ihre Farben sind dunkel. Gnome sind Hüter der Goldschätze.

Larven, Schemen und Phantome: Sie werden meist unbewusst von Menschen erschaffen. Ist die Mentalsphäre eines Menschen giftig, erschafft er unbewusst Larven in Form einer Schlange.

Ein Schemen kann einen Menschen sogar zum Suizid führen.

Franz Bardon beschreibt in seinem Buch „Der Weg zum wahren Adepten", wie Phantome die Vorstellungsformen von Verstorbenen annehmen.

Diese Wesenheiten nennt man auch Elemental.

In Tibet werden die Wesenheiten Tulpas genannt. Ein Tulpa kann ohne seinen Magier weiterleben oder gar gefährlich umherirren. Die Tulpas können ihren Magier töten.

Kennzeichen der dämonischen Besessenheit:

1. Aversion gegen christliche und kirchliche Symbole (Kreuz, Bibel, Weihwasser). Der Name Jesu macht den Besessenen äußerst aggressiv. Er kann keine Kirche betreten und kein Gebet hören.
2. Fremde Sprachen sprechen können, ohne die Sprache je erlernt zu haben.
3. Paranormale Phänomene wie das Fliegen von Gegenständen vom Tisch etc. Mysteriöse Schriftzeichen an Fenstern und Wänden.
4. Farbveränderungen in der Wohnung.

In einem mittelalterlichen Zauberbuch findet sich ein Ritual, um den Teufel dienstbar zu machen:
Wenn man 7 Tage lang das Ei einer schwarzen Henne unter seiner Achsel trägt, soll man in der Lage sein, einen kleinen Teufel auszubrüten, der zu Diensten sein muss.

Geheime Namen für den Teufel sind:

1. Der Fürst dieser Welt.
2. Der Leibhaftige.
3. Der Herr der Fliegen.
4. Die Ziege mit den tausend Jungen.
5. Der Verführer.
6. Der Widersacher.
7. Der Sohn der Verdammnis.
8. Der gefallene Morgenstern.

Die sieben Todsünden und die Zuordnung zu den Dämonen:

1. Luzifer – Stolz.
2. Leviathan – Neid.
3. Satan – Zorn.
4. Beelzebub – Völlerei.
5. Mammon – Geiz.
6. Asmodeus – Wollust.
7. Belphegor – Faulheit.

Die „modernen" Todsünden sind:

1. Drogen.
2. Kindesmissbrauch.
3. Umweltverschmutzung.
4. Prostitution.
5. Genmanipulation.
6. Profitgier.
7. Luxuskonsum.

Dämonen und ihre Himmelsrichtungen:

Luzifer: Osten.
Beelzebub: Norden.
Belial: Süden.
Astaroth: Westen.

Geister

Am 7. Juni 1769 war Sarah Fletcher erst 29 Jahre alt, als sie sich mit einer Schnur an der Vorhangschiene ihres Bettes erhängte. Ihr Mann war Kapitän der Königlichen Marine und plante eine Heirat mit einer reichen Erbin. Die geistige Umnachtung und Depressionen setzten bei seiner Frau ein. Später wurde aus ihrem Haus eine Knabenschule. Einige Lehrer berichteten, sie hätten Schritte gehört, die aus Sarahs ehemaligem Zimmer kamen, die sie dann die Treppe hinunter verfolgten, gefolgt durch einen Windhauch. 1854 hörte der Sohn des Schulrektors, wie ein Wesen in einem schwarzen Seidenumhang da stand, die dann plötzlich verschwand. Man hörte auch das Klingen von Glocken Möbelrücken, Türen schlagen. Der Sohn des Rektors wurde später zum Priester geweiht, der dann einen Exorzismus durchführte.

Man kann in „Spuk“ von F. Moser folgenden Brief aus dem Jahre 1877 finden:
„In Beantwortung Ihres Schreibens beehre ich mich, Sie vor allem davon zu unterrichten, dass die mysteriösen Erscheinungen in meinem Hause andauern. (…) Anfangs hörte man Schläge aus den Mauern, Fußböden und besonders an den Türen, welche täglich an Intensität zunahmen, bis sie ein Maß von Gewalt erreichten, dass sie die Türen aus den Angeln hoben, welche sich öffneten und herumschlugen. (…) Es folgten drei Tage, an denen Tische, Stühle und Geschirr von selbst umfielen (…) Später wurden die Bilder von den Mauern, die Vasen von den Tischen und Konsolen weggenommen und fielen auf den Boden, während alle möglichen anderen Gegenstände an die Mauern gehängt wurden. Vor unser aller Augen wurden die Bilder gegen die Wand gekehrt, ebenso Steine Früchte und Kleider in alle Richtungen geworfen (…) Häufig fielen Steine aus dem Kamin, die jedoch nichts zerbrachen oder beschädigten (…) Am unerträglichsten schien uns die Berührung einer eiskalten Hand oder auch nur von Fingerspitzen. Man fühlte überdies eisige Windstöße, wie von Flügelschlägen. (…) Ausgesetzt einerseits den Drohungen eines fanatischen, unwissenden Volkes, andererseits den Machenschaften einer skeptischen, verleumderischen, spöttelnden Presse blieb ich einsam und ratlos in meinem Unglück, und es zwingt mich heute die untergrabene Gesundheit meiner Frau und meiner Kinder, das Haus zu verlassen …“

In einem anderen Vergleichsfall heißt es in einer Tagebuchführung aus dem Jahre 1875:
„Einmal waren es z. B. 132 Schritte hintereinander. So hörte der Abbe am Sonntag, den 17. Oktober, um Mitternacht schwere Schritte langsam die Treppe hinaufgehen, an seiner Tür vorbei ins grüne Zimmer und dort dann die Türe schließen. Oft gingen die schweren Schritte auch die Treppe hinunter. Häufig endeten sie mit schweren Schlägen in geringerer oder größerer Zahl. Wie stark diese sein konnten, zeigt folgendes Beispiel:

‚Sonntag, den 31. Oktober – sehr unruhige Nacht: Es schien, als ob jemand von unten die Treppe hinaufgehe, schneller als ein Mann gekonnt hätte, mit jedem Fuß aufschlagend. Auf dem Absatz angelangt, fünf so starke Schläge, wie wenn man mit einem schweren Amboss oder dicken Balken die Mauer angerannt hätte, so dass das ganze Haus erzitterte und die dort hängenden Gegenstände aufschlugen. Alles vereinigte sich im Gang, doch man findet nichts. Wir legten uns wieder hin. Da geht es von neuem los und zwingt uns aufzustehen. Erst um 3 Uhr konnten wir uns wieder hinlegen.'
Manchmal dauerten die Schläge eine Stunde und waren z. T. so stark, als stürze eine Mauer geräuschvoll zusammen. Drei Morgen hintereinander folgten sie den verschiedenen Schlossbewohnern, sobald sie sich aus ihren Zimmern die Treppe hinunter ins Vestibül begaben, und zwar Schritt um Schritt, mit ihnen stehen bleibend und weitergehend. (…)"
In diesem Schloss der Normandie waren die Spuk-Phänomene derart unheimlich und voller grauenhafter Erscheinungen, dass viele Gegenstände auf unerklärliche Weise verschwanden.
In einem anderen Fall wird folgendes geschildert:
„Neun Fensterscheiben wurden nach und nach mit hörbarem Knall zertrümmert (…) ohne erkennbare Ursache. Ebenso zerbrachen im Büffet die Glasscheiben, Teller und Tassen. Wiederholt flogen aus dem Backofen die Brote ins Zimmer, selbst nachdem sie wieder hineingeschoben worden waren. (…) Zucker und Butter flogen vor aller Augen im Zimmer herum."
Auch Stallspuk wurde in dem Ort oft beobachtet. Plötzlich wurde irgendwo ein Feuer entfacht und es brannte lichterloh.

Im Fall der Frau Pfarrer Christaller in Schwaben wird berichtet, wie die Töpfe, die an langen Holznägeln hingen, hin und her schwangen. Nachdem die Kinder zu Bett gegangen waren, schildert sie:
„Doch sie waren alle vier ruhig. Ich hatte mich im Bett aufgesetzt (…) Da kam vom Fußende unserer Ehebetten her ganz langsam in Menschenhöhe ein bleicher Männerkopf auf mich zu. Ein Körper war nicht erkennbar. Er war verhüllt von etwas tuchartigem, also nicht durchsichtigem. Das Gesicht sah sehr traurig aus, vergrämt und hager (…) Die Augen waren offen, die Haare merkwürdig lang, wie ein halbes Jahr nicht geschnitten. Alter so um vierzig. Dieser Kopf bewegte sich schwebend, ganz langsam an unseren Betten vorbei – zum ersten Mal in meinem Leben erfuhr ich, was es heißt: die Haare stehen einem zu Berg – und erreichte das Bett unseres Jüngsten, der im Schlaf plötzlich gellend aufschrie, und langsam zerfloss die Gestalt. Es war, als habe sie Abschied nehmen wollen. (…)"
Es steht in der Spuk-Novelle fest, dass sie auf Wahrheit beruht und unzweifelhaft glaubwürdig ist, da das Pfarrer-Ehepaar keineswegs abergläubisch war.

1971 spielte sich in der Schweiz, in Freiburg ein Wasserspuk ab. Durch psychokinetische Energie wurde immer wieder Wasser in jedes Zimmer eines Hauses

wie von Geisterhand gespült. Selbst in die Betten und Schubladen drang Wasser ein, obwohl die Wasserleitung nicht defekt war. In dem Buch „Orte des Grauens in der Schweiz“ wird dieser Wasserspuk geschildert: „Im Hausgang stand das Wasser bis zur Höhe der Türschwelle. (...) Auch von der Zimmerdecke tropfte Wasser.“ Der Pfarrer wurde daraufhin verständigt.
„Akustischer Spuk“ macht sich u. a. durch Klopfen, Kratzen, Schreiten, Geldklimpern, Stimmen, Weinen, Seufzen, Schnarchen, Gelächter, Atmen oder Tiergeräusche bemerkbar. Diese konnten in vielen Fällen auf Band gezeichnet werden.

„Psychokinetischer Spuk“ äußert sich als Herumschieben und Herumfliegen im Raum von Möbeln, Besteck, Pfannen, Bildern, Klamotten usw. Bücher fallen von den Regalen oder Schranktüren und Schubladen gehen von alleine auf und zu, Stühle hüpfen die Treppe hinunter, Glocken läuten; Teppiche, Kleider und Vorhänge fangen von alleine Feuer.

„Taktiler Spuk“: Spukhafte Empfindungen wie etwa drücken, würgen, zerren, schütteln, schlagen, umwerfen, anblasen usw.

„Depport- und Apport-Phänomene“: Objekte verschwinden und erscheinen wieder in verschlossenen Räumen.

Reinigungstechniken

Reinigen Sie Ihre Umgebung spirituell. Imaginieren Sie ein blaues Licht, das Sie herunterziehen, und es durch den ganzen Raum leiten. Nun spüren Sie eine höhere Schwingung. Sobald die Schwingung den Boden erreicht hat, leiten Sie die Energie wieder empor ins Universum, wo sie transformiert wird. Spüren Sie, wie die Energie frischer wird.
Unser Energiefeld spielt für die spirituelle Entwicklung eine wesentliche Rolle. Die feinstoffliche Energiearbeit von Jim Gilkeson sollte im Sitzen oder Stehen gemacht werden, da die Erdung hierbei wichtig ist.

1. Um Ihre Gedanken aufzulösen, stellen Sie sich eine elektrische Schnur vor, die Sie in Ihren Körper hineinziehen. Imaginieren Sie, wie sich das Seil aus Ihren Gedanken löst. Ziehen Sie Ihre Aufmerksamkeit zurück, indem Sie sich gedanklich sagen: *„Ich rufe meinen Geist zurück.“*
2. Entspannen Sie sich. Wählen Sie einen bestimmten Punkt Ihrer Finger aus, z. B. Ihren rechten Daumen, in den Sie Energieaktivität hineinfließen lassen.

Übungen mit dem Ätherleib (Astralköper)

Eine der Übungen im Ätherleib besteht darin, Ihr Bewusstsein zu Ihrer Nasenspitze zu lenken und tiefe Atemzüge zu nehmen (3-mal).
Lassen Sie Ihre Aufmerksamkeit rückwärts am Nasenrücken bis an die Nasenwurzel wandern, bis Sie am Punkt des Ajna gelangt sind. 3-mal ein- und ausatmen. Nun von der Nasenwurzel bis zur Mitte des Kopfzentrums und zurück.

Jetzt von der Mitte des Kopfes und zum Bauch (bis zum Punkt unterhalb des Bauchnabels) und wieder zurück.
Danach vom Bauch zur Wirbelsäule 3-mal ein- und ausatmen und wieder zurück zum Punkt des unteren Bauchnabels.
Meditieren Sie in dieser Haltung zehn Minuten lang.

Ätherleib-Strümpfe: Stellen Sie sich vor, wie Sie ätherische Strümpfe von den Zehen bis zum unteren Bauch anhaben, die Sie mit Ihrem Bewusstsein hoch- und runterziehen.

Ätherleib-Handschuhe: Ziehen Sie die ätherischen Handschuhe von den Fingerspitzen bis zu den Schultern hoch und lasen Sie diese wieder herunterrollen.

Ätherleib-Rollkragen: Stellen Sie sich einen Rollkragen vom Nacken bis zum Scheitelpunkt vor, den Sie hoch- und herunterrollen lassen. Lassen Sie den Rolli über Ihr Gesicht rollen und danach wieder herunter zum Hals.
Diese Energieschwingungen haben eine höhere Frequenz, die zur außersinnlichen Wahrnehmung führen.
Yoga beruhigt den Geist und beseitigt Giftstoffe aus dem Körper.

Ätherische Wahrnehmungsübung: Diese Übung hilft Ihnen, die Energieströme mit den Händen am Körper eines Menschen zu ertasten.
Die Hände aneinander reiben, um die Energie des Ätherleibes zu aktivieren.
Ziehen Sie die Hände langsam auseinander. Nun den Raum zwischen den Handflächen zusammendrücken und danach wieder auseinanderziehen.

Die Chakren

Wurzel-Chakra: Dieses Chakra befindet sich in der Mitte Ihres Kreuzbeins.
Hara-Chakra: Das Hara liegt genau drei Fingerbreit unterhalb Ihres Bauchnabels.
Solarplexus-Chakra: Drei Finger über dem Nabel.
Herz-Chakra: In der oberen Brustmitte.
Hals-Chakra: Direkt unter dem Adamsapfel.
Stirn-Chakra (Ajna): Drei Finger über der Nasenwurzel.
Kronen-Chakra: Direkt über dem höchsten Punkt des Kopfes.

Chakra-Tabelle mit heilenden Elementen:
Farbe: Violett; Kronen-Chakra.
Farbe: Indigo; Mantra: „OO"; Ajna.
Farbe: Blau; Mantra: „Oh"; Element: Äther; Sinnesorgan: Ohren; Hals-Chakra.
Farbe: Grün; Mantra: „Ee"; Element: Luft; Sinnesorgan: Tastsinn; Herz-Chakra.
Farbe: Gelb; Mantra: „Ay"; Element: Feuer"; Sinnesorgan: Gesicht; Solarplexus-Chakra.
Farbe: Orange; Mantra: „Aah"; Element: Wasser; Sinnesorgan: Geschmackssinn; innere Ruhe; Hara.
Farbe: Rot; Element: Erde; Sinnesorgan: Nase; Wurzel-Chakra.

Die Polaritäts-Chakra-Übung:

Wir Menschen ziehen immerzu Energie aus dem Universum und dem Planeten Erde. Daher die Spannung zwischen Himmel und Erde, die sich auf unser Inneres Spannungsfeld auswirkt.

Das Wurzel-Chakra stellt die Polarität zwischen Himmel und Erde her, da es unser erdendes energetisches Organ darstellt.

Das Kronen-Chakra bildet die Polarität zwischen den Menschen und dem Universum.

Das Herz-Chakra stellt eine Polarität in den zwischenmenschlichen Beziehungen her.

1. Decken Sie mit Ihren Händen sowohl die Augen, als auch die mittlere Stirn ab, damit Sie Ihren Hormonhaushalt regulieren können, der auch für gesunden Schlaf sorgt. Diese Haltung nimmt Lichtenergie auf und transformiert sie. Auch für Augenprobleme und Nebenhöhlen gut.
2. Decken Sie nun mit Ihren Händen Ihre Schläfen ab. Wirkt gegen Migräne, Probleme, Depressionen. Diese Haltung sorgt für ein gesundes Gehirn.
3. Die beiden hinteren (oberen Kopfhälften) mit beiden Händen abdecken. Dies ist das Sprach- und Gewichtszentrum. Gegen das Stottern. Um das Idealgewicht zu erreichen, sollte man dieses Zentrum abdecken. Gegen Migräne. Gut für die Sehkraft. Gegen Entzugserscheinungen. Sorgt für höhere Energieschwingungen.
4. Decken Sie mit beiden Händen die Schilddrüse ab, indem Sie sich mit den Händen am Anfang des Nackens festhalten. Gut für die Schilddrüsenhormone und den Stoffwechsel. Gegen Verstopfung, Halsschmerzen, Lethargie, Hyperaktivität und Gewichtszunahme. Hilft bei Herzproblemen und Schlaganfall.
5. Das Herz und die Gegenseite mit beiden Händen abdecken: Hilft gegen Herzprobleme, hohem Blutdruck und Lungenprobleme.
6. Die Hände liegen unterhalb der Brust, jedoch noch auf den Rippen. Bei Verdauungsproblemen, Magenschmerzen, Leber (Entgiftungsorgan) und Galle.
7. Wir decken den Dünndarm und die Bauchspeicheldrüse ab. Gut für die Verdauung und Leber.
8. Nun decken wir den Dickdarm, die Blase, die Geschlechtsorgane ab. Gut für die Verdauung und Unterleibsorgane, gegen Durchfall. Hilft bei Entgiftungen, Migräne.
9. Die Hände um den Nacken halten: Hilft gegen Nackenverspannungen. Schicken Sie Lichtenergie hinunter in die Wirbelsäule. Diese Haltung stärkt das Nervensystem und führt zur geistigen Verjüngung.
10. Die Hände auf dem Steißbein halten: Identisch mit Nummer 18.
11. Unsere Hände liegen oberhalb der Taille auf dem Rücken. Man kann auch die Handinnenflächen nach außen halten. Somit decken wir die Nieren ab.

12. Hände auf die Leistenbeuge legen: Hilft bei kalten Füßen und niedrigem Blutdruck, Kreislaufbeschwerden, Ohnmachtsgefühlen, Krampfadern, Thrombosen.
13. Die rechte Hand auf das Ajna legen und die linke auf den Solarplexus: Hilft bei Harmonisierung auf der seelischen Ebene.
14. Eine Hand wird oberhalb des Nabels, die andere unterhalb gelegt: Somit wird der Solarplexus abgedeckt. Bis zu 10 Minuten halten. Bei Hungerattacken einsetzen.
15. Ohren mit beiden Händen zu halten, indem man Zeige- oder Mittelfinger wie einen Strahl auf den Gehörgang richtet (nicht das Trommelfell berühren): Gegen Tinnitus und Mittelohrentzündung.
16. Eine Hand (rechte) locker auf den Nasenrücken legen, die andere auf den Hinterkopf (Nacken): Hilft gegen Nasenbluten.
17. Die Hände auf den Kiefer legen: Bei Zahnproblemen.

Behandlungen mit Reiki

Wenn man jemanden mit Reiki behandelt:

1. Die Hände über den Augen des Patienten auflegen. Die Hände auf beide Seiten des Kopfes legen (auf Schläfenhöhe). Hände vor die Stirn und den Hinterkopf mit etwas Abstand legen. Hände auf beide Seiten des Halses auflegen. Oben auf das Kronen-Chakra legen. Lassen Sie 10 bis 30 Minuten Reiki fließen. Diese Methode bewirkt die Entgiftung des Körpers.
2. Den Körper streichen: Streichen Sie von der Mitte des Brustkorbs Richtung Magen abwärts über die Füße hinaus.
   Vom Herzen zur rechten Schulter streichen bis über die Fingerspitzen hinaus.
   Vom Herzen zur linken Schulter bis über die Fingerspitzen hinaus.
   Legen Sie die Fingerspitzen von Zeige- und Mittelfinger zwischen die Augenbrauen (20 sec. halten).
   Streichen Sie langsam die Augenbrauen entlang zu den Schläfen, halten Sie die Finger an beiden Schläfen für 20 sec.
   Streichen Sie von dort aus bis zu den Ohren und darüber hinaus. Legen Sie die Fingerspitzen von Zeige- und Mittelfinger rechts und links neben die Nase, unterhalb der Augen (20 sec. halten).
   Streichen Sie von dieser Position aus über die Wangenknochen bis über die Ohren hinaus.
   Streichen Sie vom Nacken aus die Wirbelsäule hinab bis zum Steißbein. Es reinigt die Nieren und das Herz.

Anwendbar bei folgenden Verletzungen:

Bei Verletzungen, Schock, Depression, Nervenleiden, Trauer, Zorn und Kummer streichen Sie am Halsansatz entlang mit den Händen rechts und links zu den Seiten der Wirbelsäule aus. Die Wirbelsäule wird sodann auf die gleiche Weise abwärts bis zum Steißbein entlang gestrichen (15-mal).

Legen Sie die Hände auf den unteren Hinterkopf, atmen Sie ein und streichen Sie von dort aus rechts und links der Wirbelsäule entlang über die Beine bis über die Füße hinaus.

Farben der Organe:
Blase: Blaugrün.
Darm: Graugelb.
Eierstöcke: Goldglänzend.
Galle: Gelborange.
Gebärmutter: Rosa.
Herz: Grün bis altrosa.
Heilung: Grün.
Hirn: Violett.
Hoden: Goldorangeglänzend.
Leber: Dottergelb.
Lunge: Blaugrün.
Magen: Gelb.
Nieren: Silberweiß (oben) und auberginеglänzend (unten).
Schilddrüse: Türkis.

Die sechs heilenden Laute (Qigong)
Heben Sie die Hände gen Universum.

1. Der Leberlaut „Shüü".
   Farbe: Grün.
   Meridian: Große Zeh-Augen.
2. Der Herzlaut „Kaah".
   Farbe: Rot.
   Meridian: Herz-Zunge-kleiner Finger.
3. Der Milzlaut „Huu".
   Farbe: Braun.
   Meridian: Großer Zeh-Lippen.
4. Der Lungenlaut: „See".
   Farbe: Weiß.
   Meridian: Lunge-Nase-Daumen.
5. Der Nierenlaut „Tsui".
   Farbe: Blau.
   Meridian: Quelle der sprudelnden Wassers-Ohren.
6. Der Dreifachwärmerlaut: „Schss".
   Vierter Zehfinger.
   Keine Farbe.

Lichtkörper-Prozesse und Lichtkörper-Stufen

1. *Lichtkörper-Stufe*: Erste physische Veränderungen. Interesse an Spiritualität. Es kommt zu Grippeanfällen etc. Die DNS-Codierung wird aktiviert. Der Zellstoffwechsel beschleunigt sich, alte Traumata und Gifte werden aktiviert.
2. *Lichtkörper-Stufe*: Karma-Strukturen beginnen sich aufzulösen die Chakren werden aktiviert. Der Ätherkörper erhält Licht. Die Kristalle beginnen sich aufzulösen (Blockaden brechen auf).
3. *Lichtkörper-Stufe*: Physische Veränderungen. Seelenabstieg. Frequenzen-Weiterleitung.
4. *Lichtkörper-Stufe*: Elektromagnetische und chemische Zustände verändern sich.
5. *Lichtkörper-Stufe*: Physisch-mentale Veränderungen. Das Schlafmuster verändert sich.
6. *Lichtkörper-Stufe*: Physisch-mentale Veränderungen. Bisherige Freundschaften brechen auseinander. Die Arbeitsplatz-Situation verändert sich. Identitätskrise. Am Ende steigt ein weiterer Seelenanteil hinab.
7. *Lichtkörper-Stufe*: Physisch-emotionale Veränderungen. Erwachen spirituellen Bewusstseins. Die karmischen Bindungen beginnen sich aufzulösen. Man folgt der inneren Führung. Die Chakren öffnen sich nun. Man hat keine Resonanz mehr zu „niederen" Charakteren. Man wird sich nun auch seiner Co-Inkarnationen bewusst. Der erhöhte Zellmetabolismus mit Energie verringert den Alterungsprozess.
8. *Lichtkörper-Stufe*: Physisch-emotionale Veränderungen. Die Aura reinigt sich von Blockaden. Es ist kein Bedürfnis da, eine Beziehung mit ungleichem Partner einzugehen. Körperlich kommt es zum Druck im Kopf, Sehen, Schlafstörungen, Erinnerungsverlust, Desorientierung, Schwindelanfälle, Herzprobleme. Es wird ein ätherisches Empfangskristall aktiviert und Infos heruntergeladen, man erhält Informationen aus der geistigen Welt (Lichtsprache).
9. *Lichtkörper-Stufe*: Physisch-emotionale Veränderungen. Niedere Charaktereigenschaften lösen sich auf. Man wird vom höheren Selbst geführt und beginnt mit dem multidimensionalen Selbst zu verschmelzen. Man erhält Informationen aus anderen Dimensionen. Das Ego löst sich auf. Körperlich kommt es zu Hormonstörungen. Man erhält codierte Mitteilungen aus anderen Dimensionen (Lichtsprache).
10. *Lichtkörper-Stufe*: Physisch-spirituelle Veränderungen. Die höheren Chakren öffnen sich. Die Aura ist ein einziges Lichtfeld. Man entwickelt die übersinnlichen Fähigkeiten eines galaktischen Meisters: Teleportation, Dematerialisierung etc. Reisen durch Raum und Zeit und in anderen Dimensionen.
11. *Lichtkörper-Stufe*: Physisch-spirituelle Entwicklung. Alle höheren Chakren sind nun offen. Aufstieg als reine Energieform.

12. Lichtkörper-Stufe: Physisch-spirituelle Veränderung: Man hat einen halbätherischen Körper. Der aktivierte Lichtkörper mit einem galaktischen Körper. Er wird an eine bestimmte inter-dimensionale elektromagnetische Lichtstruktur angeschlossen. Aufstieg ins Licht. Hilfe erhalten wir von Engeln und geistigen Führern, aufgestiegenen Meistern und der Galaktischen Föderation.

Krankheiten besprechen

Bei Depressionen, Psychosen, Schutz vor Dämonen:

„Heiliger Atisha
Heilt Wunden und Schmerz
Das Böse zur Hölle
Das Gute ins Herz.

Heiliger Atisha
Heilt Wunden und Schmerz
Das Böse zur Hölle
Das Gute ins Herz.

Heiliger Atisha
Heilt Wunden und Schmerz
Das Böse zur Hölle
Das Gute ins Herz.
Im Namen des Vaters, des Sohnes und des Heiligen Geistes."

Atisha war ein erleuchteter Meister des tibetischen Buddhismus (11. Jh.)

Bei chronischen Schmerzen, Migräne, Nervenschmerzen, Wunden, Herzproblemen:

„Ich, der große Manjushri
Alle stehen hinter mir
Ich streichel mit milder Hand die Wunde
Mit nasser Hand das Herz
Mit kalter Hand den Schmerz."

Nach dreimaligem Wiederholen:

„Im Namen des Vaters, des Sohnes und des Heiligen Geistes."

Manjushri war Buddhas Lieblingsschüler. „Alle stehen hinter mir", hat die Bedeutung: „Alle Buddhas helfen mir".

Bei Myomen, Zysten und Warzen:

„Was ich sehe
Das vergehe
Was ich streiche
Das erweiche
Warzen vergehen."

Dreimal wiederholen, dann:

Im Namen des Vaters, des Sohnes und des Heiligen Geistes.“

Dreimal wiederholen.

Bei Wundrose, Allergien der Haut und Venenentzündungen:

„Antoniusfeuer brennt überall
So auch in diesem Stall
Ich spreche dich an
Und jage dich fort
Geh schnell an einen anderen Ort!“

Nach dreimal Wiederholen:

„Im Namen des Vaters, des Sohnes und Heiligen Geistes.“

Diese Gebete werden dreimal an drei Tagen gesprochen. Die Hände des Heilers werden auf die kranken Stellen gelegt.
Dem Kranken wird ein Amulett mitgegeben, das folgende Mischung enthält:

1 TL Erde, 1 TL Asche, 1 TL Salz, ½ TL weißer Zucker und 1 Knoblauchzehe.

Diese Mischung wird auf Alufolie geschüttet, woraus man eine Kugel formt, die dann mit Stoff oder Leder zugebunden wird.
Am nächsten Sonntag wird das Amulett aktiviert, indem das Gebet „Heiliger Atisha …“ rezitiert wird und zwischen den Handflächen gehalten wird.
Man kann zusätzlich bei anderen Beschwerden auch die anderen Gebete in das Amulett sprechen.
Dieses Amulett wird über die Wohnungstür gehängt oder an den Rückspiegel des Autos, damit es einen Schutz gewährt.

Hexenmagie

Bei den Aborigines benutzten die Hexer magische Techniken, um ein Opfer zu töten. Krankheit und Tod durch Suggestion sind anthropologisch ein Phänomen in verschiedenen Kulturen. In der afrikanischen Hexerei ist die Schlange ein Fruchtbarkeitssymbol. Die Schlange wird in die Vagina der unfruchtbaren Frau hineingeführt.

Sollte sich der Hexenmeister für einen *Baum* als Zauberstab entscheiden, muss er einen Ast finden, der mindestens 60 cm lang und ca. 2, 5 cm Durchmesser hat. Der Haselnussbaum kann mittwochs hergestellt angefertigt werden, wobei Thoth, Hecate oder Morrigan angerufen werden. Die Weihung muss 7 Tage dauern. Ein phallischer Zeiger kann aus Holz geschnitzt werden, der als ein magisches Instrument in Klöstern von Nonnen benutzt wird, wobei die Nonnen sexuellen Verkehr mit dem Priester haben. Bei der Beschwörung von Dämonen, Geistern und anderen Wesenheiten wird der Zeiger auch magisch eingesetzt.

Für Kristallkugeloperationen schreibt die Hexe auf die Vorderseite des Zauberstabes: „Agla on Tetragrammaton“; auf die Rückseite schreibt sie: „Ego Alpha et Omega.“ Ansonsten schreibt die Hexe auf den Zauberstab die magische Formel: „Inri“.
Das Schwert wird dem Element Luft zugeschrieben. Es hat den Zweck des Ableitens oder Auflösens. Auf das magische Schwert schreibt die Hexe auf die Vorderseite „Adonai“, auf die Rückseite „Aratron“.
Die magische Glocke dient zur Kontaktaufnahme mit dem Jenseits, die sieben Tage lang auf dem Friedhof in die Mitte eines Grabes gestellt werden muss. Die Glocke darf nur in einem Zauberkreis geläutet werden. Die Hexe kann sie auch über den magischen Kreis aufhängen. Diese wird dann von den herbeigerufenen Geistern in einem bestimmten Rhythmus angeschlagen.
Das Element Erde holt sich die Hexe von einem alten Grab, nämlich von der Kopfseite des Grabes.
Für das Element Wasser stellt die Hexe ein großes Wasserglas auf, um bei destruktiven Ritualen negative Energien aufzufangen und von sich abzuschirmen.

Der Name des gewünschten Dämons wird in ein Dreieck geschrieben, um eine magische Verbindung herzustellen.
Die uralte magische Formel lautet:

„Eko, Eko, Azarak,
Eko, Eko, Zamilak,
Eko, Eko, Cernunnos
Eko, Eko, Aradia!“

Sobald die Energie der gerufenen Götter im magischen Kraftfeld ist, beginnen die Hexen mit dem Kreistanz, wobei sie tanzen, trommeln oder rasseln können.
Die Hexen rezitieren dann folgenden elementaren Mantra für das Element Erde:

„Uma Ren De Hi Na.“

Nach der Erd-Anrufung setzen sich die Hexen mit gekreuzten Beinen und mit den Handinnenflächen nach oben auf die Knie um den Kreis. Für das Element Luft:

„Tay Du Ya Zum Nee.“

Während man die Luft anruft, beginnt die Hexe sich wie im Wirbelwind zu drehen. Für das Element Wasser:

„Zum La Hor Ne Keph Ar.“

Die Hexen imaginieren, wie sie in einen Teich hineingezogen werden, bis sie eine Art Trance erreicht haben. Für das Element Feuer:

„Ta Kim Ore Xedum Zento.“

Während des Mantras wiegen die Hexen ihre Körper hin und her, um die Bewegungen der Flamme zu imitieren.

Flugsalben-Rezept

Eine Flugsalbe hat folgende Bestandteile, die aus narkotischen Pflanzen bestehen: Nachtschatten, Mohn, Schierling, Fünffingerkraut, Zichorien, Tollkirsche, Bilsenkraut, Wolfsmilch, Eisenhut, Ackerwurz mit Krötenfett. Man vermische das Material mit Weihrauch, Pappelzweigen und Fledermausblut. Mit dieser Salbe rieben sich die Hexen ihre Achselhöhlen ein und hatten Höhenflüge mit Astralwesen.

Zwischen 1480 und 1780 starben in Europa ungefähr 100.000 Menschen als Hexen und Zauberer durch den Flammentod. Bei der Wiegeprobe glaubte man, dass Hexen und Zauberer leichter seien als andere. War das Verhältnis zwischen Größe und Gewicht nicht im Einklang, war die Verurteilte schuldig.
Die Angeklagte wurde mit zusammengeknebelten Händen und Füßen bei der Wasserprobe dreimal ins Wasser geworfen. Wenn sie auf dem Wasser schwamm, war sie schuldig.
Staat und Kirche waren Verbündete. Die Kirche selbst war einer der größten Feudalherrn. Ein Drittel des gesamteuropäischen Bodens gehörte allein der Kirche. Der Hexenwahn blühte während der Religionskriege. Die Hexenprozesse waren ein gewinnbringendes Geschäft für die Richter, Henker, Notare, Folterknechte und die Landesherren. Das Vermögen der Verurteilten wurde bis 1532 zum größten Teil an die Landesherren abgegeben. Die Frauenfeindlichkeit der Kirche war somit für die damaligen Verhältnisse zu erklären.
Man nannte die mit dem Teufel gezeugten Kinder „Wechselbälger". Krüppel und Missgeburten wurden auf den Jahrmärkten vorgeführt, die angeblich der Teufel gezeugt haben soll. Behinderte Kinder wurden bis zum Hochmittelalter dem Kloster übergeben.
In der frühen Neuzeit brachen in Nonnenklöstern viele Besessenheitsepidemien aus. Die Nonne Madelaine bekam eine Krankheit als 19-jährige und wurde nach St. Baume zum Exorzismus gebracht, wo eine andere Nonne auch besessen wurde. Ein Priester in dem Ort hatte viele Nonnen verführt und diese nicht geheiratet. 1611 wurde er durch die Inquisition verbrannt.

Hexenglaube ist eine Religion, dessen Lehren aus der Natur bezogen werden. Männliche Schamanen identifizierten sich früher mit Gott. In Fellen gekleidet, trugen sie Hörner auf dem Kopf. Die Hexen führten nackt einen Tanz auf und verkörperten die fruchtbare Göttin. Den Frauenhass, den man auch „Misogynie" nennt, war im mittelalterlichen Christentum weit verbreitet. Da Frauen die Menstruation und Geburt haben, wurden sie mit Sexualität und deshalb mit dem Bösen identifiziert. „Alle Hexerei geschieht aus fleischlicher Begierde, die bei Frauen unersättlich ist", heißt es im Hexenhammer.
Die Opfer waren alte Frauen, Demenz-Kranke, Geisteskranke, Frauen, die den „bösen Blick" hatten und an anderen Gebrechen litten.

Die Erdmutter-Verehrung und das mittelalterliche Hexentum haben viel gemeinsam. Erdmagie gehört zur Tradition der Erdverehrung, die in einer indogermanischen Verwurzelung liegt.

Hexenkult bei den Inkas
In der schwarzen Magie werden getrocknete und aufgeblasene Frösche verwendet, ebenso Heil- und Zaubertränke. Der menschliche Penis und die Vulva werden für den Bannzauber gebraucht, die den Toten entfernt wurden.

Magische Geschichte
Schamanismus – Hexenwesen – Tantra † Zauberei – Sufismus † Tempelritter – ägyptisch-babylonisch – Gnostik – Tempelritter – Hermetische Alchemie † Rosenkreuzer – Freimaurer – Golden Dawn – Crowley.

Hypnose

Die Hypnose hängt vom Hypnotisierten ab, inwieweit er sich fallen lässt und daran glaubt. Hypnotisieren Sie keine (psychisch) Kranken, da sich ihr gesundheitlicher Zustand verschlechtern könnte.
Am Anfang übe man nur fünf Minuten. Stellen Sie sich vor den Spiegel und halten Sie Ihrem Blick 15 Minuten stand.

Trance
Diese Technik verläuft nach Robert Masters.
Nehmen Sie eine bequeme Position ein und entspannen Sie sich, machen Sie es sich bequem. Ihr Unterbewusstsein konzentriert sich auf die Worte, die zu Ihnen gesprochen werden.
Schließen Sie Ihre Augen, konzentrieren Sie sich auf Ihren Atem. Atmen Sie zehnmal ein und aus. Nun atmen Sie zwanzigmal ein und aus. Bei jedem Atemzug werden Sie ruhiger und ruhiger.
Stellen Sie sich nun vor, dass Sie ein Notizbuch mit linierten Seiten und einen Kugelschreiber haben, mit dem Sie starke, schwarze Linien ziehen. Auf die linke Seite des Blattes schreiben Sie Ihren Namen. Und auf die rechte Seite des Blattes schreiben Sie das Wort „Trance“. Sie gehen wieder auf die linke Seite des Blattes und schreiben Ihren Namen, auf die rechte Seite wieder das Wort „Trance“ usw.
Sie fahren solange fort, bis Sie in Trance geraten. Sobald dies geschehen ist, schreiben Sie links unter Ihren Namen das Wort „tiefer“. Und auf die rechte Seite unter dem Wort „Trance“ schreiben Sie wieder das Wort „tiefer“. Somit vertieft sich Ihre Trance. Sie schreiben weiter „tiefer“ und „tiefer“. Sie sind jetzt so tief in Trance, dass Sie nur noch daliegen, als wären Sie in einer Blase außerhalb von Zeit und Raum.
Der Hypnotiseur muss jetzt von 20 bis 1 abwärts zählen, und Sie werden dabei langsam erwachen. Die Energie kreist in Ihrem Körper, und der Hypnotiseur klatscht in seine Hände. Sie sind jetzt hellwach!

Gedächtnisverlust

Suggerieren Sie der Versuchsperson, sie habe ihren Namen vergessen:
„Du hast deinen Namen vollständig vergessen!"
Suggerieren Sie der Versuchsperson ebenso, dass sie nicht mehr vollständig von 1 bis 10 zählen kann. Sie wird immer eine Ziffer vergessen.

Suggestion zur Gewichtsreduzierung

Der Klient liegt entspannt auf der Liege. *„Ich werde Sie jetzt in eine wohltuende, ganz tiefe angenehme Trance führen, und Sie werden alles genauso spüren und miterleben, wie ich es Ihnen sage. In diesem Trancezustand werden Sie Ihr Bewusstsein so verändern, dass es Ihnen hilft, Ihr neues Lebensziel mühelos zu erreichen. Den besten Erfolg erzielen Sie, wenn Sie alles, was ich Ihnen sage, sich bildlich und vor allem sehr intensiv vorstellen.*
Machen Sie es sich ganz bequem, so als ob Sie eine Stunde schlafen wollten ....

Atmen Sie tief und lange ... Tief und lange ... Tief und lange durch ... Und entspannen Sie sich völlig ... Arme und Beine ganz locker lassen ... Nichts mehr wollen jetzt ... Völlig pasée sein ... Einfach treiben lassen ... Geschehen lassen ... Wirken lassen ... Sie atmen jetzt ruhig und gleichmäßig ... Ganz ruhig und gleichmäßig ... Und sind vollkommen gelöst und entspannt ... Sie sind jetzt vollkommen gelöst und entspannt ... Und sie fühlen sich ganz wohl ... Sie fühlen sich ganz wohl ... Spüren Sie, wie sich eine wunderbare Ruhe in Ihrem ganzen Körper ausbreitet ... Und nun konzentrieren Sie sich bitte einmal auf Ihre Beine ... Einfach nur auf Ihre Beine konzentrieren ... und Sie spüren jetzt ganz deutlich, wie Ihre Beine schwer werden ... Immer schwerer werden Ihre Beine ... Immer schwerer ... Immer schwerer ... Nun werden auch Ihre Arme ganz schwer ... Ganz schwer ... Und ziehen ganz stark nach unten ... Immer mehr Schwere fließt in Ihre Arme ... Und lässt Ihre Arme immer schwerer werden ... Immer schwerer ... Ihre Arme und Beine sind jetzt ganz schwer ... Bleischwer ... Ganz bleischwer ... Auch Ihre Augenlider sind jetzt bleischwer ... Ganz schwer ... Und werden immer schwerer ... Immer schwerer ... Die Augen sind fest geschlossen ... Und bleiben geschlossen ... Sie lassen sich immer noch tiefer sinken ... In dieses wunderbare Gefühl der Müdigkeit und Schwere ... Sie werden immer müder ... Immer müder ... Sie werden immer müder, immer müder ... Eine angenehme Wärme durchströmt Ihren Körper ... Ihre Ruhe ist ganz tief und fest ... Ganz tief und fest ... Alles versinkt ganz weit ... Alles versinkt ganz weit ... Müde ist der Körper, ganz müde ... Und Sie spüren jetzt ganz deutlich ... Wie Sie allmählich tiefer und tiefer sinken ... Immer tiefer ... Immer tiefer ... In eine Tiefe ... Tiefe ... Wohltuende Ruhe ... In diesem wunderbaren Ruhezustand ... Öffnet sich jetzt ganz weit das Tor zu Ihrem Unterbewusstsein ... Ganz weit öffnet sich das Tor zu Ihrem Unterbewusstsein ... Und alles, was ich Ihnen sage ... Dringt ganz leicht ... Ganz leicht und tief in Ihr Unterbewusstsein ... Und Sie werden immer danach handeln ... Denken Sie nun bitte einmal ... Die folgenden Worte mit ... Einfach nur mitdenken, und sehen Sie dabei jede Situation ganz deutlich und bildhaft plastisch vor sich ... Ich bin ganz ruhig ... Ruhig und gelöst ... Ich bin jetzt vollkommen ruhig und gelöst ... Ich bin in vollkommener Harmonie mit mir und meiner Umgebung ... Ruhe und Harmonie erfüllen mich ... Ruhe und Harmonie erfüllen mich und geben mir ein wunderbares Gefühl der Sicherheit und des Selbstvertrauens ... Meine Sicherheit und mein Selbstvertrauen wachsen von Tag zu Tag ... Ich habe eine ganz neue Einstellung zum Leben ... Zu meinem Leben ... Ich bin ganz ruhig und gelöst und fühle mich wohl ... Essen ist mir völlig gleichgültig ... Und ich esse nur noch zu den Mahlzeiten eine Kleinigkeit und bin dann sofort völlig satt ... Sobald ich eine Kleinigkeit gegessen habe, bin ich sofort völlig satt ... Zwischen den Mahlzeiten und nach dem Abendbrot esse ich ab sofort überhaupt nichts mehr ... Und ich nehme jede Woche zwei Pfund ab ... Jede Woche zwei Pfund ... Ich fühle mich dabei ganz wohl ... Jedes Wort dringt tief in mein Unterbewusstsein ... Und prägt sich dort von Mal zu Mal tiefer ein ... Und ich werde immer danach handeln ... Ich spüre einen starken Widerwillen gegen alles, was dick macht ... Dieser Widerwille wird immer stärker ... Jedes Mal, wenn ich etwas Dickmachendes sehe, verstärkt sich mein Widerwille noch mehr ... Und ich nehme jede Woche zwei Pfund ab ... Jede Woche zwei Pfund ... Und ich fühle mich dabei ganz wohl ... Jedes Wort dringt tief in mein Unterbewusstsein und prägt sich dort von Mal zu Mal tiefer ein ... Und ich werde immer danach handeln ... Meine Gesundheit festigt sich von Tag zu Tag ... Mein Herz schlägt ruhig und stark, mein Kreislauf ist stabil, meine Verdauung arbeitet perfekt ... Ich fühle mich ganz wohl, meine Sicherheit und mein Selbstvertrauen wachsen von Tag zu Tag ... Es geht mir von Tag zu Tag in jeder Hinsicht besser und besser, meine Gesundheit festigt sich von Tag zu Tag ... Ich werde immer schlanker ... Immer schlanker ... Und ich fühle mich dabei ganz wohl ... Es geht mir von Tag zu Tag in jeder Hinsicht immer besser und besser ... Ab sofort nehme ich jede Woche zwei Pfund ab, ich fühle mich dabei ganz wohl, denn ich nehme jede Woche zwei Pfund ab ... Ich bin stets ruhig und gelöst ... Essen ist für mich völlig uninteressant, ganz gleichgültig ... Ich esse nur noch zu den Mahlzeiten eine Kleinigkeit ... Und bin dann sofort völlig satt ... Sobald ich eine Kleinigkeit gegessen habe, bin ich sofort völlig satt ... Und ich nehme ab sofort jede Woche zwei Pfund ab ... Ich fühle mich dabei ganz wohl ... Denn ich nehme jede Woche zwei Pfund ab ... Ich werde immer schlanker, immer schlanker, bis ich mein Idealgewicht erreicht habe ... Voller Freude erlebe ich ... Wie ich immer schlanker und schlanker werde ... Die überflüssigen Pfunde schmelzen von meinem Körper weg ... Es macht mir Freude weniger zu essen, es macht mir immer mehr Freude, weniger zu essen ... Ich fühle mich dabei wohl, zufrieden und glücklich ... Ich schaffe es spielend, weniger zu essen, sodass ich es schaffe, so schlank zu werden und auch zu bleiben, wie ich es wünsche ... Ich werde immer schlanker, ich sehe mich bereits vor meinem geistigen Auge ganz schlank ... Ich werde immer noch schlanker und beweglicher ... Ich werde immer schlanker ... Immer schlanker ... Und dafür bin ich dankbar ... Endlich werde ich immer schlanker ... Ich werde immer schlanker ... Immer schlanker ... Die Vergangenheit ist vorüber, liegt weit hinter mir ... Ich habe mich und damit mein Leben geändert ... Mit jedem Atemzug lasse ich die Vergangenheit immer weiter hinter mir zurück ... Ich gehe voller Ruhe und Selbstvertrauen in die Zukunft ... Ich schaue nur noch nach vorn ... Und es geht mir von Tag zu Tag in jeder Hinsicht besser ... Immer besser ein ganz neues Leben beginnt für mich ... Ein Leben voller Ruhe und Selbstvertrauen ... Freude und Tatkraft durchdringen mein ganzes Tun und Strahlen auf meine Umgebung aus ... Das gibt mir ein herrliches Gefühl der Zufriedenheit und Ausgeglichenheit ... Und ich fühle mich in meiner Situation ganz wohl ... Mein Herz schlägt ruhig und gleichmäßig, mein Kreislauf ist stabil, meine Verdauung arbeitet perfekt ... Mein Schlaf ist tief und erholsam und meine Gesundheit festigt sich von Tag zu Tag ... Ich bin tolerant und verständnisvoll ... Und nur noch positive Gedanken erfüllen mich und bestimmen mein Leben in geistiger und körperlicher Gesundheit ... Alles ist jetzt gut, endlich ist alles gut ... Alles ist jetzt gut ... Spüren Sie noch einmal diese wunderbare Ruhe, die Ihren ganzen Körper erfüllt, in diesem wunderbaren Ruhezustand hat sich jedes Wort tief in Ihr Unterbewusstsein eingeprägt, und Sie werden immer danach handeln ... Jede Zelle Ihres Körpers hat sich gefüllt mit frischer Kraft, und Sie fühlen sich ganz wohl ... Gleich werde ich bis 3 zählen, dann ist Ihr ganzer Körper wieder locker und leicht ... Arme und Beine sind wieder leicht beweglich, und Sie fühlen sich frisch und munter ...“

Jenseitskontakt

In diesem Kapitel geht es um Interviews mit Mördern, Selbstmördern und Verbrechern aus dem Jenseits. Gisela Dammers hat als Medium diese Jenseitskontakte durchgeführt. Die Verbrecher im Jenseits werden als „arme Seelen“ bezeichnet, da sie bedauernswert sind. Sie befinden sich im Jenseits auf sehr niedrigen Stufen. Es gibt sogar Minusstufen.

Gustav (gestorben 1696 durch Ersticken):
- Ich heiße Gustav und bin mit 58 Jahren gestorben.
- In welchem Jahr bist du gestorben?
- 1696.
- In welcher Stufe bist du?
- In einer ganz tiefen Stufe, hier habe ich keine Möglichkeit etwas zu tun.
- Wie bist du gestorben?
- Regelrecht erstickt.
- Das musst du uns näher erklären.
- Gutsfrau hat mich getötet.
- Warum?

- Sie hat mir nichts gegeben, dann hab ich ihr Kind umgebracht. Ich habe bei ihr gearbeitet, aber nichts dafür bekommen. Ich hab dann ihr Kind getötet und sie hat mich im Schlaf erstickt.
- Dafür bist du in einer sehr tiefen Ebene. Wie sieht deine Stufe aus?
- Wie die Hölle.

Menus (gestorben 1948 durch Leberkrebs):
- Menus, 78 Jahre, in Spanien 1948 gestorben.
- Die Todesursache?
- Leberkrebs.
- Welche Stufe bist du?
- Minus 20.
- Wieso bist du in dieser Stufe?
- Habe Leben vernichtet, 26 Menschenleben vernichtet.
- Was hast du getan?
- Habe größere Leute mit dem Gewehr erschossen.
- Was soll das heißen?
- Jeder Mann, der etwas zu sagen hatte. Als Partisan unter General Santiano.
- Wie war dein Übergang ins Jenseits?
- Von meinem Bett direkt ins Jenseits.
- Wie war der Empfang?
- Keiner, Gott war da und sagte: Du musst in die -20. Stufe, kein Pardon. Ließen im Jenseits richtige Mörder auf mich los. Ich verstecke mich, wenn sie mich finden, töten sie mich.
- Gelingt dir die Flucht?
- Nicht mit jeglichen Maßen, habe alles versucht.
- Wie findest du das?
- Habe richtigen Hass auf die Geister.

Namenlos (gestorben 592):
- Bin auf Ebene Minus 29, ihr sollt für mich beten.
- Lieb, dass du dich bei uns meldest, aber wenn wir dir helfen sollen, sag uns wie du heißt, wann du gestorben bist und wie alt du warst?
- 54 Jahre alt und hab 592 gelebt.
- Was hast du getan, dass du auf einer niedrigen Stufe bist?
- Gemordet; dein Gefrage geht mir auf den Geist …
- Du willst nichts von dir preisgeben, auch nicht deinen Namen, was willst du?
- Hilfe, ihr sollt für mich beten.

„Wir haben nach dem Tode nicht aufgehört zu existieren. Wenn die irdische Existenz verloren geht, herrscht das Jenseits. Es ist die Sphäre, auf der wir uns mit unserem Geistkörper aufhalten. Dort, wo alle Menschen vor ihrer Geburt waren, ist das Jenseits. Im Jenseits können wir alle verstorbenen Bekannten, Verwandten, Freunde usw. wiedersehen.“

Es gibt verschiedene Methoden, um einen Jenseitskontakt herzustellen. Z. B. Tonbandstimmen, Tischchen, das Hexenbrett und das automatische Schreiben. Um Tonbandstimmen aufzunehmen, benutzen Sie ein uraltes Radio, mit dem Sie mittels Mikrofon die Jenseitsstimmen einfangen können.

Kabbalistische Praxis (nach Spiesberger)

Man nehme ein Stück Pergament, dazu eine Kreide, die ebenfalls odisch gereinigt wird, die jeweilige Planetenzahl, sowie Kerzen aus Bienenwachs. Für die Kräfte des Planeten Mars benötigt man 5 Kerzen. Vor Beginn der Kultpraxis, beim Kerzenschein entspanne man sich, reinige die Aura und räuchere mit Weihrauch und Kräutern. Man reinige den Raum in der Mitte des Raumes stehend, im mantrischen Ton (dreimal):
„Im Namen von Adonai banne ich jedweden negierenden Einfluss aus diesem Raum. Allezeit wohne darin Friede und Harmonie."
Mit dem folgenden Spruch wird der ganze Raum mit unserem Fluidum gefüllt:
„Im Namen von Adonai, bei der Macht und Kraft von Geborah und Hod herrsche und walte mein magischer Wille in diesem Raum! Heute und jederzeit!"
Der Kreis wird mit einem Pentagramm geschlossen. In den Kreis werden Gottesnamen geschrieben oder Schutzsymbole gezeichnet. Die Kerzen werden um den Kreis aufgestellt. Beim Anbrennen jeder Kerze spreche man:
„Im Namen von Adonai, Kraft meines magischen Willens: Es werde Licht! Dem Licht weiche die Finsternis!"
Nun beginnt die magische Handlung (der Magier spricht mit erhobenen Armen):
„Kraft meines magischen Willens beginne ich das feierliche Ritual, ein Wesen zu zeugen, das mir dienen und gehorchen soll!"
Neun tiefe Atemzüge nehmen – Pause.
Man gebe nun dem Wesen einen Namen: Der Magier breitet die offenen Handflächen über das Pergament, innerhalb des Kreises:
„Wesen, meinem Willen entsprungen, im Namen von Adonai, bei den Demiurgen des Mars und des Mondes, höre deinen Namen: .... (Name des Wesens wird fünf- oder neunmal gerufen)."
Nun wird in die Luft ein Pentagramm gezogen. Man spreche das Wesen lautmagisch mit seinem Namen an und befehle ihm, er solle wachsen. Das Pendel wird zeigen, ob es stärker geworden ist.
Man kann das Wesen z. B. „Manbar" oder „Barman" nennen oder aber „Bartyr" oder „Tyrbar". Dazu benutze man die Runen „Fa", „Os" und „Eh".

Krötenzauber

Diese einzigartige Dokumentation von Ernst Hentges hat die Menschheit seit Jahrhunderten derart fasziniert, dass sie Kröten, Knochen von Toten, Fledermaus-

blut usw. zur Tötung ihrer Opfer angewandt haben. Die Kröte hat in der Magie eine sehr große Rolle gespielt, da sie in ihrer Gestalt sehr hässlich ist. Sie wurde bis ins 19. Jahrhundert zu zauberischen Zwecken verwendet. Kein Okkultist würde je behaupten, dass bei der Inquisition nur unschuldige und hysterische Hexen gestorben sind.
An Stelle der Kröte tritt in südlichen Ländern die Schlange mehr in den Vordergrund.
In einem Schreiben des Erzbischofs von Mainz an den Papst von 1233 heißt es: „Der Angeklagte wurde zum Geständnis gezwungen, dass er ein Ketzer sei, die Kröte, den schwarzen Mann oder sonst ein Untier geküsst habe …"
„Einige Leute geben dem Frosch einen Kuss auf den Hintern, andere auf sein Maul … Dieses Tier sei meistens so groß wie ein Backofen oder eine Gans", so heißt es in den „Geschichten der Hexenprozesse".
Bei der im Jahre 1610 im Kloster zu Marseille ausgebrochenen Besessenheitsepidemie wurde Louis Gaufridy, Beneficiatpriester an der Kirche, der als Beichtvater tätig war, von der Nonne Magdalena de la Palud angeklagt, er habe sie zum Sabbat mitgenommen. In den Prozessakten vom 13.12.1610 steht über die Halluzination der Nonne:
„Und der Teufel sprang in Gestalt einer Kröte der la Palud an die Gurgel und hätte sie erwürgt ..."
Ein Günstling Heinrich III. namens Jean Bodin (1530-1596) erzählt in seiner „Demonomanie des Sorciers", dass die Hexe von Saint-Preuve zum Feuertod verurteilt worden wäre, in deren Taschen man zwei fette Kröten fand.
Kröten werden nach mittelalterlichen Astrologen dem dunklen Planeten Saturn zugeordnet, da sie kriechende, nächtliche und dumme Tiere sind. Diese Eigenschaft des Satans und der Dämonen war bereits Psellos bekannt. Demnach ist die Kröte die Verkörperung des Teufels.
Zu den Hexenversammlungen wurden Kröten festlich gekleidet. In einem Hexenprozess-Buch heißt es:
„Johann d´Abadie von Sibero sagte in peinlicher Befragung ferner aus, er habe die Frau von Maria Balfarena auf dem Sabbath mit vier Kröttten tantzen sehen. Eine mit Eine mit schwartzem Sammet bekleidet und güldenen Schellen an den Füßen hab´ sie auf der linken und die andere ohne Schellen auf der rechten Achsel getragen."
Um den Kröten die Zauberkraft zu geben, werden diese auf dem Sabbat getauft. Zu dieser höllischen Zeremonie uriniert der Teufel in ein Loch. Auch wurde die Taufe der Kröten auf kirchlichen Höfen beobachtet.
Die Hexensalbe, die Visionen Dilirium tremens verursachte, bestand überwiegend aus dem Fett neugeborener Säuglinge, Maulwürfen, Katzenhirn, gepulverten Menschenknochen, Mohn, Nachtschatten, Sonnenblumen, Schierling, Bilsenkraut, Tollkirschen, Mandragora und anderen narkotischen Pflanzen. Sie wurde als Opfergabe zubereitet. Die Hexen erhielten ihre Ausbildung auf dem Sabbat.

Ihre Teufelskunst bestand hauptsächlich aus Zaubertränken und Pulvern, um den Menschen psychisch und physisch zu schaden. So heißt es bei De Lancre:
„Auf dem Sabbat lernen die Hexen, wie sie dem Menschengeschlecht und den Gütern der Erde schaden können durch Gift, Zauberpulver, Kröten, Schlangen, Fleisch von Gehängten, Fleisch und Knochen ungetaufter Kinder. Alles dieses lehrt man sie und gibt man ihnen auf dem Sabbat damit eine jede sich rächen kann, indem sie tötet, quälet, verwünschet, unfruchtbar macht, die Felder verwüstet usw."
In den meisten Zaubermitteln steht an erster Stelle die Kröte, denn in allen Hexenküchen krochen immer die Kröten umher, wie es auf alten Gemälden zu sehen ist. In Shakespeares Hexenküche (Macbeth) singt die Hexe:

„Um den Kessel schlingt die Reih´n, werft die Eingeweid hinein:
Kröte, du die Nacht und Tag unterm kalten Steine lag,
monatlanges Gift sog ein, in den Topf zuerst hinein."

In der Chronik von Monstrelet wird berichtet, dass eine dicke Kröte von einem Pfarrer als Zaubermittel benutzt wurde, der später verbrannt wurde.
Eine Hexe wurde im Jahre 1545 ebenso verbrannt, die eine Zaubersuppe aus einer Kröte und Graberde herstellte, um sie auf den Weg des Opfers zu gießen.
Eine andere Hexe hatte ein Gebräu aus Schlangen, Kröten und Menstruationsblut zubereitet, um es vor dem Kloster auszuschütten.
Am 22.09.1552 wurde in Leipzig der Totengräber Christoph Müller mit seinem Knecht gerädert, weil sie ein Giftpulver aus Kröte, Schlange und Molchen gemixt hatten, das 22 Menschen getötet hat.
Ebenso konnten die Hexen durch Ferneinwirkung auf ihre Opfer einwirken, indem sie den Personen Unheil zufügten.
Im sogenannten „Bildzauber" benutzten die Hexen eine Kröte. Eine Anleitung vom Leibarzt des Kaisers Ferdinand II. und Maximilian III. sieht folgendermaßen aus:
„Wenn die Hexe eine Zauberey machen will, so nimmt sie Holz und läßt eine Spinne darauf kriechen; dann legt sie einen dicken starken Zwirnsfaden zwerch über die Spinne in der Mitte entwzey, daß sie börstet und das Gift von ihr läßt, und zeucht alsdann den Faden durch die Spinne, daß er den Gift wohl in sich fasse, und also läßt sie den Faden trocken werden. Hernach nimmt sie Wachs, und so die das in der Eile nicht haben kann, nimmt sie frisch gebackenes Brot und macht daraus Bild eines Männleins oder Weibleins, so gut sie kann, in böser, giftiger Imagination wider den Menschen und in dessen Namen, den sie beschädigen will."
Der französische Okkultist Eliphas Levi gibt verschiedene magische Anweisungen an:
„Man nimmt eine dicke Kröte und tauft sie auf den Namen und Vornamen derjenigen Person, die man bezaubern will, dann gibt man ihr eine konsekrierte Hostie

(gesegnete Opfergabe) zu fressen, über welche man eine Verwünschungsformel gesprochen hat. Daraufhin hüllt man die Kröte in magnetisierte Gegenstände und umwickelt sie mit Haaren des Opfers, auf welche der Zauberer vorerst gespuckt hat, und dann wird alles entweder unter die Türschwelle des Behexten vergraben oder an einen Ort, wo er täglich vorüber gehen muß ... In Liebesangelegenheiten ist die Zeremonie ungefähr dieselbe, die Hexen vernähen der Kröte die Augen unter Sprechen der Beschwörungsformel ‚Venus Amor Astaroh' usw."

Im 16. Jahrhundert wird im Buch „Disquisitones magicaru" berichtet, wie eine Hexe einen jungen verheirateten Mann durch Krötenzauber verhext, indem sie ihm einen Topf mit einer Kröte mit vernähten Augen unter das Bett stellt. Die verlassene Ehefrau fand den Zauber und verbrannte ihn, sodann kam ihr Mann zu ihr zurück.

Benedikt Carpzov (1595-1666) klassifiziert jene Hexen, die sich auf Giftmischungen spezialisiert haben. Sie besaßen eine große Kundschaft, die für die Giftmischungen ordentlich bezahlten, da sie bestimmte Menschen aus dem Weg räumen wollten oder um eine Erbschaft zu beschleunigen. Die Kröte war hierbei stets Bestandteil des Giftes.

In den Prozessakten steht, dass das Giftpulver Bestandteile aus Arsenik, Vitriol und Krötengift hat. Als Gegengift wurde Milch genannt.

Die Verbrechergesellschaft von Giftmischern bestand aus Alchimisten, Zauberern und Hebammen, die im Dienst der glänzenden Hofgesellschaft stand und hohe Summen für ihr Verbrechen nahm. Einer dieser Spezialisten fuhr folgendermaßen vor:

„Er stopfte eine Kröte voll Arsenik, setzte sie in einen silbernen Becher und peinigte sei mit einer Nadel, bis sie den Harn von sich ließ. Zum Schluss wurde die Kröte im Trinkgefäß zerquetscht."

All diese Zauberpraktiken aus dem Mittelalter sind derart gegen jeglichen Tierschutz! Wir empfehlen niemandem, es nachzumachen! Wir bezeichnen dies als Tierquälerei und heißen es niemals gut!

Vor Gericht machte die Giftmischerin Cheron folgende Aussage:

„Die Kröte wird mit einer Nadel gestochen, damit sie das Maul aufreißt ..., daß man auf diese Weise ein vorzügliches Gift erhalte, wofür man 200 Louisdor bezahle."

Schon der Atem der Kröte sei tödlich und verpeste die Luft, so der griechische Doktor Dioskoridos (1. Jh. n. Chr.)

Das Essen von Kröten sei giftig! In seiner Naturgeschichte der Tiere schreibt Konrad von Gesner (1516-1565):

„Dieses Tier ist ein überaus kaltes und feuchtes Tier, ganz giftig, erschrecklich, häßlich und schädlich. Wenn man dieses Tier schmeißt, wird es zornig, daß es den Menschen, wenn es könnte, gerne beseichen oder sonst mit seinem giftigen schädlichen Atem vergiften möchte. Im Leib ist die Kröte tödlich. Auch ist ihr Anhauchen und Anblick schädlich, wovon die Menschen bleich und ungestalt werden sollen. Sie vergiften auch das Kraut und Laub, wovon sie gefressen haben und worüber sie gekrochen sind."

Der französische Naturforscher Cuvier (1769-1839) ist dergleichen Meinung. Er sagt, dass die Anatomie der Kröte und ihr Schleim völlig giftig sind, und die Absonderung der Hauptdrüsen kleine Tiere töten kann.

Das Drüsensekret auf dem Rücken der Kröte ruft Brennen und Rötung hervor und riecht extrem übel. Dies ist ein heftiger Giftstoff, um Feinde abzuwehren. Auch die Giftstoffe des Molches und des Salamanders sind tödlich. Laut Untersuchungen des französischen Zoologen Blanchard, enthält das Krötengift Ameisensäure und das giftige Methylcarbylamin. 0,009 g je kg genügen, um einen Hund zu töten.

In der medizinischen Klinik wurden 1911 die Indianer-Pfeile untersucht und festgestellt, dass diese aus dem Gift von Fröschen bestehen.

Der Koburger Professor Frommann berichtet von einer armen 26-jährigen, die in einer ungesunden Hütte hauste, worin sich viele Frösche, Salamander und Schlangen aufhielten. Da das Mädchen mit offenem Mund schlief, gelang es einer Schlange, durch ihren Mund in den Körper hineinzukommen. Durch Abführmittel musste der Arzt die Schlange wieder austreiben.

Der Leibarzt Ludwig XIII. erzählte von einem Patienten, der Kröten und Schlangen erbrach. Eine 30-jährige Frau trank aus einem Weiher und bemerkte merkwürdige Bewegungen im Magen, so als ob irgendetwas versuche hochzusteigen. Nach der Dosis „Orvitan" erbrach die Patientin drei fette Kröten und zwei Salamander. Am nächsten Tag wurden weitere drei Kröten erbrochen, ebenso 7 junge Kröten, die scheinbar eine ganze Familie waren. Innerhalb von sieben Jahren erbrach die arme Frau mehr als 80 Kröten und Frösche! Der Arzt behauptete, ein deutliches Quaken aus ihrem Magen zu hören!

Im August 1682 erbrach ein anderes Mädchen Schnecken, Raupen und andere Insekten. Es wurden in Paris Dissertationen darüber geschrieben. Zum Broterwerb verschluckten manche Schauspieler auf dem Marktplatz absichtlich Frösche und Fische, um sie wieder lebendig herauszubringen, und um Hysterie zu erzeugen.

Die glotzenden, rötlichen Augen der Kröten erzeugen einen hypnotischen Blick (auch bei Schlangen) auf die Menschen, was sie als Aberglaube und Zauberkraft einstufen.

Dem Frosch werden jedoch auch Heilkräfte zugeschrieben. Goethe weist in der Medizin auf die Kröte hin, indem er Mephistopheles folgendes Rezept gegen Sommersprossen verschreiben lässt:

„Nehme Froschlauch, Krötenzungen, kohobiert (alchimistisch destilliert),
Im vollsten Mondlicht sorglich destilliert,
Und wenn er abnimmt, reinlich aufgestrichen.
Der Frühling kommt, die Tupfen sind entwichen."

Das folgende Rezept wird in Südfrankreich gegen Rheuma verwendet:
„Eine lebende Kröte während zwei Stunden in gutem Olivenöl zu kochen und dieses Öl nachher zu Einreibungen zu verwenden. Ein anderes Verfahren besteht darin, dass eine Kröte im Backofen getrocknet und in gutem Wein gekocht wird."
Gegen Fieber wird eine lebende Kröte gekocht und noch dampfend in das Zimmer des Patienten auf den Boden gestellt, um Krankheitserreger aufzusaugen.
In der Provence gilt die Kröte als Heilmittel gegen Krebs:
„... werden gewöhnlich zwei lebende Kröten unter das Bett des Krebskranken gebracht ...
Eine lebende Kröte wird in einen Topf Branntwein geworfen und während 40 Tagen maceriert, alsdann getrocknet und zerrieben. Von diesem Pulver wird eine Messerspitze auf die Wunden der Kranken gebracht. Bei Phlegmonen verfertigt man eine Pomade aus Krötenpulver."
In der Gegend von Avignon glaubt man, dass Krötenblut gegen die Gelbsucht, und das Tragen einer getrockneten Kröte gegen die Pest wirksam sei.
In vielen Orten wurde die Kröte als Aberglaube an einer Stelle des Stalles angenagelt, um die Tiere zu schützen (auch vor Ungeziefer). Hässlichkeit wurde verflucht!

Kundalini & Chakra

Kundalini ist eine Urenergie, die an der Basis der Wirbelsäule, im Steißbein, im schlafenden Zustand liegt. Sie ist eine kosmische Kraft, die feurig, elektrisch und okkult sein kann. Ihre Form gleicht der einer aufgerollten Schlange. Die Kundalini entspricht dem roten Chi des Wurzel-Chakras, die ihre Energie aus dem Magnetismus schöpft. Wenn man das Wurzel-Chakra vergrößert, gewinnt man die geistige Erleuchtung. Je höher das rote Chi steigt, desto höhere und frequentiertere Schwingungen erreicht man. Somit kann man sich selbst und andere heilen. Durch den schlängelnden Aufstieg der Kundalini reinigt man den Körper. Alles, was im Kosmos existiert, ist auch in der Seele des Menschen vorhanden.

Nadis
Es gibt drei räumliche Existenzen: Vergangenheit, Gegenwart und Zukunft, die in den drei Energiekanälen (Nadis) widergespiegelt sind:
Durch den Mond-Kanal (Ida-Nadi) fließt linksseitige Energie auf der linken Körperhälfte. Sie beeinflusst die Psyche, das Unterbewusstsein, Emotionen und die Vergangenheit.
Der Sonnen-Kanal beeinflusst die rechte Körperseite (Pingala-Nadi), der die Energie der Zukunft und die physische, mentale und kreative Seite fließen lässt.
Die beiden äußeren Kanäle werden durch die Kundalini balanciert. Die Energie des mittleren Kanals kann sich verstärken und spirituelles Wachstum geben.
Es gibt neben den drei Hauptnadis bis zu 14 Nebennadis im Körper. Nadis sind das indische Gegenstück zu den chinesischen Meridianen.

Der Astralkörper gleicht dem Wasser. Nadis sind Astralkanäle und psychische Nerven, um das Prana und die psychischen Ströme zu leiten.

Sushumna

Der Hauptenergiekanal des feinstofflichen Körpers ist die Sushumna (Sanskrit) und entspricht dem Rückenmark.

Chakra

„Chakra" ist ein Sanskrit-Wort und bedeutet „Rad". Das Chakra ist rund und ist in ständiger rechtsdrehender Bewegung.

1. *Chakra (Wurzel-Chakra Muladhara)*
   Vierblättriger Lotos. Die „Basis" sitzt am unteren Ende der Wirbelsäule. Die Farbe ist Rot. Der zugehörige Edelstein ist Rubin. Das Symbol ist das Quadrat. Das Chakra nimmt die Erdenergie und Verwurzelung auf.
   Ein schlecht funktionierendes Wurzel-Chakra zeigt sich in Nervosität, Neid, Aggression, Habgier, Macht, Gewichtsproblemen, Erkältung, Zahnproblemen, Mutter-Problematik, Entlassung, Zwangsräumung. *Heillaut*: „O".
2. *Chakra (Milz-Chakra Svadhistana)*
   Sechsblättriger Lotos. Dies ist das Sexualzentrum und beginnt ungefähr zwei Fingerbreit unter dem Nabel. Farbe: Orangerot. Edelstein: Karneol. Dieses Chakra dient zur Aufnahme der Sonnenenergie und Akasha-Chronik. Die Mantra lautet: „Bang", „Mang", „Yang", „Rang" und „Lang". Symbol: Kreis.
   Ein mangelhaft funktionierendes Milz-Chakra lässt Depression, Schuldgefühle, Angst vor Verletzungen, Impotenz, Nichtschwimmer, Probleme mit dem Unterleib aufweisen. *Heillaut*: „Shu".
3. *Chakra (Solarplexus-Chakra Manipura)*
   Zehnblättriger Lotos. Das Solarplexus-Zentrum bedeutet „Stadt der Juwelen". Farbe: Leuchtendes Goldgelb. Edelsteine: Goldtopas, Citrin, Bernstein. Mantra: „Dang", „Rlang", „Tang", „Nang", „Fang". Symbol: Absteigendes Dreieck.
   Dieses Chakra ist mit der Astralebene verbunden.
   Eine Blockade in diesem Zentrum verhindert die Transformation irdischer Schwingungen. Außerdem gehören zu den Störungen in diesem Bereich Magengeschwür, Diabetes, Sehprobleme, Schielen. *Heillaut*: „Ya".
4. *Chakra (Herz-Chakra Anahata)*
   Zwölfblättriger Lotos. Farbe: Smaragdgrün und Rosarot. Edelsteine: Smaragd, Rosenquarz, Aventurin, Malachit, Jade. Dieses Chakra verbindet sich mit den Energien des Solarplexus. Mantra: „Kang", „Jang", „Gang", „Jong", „Chang", „Uang", „Tang". Symbol: Hexagramm.
   Dieses Chakra ist mit den kosmischen Heilkräften verbunden und nimmt den Kontakt zur geistigen und Astral-Welt auf. *Heillaut*: „Wa".

Eine Störung in diesem Bereich erzeugt Verspannung, Arroganz, Angst, Ego, Unzuverlässigkeit, Beziehungsunfähigkeit, Aids, Brusttumor, Tuberkulose, Asthma, Herzkrankheiten.

5. *Chakra (Hals-Chakra Vishudda)*
   Farbe: Türkis, Saphirblau mit silberner Strahlung. Edelsteine: Türkis, Aquamarin etc. Das Chakra steht in Verbindung mit dem Akasha-Prinzip. Mantra: „Ang", „Ing", „Ung", „Ring", „Aing", „Ong", „Aung". Symbol: Halbmond.
   Wenn das fünfte Chakra unterentwickelt ist, klingt die Stimme nervig; es besteht keine Kommunikation zwischen Mitmenschen und es besteht die Neigung zu Kontrollzwang. *Heillaut*: „He".

6. *Chakra (Stirn-Chakra Agnya oder Ajna)*
   Drittes-/Göttliches Auge, der Geist. Farbe: Violett, Indigoblau. Edelsteine: Lapislazuli, Saphir, Bergkristall. Das sechste Chakra gilt als die Quelle des paranormalen Sehvermögens (Visionen) und der göttlichen Intelligenz. Mantra: „Aum". Symbol: Kreis mit zwei Blütenblättern.
   Eine Blockade führt zu Minderwertigkeitsgefühlen, Kopfschmerzen, Blindheit. *Heillaut*: „Hu".

7. *Chakra (Kronen-Chakra Sahastrara)*
   Sahastrara bedeutet „tausendblättriger Lotus". Farbe: Schillerndes Lila. Edelsteine: Bergkristall, Diamant, Amethyst. Dies ist das Tor zum Universum. Mantra: „Ah", „Ksha". Symbol: Kreis, Vollmond. Eine Blockade in diesem Chakra führt zu Angst vor dem Tode. Außerdem findet man unter der Störung in diesem Bereich Verwirrung, Epilepsie, Down-Syndrom, Gehirntumor. *Heillaut*: „I".

8. *Chakra*
   Hier ist der Sitz der Seele. Es hat keine direkte Verbindung zum Körper, denn es befindet sich ca. zehn cm über dem Kronen-Chakra.
   Dieses Chakra hat den Zugang zur geistigen Welt. Hier befindet sich der Sitz der inkarnierten Seele.

Öffnen der Chakren

Das Ziel, die Kundalini zu erwecken, besteht darin, die einzelnen Chakren zu reinigen und die Öffnung des Energiekanals zu aktivieren. Um zum höheren Bewusstsein zu kommen, muss der Adept durch Kundalini-Yoga und Hatha-Yoga seine einzelnen Chakren immer höher emporheben und verfeinern. Durch Hitze- und Lichtimaginationen wird die schlafende Kundalini erweckt und immer höher gehoben. Bevor man mit Anrufungen beginnt, sollte man rituell visualisieren, wie sich ein Kreis aus pulsierendem rotem Licht an der Basis der Wirbelsäule rotiert. Man stelle sich vor, wie dieser Kreis größer und größer wird und den unteren Teil des Körpers mit Energie füllt, so als wolle man ein Gefäß füllen. Wenn man den Energiestrom spürt, soll man in seinem Innern eine Schlange zusammenrollen

lassen. Anschließend lasse man diese Energie-Schlange aufsteigen, bis sie in spiralförmiger Bewegung die Höhe des Beckens erreicht.
Nun visualisiere man, wie die Schlange im Innern des Körpers von Chakra zu Chakra, je nach Farbe, im Kreis immer größer und größer wird, bis sie reine wirbelnde Energie sprudelt. Der Energiestrom muss jedes Mal von der Basis der Wirbelsäule in die jeweiligen Chakren hochgezogen werden, wie in einem ständigen Kreis, indem man an die Basis der Wirbelsäule zurückgeht. Die Schlange sollte morgens und abends auf eine halbe Stunde bewegt werden.

Das Schließen der Chakren
So wie man die Chakren öffnet, muss man sie auch wieder schließen, damit keine Energie-Vampire an uns herankommen können. Man beginne stets vom Scheitel-Chakra aus, einen Strom aus weißem Licht über die jeweiligen Chakren zu visualisieren, damit sie sich schließen (von oben beginnend). Man darf aber nicht das Wurzel-Chakra schließen!

Yoga
Zur inneren Reinigung darf man neben den Yoga-Übungen nicht vergessen, die eigenen Fehler wie Egoismus, Neid, Hass, Stolz usw. zu bereinigen. Um zur Reinheit des Geistes zu gelangen, und um übersinnliche Kräfte zu erlangen, sollte man sexuell enthaltsam leben und körperlich rein sein. Durch das ständige Üben beruhigt sich der Geist und man gelangt zur Meditation. Samadhi ist der Bewusstseinszustand, der frei von Zeit und Raum ist, in dem man das völlige Gleichgewicht erreicht hat.

Mula-Bandha
Der Adept drückt seine linke Ferse gegen den Damm und legt den rechten Fuß auf die linke Hüfte. Er muss diesen Vorgang solange wiederholen, bis sich die Energie aufwärts bewegt. Bei dieser Übung bewegt sich das Prana, das das Sushumna cranial nach oben bewegt. Somit vermehrt sich das gastrische Feuer. Prana ist von Natur aus heiß, somit wird die schlafende Kundalini erweckt. Diese Übung verjüngt den Körper, wenn man sie sechs Monate lang übt.

Khechari-Mudra
Bei dieser Mudra meditiert man auf das Ajna-Chakra. Die Zunge wird dabei gegen den Gaumen gedrückt, deshalb nennt man diesen Mudra auch „das Zungenverschlucken". Man fülle den Mund mit Nektar, um einen luziden Trance-Zustand zu erreichen.

Energie-Lenkung in den Zeigefinger
Strecken Sie den Zeigefinger in die Höhe aus und konzentrieren Sie sich darauf, dass der Finger warm wird. Nun stellen Sie sich vor, wie Energie aus dem Zeigefinger strömt. Jetzt lassen Sie die ganze Hand warm werden. Sie sind von Energie durchflutet und können diese Energie überall hinleiten.

Lichtkugel

Visualisieren Sie, wie Sie zwischen Ihren Handflächen eine glühende Energie-Kugel halten. Richten Sie Ihren Blick nach oben und imaginieren Sie, wie kosmische Energie in die Kugel fließt. Die Kugel aus Energie beginnt zu wachsen und verfärbt sich in Gold. Schließlich ist die Kugel so groß wie der Kosmos, mit dem Sie sich mit ausgestreckten Händen verbinden. Nun beginnt die Energie aus der kosmischen Kugel langsam in Ihr achtes Chakra zu fließen. Die Kugel wird nun allmählich kleiner, bis sie diese an Ihr Herz-Chakra führen können. Dort leuchtet sie den ganzen Tag und erfüllt sie mit Energie. Ihre Hände schließen sich zur Gebetshaltung. Sie chanten „Om-Ma-Ni pad-me-hum".

Chakra-Meditation

Dorothy Harbour stellt in ihrem Buch „Energie-Vampire" eine andere Technik der Chakra-Meditation vor:

1. Visualisieren Sie, wie entlang Ihrer Wirbelsäule ein kräftiger Strom vom Steißbein empor bis zum Kronen-Chakra eine magmatische Glut fließt. Es ist die Lava der Urkräfte. Danach wird sie zu einer schlammigen Flut aus dampfend heißem erdigem Wasser, der im Boden versickert, um als neuer Quell zu entspringen. Am Ende verwandelt sich dieser Strom in reines Licht, die immer heller wird und wie eine Fontäne aus dem Kronen-Chakra hervorspringt und sich mit der kosmischen Energie vereinigt.
2. Mühle-Mediation für das Sakral-Chakra: Machen Sie Ihre Augen zu und imaginieren Sie, wie Sie am Ufer eines mächtigen Lava-Flusses stehen. Ein großes Mühlrad dreht sich, um die Blockaden darin aufzuheben. Sie können die Geschwindigkeit der Mühle reduzieren. Die Glut wird in klares Wasser transformiert. Sprechen Sie: *„Meine Ströme fließen, meine Mühlräder drehen sich, ich bin reich an Energie."*
3. Herz-Chakra-Meditation: Stellen Sie sich vor, dass Sie an einer Quelle sitzen, aus der lauwarmes Wasser entspringt. Dort liegen kleine Kieselsteine. Beugen Sie sich über das Wasser und beobachten Sie den kristallklaren Grund. Die Blockaden werden hiermit aufgehoben.
4. Das Schließen der Chakras: Schließen Sie Ihre Augen und visualisieren Sie, wie sich alle Blüten der Mühlräder und der Quelle des Kristallwassers nacheinander schließen.

Heilenergien

1. Die Erdenergien stehen für die Verwurzelung mit der Erde.
2. Die Wasserenergien stehen für die Reinigung durch das Wasser.
3. Die Feuerenergien stehen für das Reinigen durch das Feuer.
4. Die Luftenergien stehen für die Leichtigkeit des Seins und das Loslassen.
5. Die Zeit- und Raumenergien für die Aufhebung von Raum und Zeit.
6. Die planetarischen Energien stehen für die spirituelle Entwicklung.
7. Die Urenergien stehen für die Transformation.

Chi und Prana

Ein Hologramm braucht eine Licht- und Energiequelle, um seine Form in Zeit und Raum erscheinen zu lassen. Seit mindestens 7000 Jahren ist die metaphysische Lebensenergie als Prana oder Chi bekannt. Chi ist ein Informationsträger und Ur-Energie. Ein Elektron verteilt die Information von Polarität und elektromagnetischer Kraft, während die Chi-Teile die jeweilige Information in Polarität und Frequenz umwandelt.
Prana ist in der Galaxie und in den Planeten vorhanden. Chi hat ein Schwingungssystem. Wenn der Chi-Fluss geschwächt ist, dann hat die Frequenz abgenommen und es entsteht eine Blockade. In der subatomaren Welt ist das Chi eine zeit- und raumlose Kraft. Pflanzen und Steine haben auch Meridiane.

Im Folgenden stehen die aus dem Sanskrit übersetzten Begriffe:

- Atma (Geist).
- Geist Bouddhi (Geist Seele).
- Manas (Menschenseele).
- Astralleib; Kamarupa (Tierseele); Linga sharira (Astralleib).
- Physischer Körper; Prana (Lebenskraft); Rupa (physischer Körper).

Im tibetischen Yoga und anderen Geheimlehren bedeutet „Shakti Yoga", die Beherrschung der Energie.
Die Farbe Rot-Orange der Kundalini steigt die Wirbelsäule hinauf und vermischt sich mit der göttlichen Energie, sodass sich die Farbe zu Gold oder Silber verwandelt.
Der Begriff „Kundalini" kommt aus dem Sanskrit und bedeutet „kreisende Kraft". Die Kundalini-Energie liegt zusammengerollt an der Wurzel der Wirbelsäule. Sie kann durch Wellen, Flammen oder dem Aufrollen einer Schlange ausgelöst werden. Die aufgerollte Schlange sucht sich einen Weg in den Kopf und hinaus aus dem Kronen-Chakra.

Das imaginierte reinigende Sieb

Legen Sie sich auf den Rücken, atmen Sie tief durch und imaginieren Sie, wie Sie auf einem Sieb liegen, das größer ist als Ihr Körper. Visualisieren Sie nun, wie das Sieb langsam durch den Körper geht und jede Blockade herausfiltert und beseitigt.

Den Dämon besiegen

Es ist notwendig, den inneren Dämon zu besiegen. Zum inneren Dämon gehören Hass, sexuelle Perversion und Sadismus. Atmen Sie tief den Duft der Lavendel ein, sodass Ihre Zellen gereinigt und transformiert werden. Sie müssen die Energie der Dämonen verwandeln.
Stellen Sie sich die Kundalini als ewig brennende Kerze oder als Lotos über Ihrem Kopf vor.

Erleuchtung
Ausstrahlung des Lichts. Sie werden in der Lage sein, die höheren Energien bei anderen Menschen zu spüren und in andere Dimensionen zu sehen. Sie werden verschiedene Energiefrequenzen in ihnen wahrnehmen. Sie werden die kosmischen Gesetze verstehen. Sie werden ebenso Heilkräfte entwickeln können.
„Yoga führt zur Befreiung" (Charak Samhita).
Es gibt drei Arten von ayurvedischer Therapie: Die physische, spirituelle und psychische.
Die folgenden Yoga-Übungen sind aus „Ayurvedischer Yoga" von Volker Christmann entnommen worden:

1. Der Verschluss des Bauchraumes-Uddiyana Bandha:
   Diese Übung fördert die Durchblutung der inneren Organe im Becken, wirkt gegen Magen-, Darm- und Unterleibsbeschwerden, Wurmerkrankungen und Diabetes. Auch die Nieren werden gestärkt.
   Sie hat eine verjüngende Wirkung und besiegt den Tod.
   1. Setzen Sie sich in den Lotussitz, legen Sie die Hände auf die Knie und schließen Sie die Augen. Verschließen Sie Ihr Kinn, indem Sie das Kinn gegen den Hals drücken.
   2. Atmen Sie tief aus und ziehen Sie am Ende der Ausatmung das Zwerchfell gegen die Wirbelsäule und die inneren Organe. Halten Sie diesen Verschluss ohne Anstrengung.
   3. Lösen Sie sich nun und atmen Sie ein.
2. Mantras:
   Gottheit: Vishnu. Mantra: Om Namo Narayana Hari Om.
   Shiva: Om Namah Shivaya.
   Ram (7. Inkarnation Vishnus): Ram Ramaya Namah Shri Ram, Jay Ram, jay Jay Ram.
   Dhanvantari (göttlicher Arzt): Om Dham Dhanvantaraya Namah.
   Mantra zur Heilung von Körper, Geist und Seele: Om Hrim Krim Hum Shrim.
3. Augenreinigung-Trataka:
   Diese Übung gehört zu Hatha-Yoga. Setzen Sie sich in einem dunklen Raum in eine Meditationshaltung. Stellen Sie im Abstand von 30-50 cm eine brennende Kerze in Augenhöhe. Setzen Sie sich gerade hin und schließen Sie die Augen. Entspannen Sie sich. Öffnen Sie die Augen und konzentrieren Sie sich nur auf den hellsten Punkt der Flamme. Sobald die Augen ermüden, diese wieder schließen. Wenn das Bild hinter verschlossenen Augen verblasst, öffnen Sie sie wieder. Fahren Sie weiter mit der äußeren Kerzenflamme fort.
   Diese Übung mildert Augenerkrankungen und Sehschwächen. Darüber hinaus beruhigt sie den Geist.

Magische Pflanzen

Pflanze	Planet	Element	Gottheit	Wirkung
Agave:	Mars	Feuer		Lusttrank
Akazie:	Sonne	Luft	Osiris, Ishtar, Diana, Ra.	Schutz, übersinnliche Fähigkeiten
Amarant:	Saturn	Feuer	Artemis	Heilung, Schutz, Unsichtbarkeit
Anis:	Jupiter	Luft		Schutz, Reinigung, Jugend
Bambus:			Hinna.	Schutz, Glück, Fluchauflösung
Basilikum:	Mars	Feuer	Vishnu, Erzulie.	Liebe, Austreibung, Reichtum, Fliegen, Schutz
Beifuß:	Venus	Erde	Diana	Kraft, übersinnliche Kräfte, Schutz, Wahrträume, Astralprojektion
Benedikten-kraut:	Mars	Feuer		Reinigung, Auflösung von Verhexung
Birke:	Venus	Wasser	Thor	Schutz, Austreibung, Reinigung.
Bukko:	Mond	Wasser		Übersinnliche Kräfte, Wahrträume.
Damiana	Mars	Feuer		Lust, Liebe, Visionen.
Distel	Mars	Feuer	Thor, Miner-va	Kraft, Schutz, Heilung, Austreibung, Auflösung von Verhexung.
Drachen-blut:	Mars	Feuer		Liebe, Schutz, Austreibung, Sexualität.
Engelwurz:	Sonne	Feuer	Venus	Austreibung, Schutz, Heilung, Visionen, Fluchauflösung, Aufhebung von Verhexungen.
Espe:	Merkur	Luft		Rhetorik, Schutz vor Diebstahl.
Eukalyptus	Mond	Wasser		Heilung, Schutz.
Fenchel:	Merkur	Feuer	Prometheus	Schutz, Heilung, Reinigung.
Flieder:	Venus	Wasser		Austreibung, Schutz.
Frauenman-tel:	Venus	Wasser		Liebe, Fruchtbarkeit, Menstruationsprobleme.
Gänse-blümchen:	Venus	Wasser	Freya, Thor	Lust und Liebe, Glück.
Geißblatt:	Jupiter	Erde		Geldrituale, übersinnliche Kräfte, Schutz.
Geranie:	Venus	Wasser		Fruchtbarkeit, Gesundheit, Liebe, Schutz.
Kamille:	Sonne	Wasser		Fluchauflösung und gegen Verhexung. Geldritu-al, Schlafförderung, Liebe, Reinigung, Glück.
Lavendel:	Merkur	Luft		Liebe, Schutz, Schlaf, Gesundheit, Reinigung, Frieden.
Löwenzahn:	Jupiter	Luft	Hekate	Wahrsagung, Geisterbeschwörung.
Lorbeer:	Sonne	Feuer	Apollo, Eros	Schutz, übersinnliche Kräfte, Heilung, Reini-gung, Kraft.
Lotos:	Mond	Wasser		Schutz, Öffnen von Türen. Nehmen Sie eine Lotosblume in die Hand und sprechen Sie vor verschlossener Tür: *„Sign Arggis“*.
Marien-distel:	Mars	Feuer		Wenn ein Mann diese Pflanze um den Hals trägt, werden sich Schlangen gegenseitig angreifen.
Meerrettich:	Mars	Feuer		Reinigung, Austreibung. Die Meerrettichwurzel sollte gemahlen oder getrocknet in alle Ecken des Hauses und auf die Treppenstufen und Türschwellen gestreut werden.

Melisse:	Mond	Wasser		Liebe, Heilung, Erfolg.
Pfefferbaum:	Mars	Feuer		Reinigung, Heilung, Schutz. Die Zweige der Pflanze werden von den mexikanischen Spiritualisten in Heilungsritualen verwendet, indem sie den Patienten mit den Zweigen abbürsten. Anschließend werden die Zweige vergraben. Auch Reinigungsbäder werden damit durchgeführt.
Pfeffer-minze:	Merkur	Feuer	Pluto	Reinigung, Schlaf, Liebe, Heilung, übersinnliche Kräfte.
Pistazie:	Merkur	Luft		Auflösung von Liebesmagie. Die Pistazien werden Zombies und Untoten gegeben, um sie aus der Trance zu erlösen.
Rosen:	Venus	Wasser	Hathor, Isis, Eros, Adonis, Amor, Aurora.	Liebeszauber, übersinnliche Fähigkeiten, Heilung, Glück, Schutz. Stress lässt sich durch Rosenblätter mildern. Rosen im Garten ziehen Feen und Elfen an.
Rosmarin:	Sonne	Feuer		Schutz, Liebe, Intellekt, Austreibung, Reinigung, Heilung, Schlaf, Jugend. Die Nadeln werden mit Wacholderbeeren im Krankenzimmer verbrannt, damit eine schnellere Genesung eintritt. Auf Räucherkohlen wird Rosmarin von Elfen angezogen.
Salbei-strauch:	Venus	Erde		Reinigung, Austreibung, Heilung. Bei den Indianern wird die Pflanze verbrannt. Baden Sie mit der Pflanze, um sich vor Negativität zu schützen und zu reinigen.
Tausend-güldenkraut:	Sonne	Feuer		Vertreibung von Schlangen.
Thymian:	Venus	Wasser		Gesundheit, Heilung, Schlaf, übersinnliche Kräfte, Liebe, Energie, Reinigung. Diese Pflanze wird verbrannt. Die Probleme und Erkrankungen aus der Vergangenheit werden durch ein Reinigungsbad aufgelöst. Beim Tragen ist man in der Lage, Elfen zu sehen.
Ulme:	Saturn	Wasser	Odin	Liebe. Zieht Elfen an. Schützt vor Blitz.
Veilchen:	Venus	Wasser	Venus	Schutz vor bösen Geistern, Glück, Liebe, Eros, Frieden, Heilung, Geld. Auf dem Kopf getragen verhindern Veilchen Kopfschmerzen und Schwindel.
Wacholder:	Sonne	Feuer		Schutz (vor Diebstahl), Liebe, Austreibung, Gesundheit, Vertreibung von Schlangen. Nur 4-6 Wochen lang benutzen. Räucherung. An der Tür aufgehängt schützt es vor dunklen Mächten und Personen. Schutz vor Unfällen, Krankheit und Angriffen wilder Tiere. Das Verbrennen der Pflanze verhilft zu übersinnlichen Fähigkeiten und dient zur Fluchauflösung.
Wegerich:	Venus	Erde		Heilung, Kraft, Schutz, Abwehr von Schlangen.
Weihrauch:	Sonne	Feuer	Ra	Schutz, Austreibung, Spiritualität.

Mittelalterliches Hexen-Ritual

Man gehe in eine katholische Kirche und ritze sich die rechte Hand auf, bis das Blut kommt. Diese Hand lege man in das Weihwasserbecken und schwöre mit der linken Hand:

„Ich schwöre bei Gott, dem Allmächtigen, dass Frau oder Herr ... eine Hexe (ein Hexer) ist. Ich bitte dich, gütiger Vater, befreie mich von diesem Übel! Verfluche sie/ihn für alle Zeit, bis dass der Tod über sie/ihn komme.
Im Namen des Vaters, des Sohnes und des Heiligen Geistes. Amen."

Anschließend das „Vater-Unser" dreimal beten und eine Kerze in der Kirche anbrennen. Brennt sie bis hinunter, stirbt er/sie. Geht sie vorher aus, bleibt er/sie leben.
Dasselbe Ritual kann man auch bei Tod, Krankheit oder Partnertrennung etc. durchführen.

Die Menschen versuchten früher die Toten durch Bitten, Schläge etc. zum Leben zu erwecken. Sie versorgten den Toten mit Essen und Trinken. Nach der Überlieferung der ukrainischen Dämonologie, die uralt ist, zeichnet man mit der rußenden Kerzenflamme ein Kreuz auf die Decke eines Zimmers, da dieses Kreuz das Haus vor bösen Geistern schützt. Das Kreuz muss sechs Wochen lang auf der Decke bleiben.
Am Gründonnerstag feiern die Toten in der Ukraine die „Ostern der Toten". Die Toten veranstalten an diesem Tag einen Gottesdienst und bereuen ihre Sünden. Wenn sie einen Menschen treffen, können sie ihn an diesem Tag erwürgen. In jener Nacht, um Mitternacht, kommen die Toten aus den Gräbern heraus und gehen in die Kirche, die sie umzingeln. Ein verstorbener Geistlicher erscheint dann und liest Gebete. Danach legen sich die Toten wieder in ihre Gräber. Oft sind die Toten unsichtbar. Damit der Tote etwas zum Essen bekommt, legt man Speisen zurück. Um sich vor den Toten zu schützen, bestreut man den Fußboden nach ukrainischem Brauch mit Ruß, um festzustellen, ob die Toten zu Besuch da waren. In manchen ukrainischen Dörfern legt man einen Stein auf die Brust des Toten (Seele). Manche Toten werden mit dem Gesicht nach unten in den Sarg gelegt, damit sie nicht aufstehen können. Man befürchtet, dass die Toten den Menschen das Blut aussaugen können, besonders die toten Hexen. In einer Erzählung heißt es, dass ein Toter zwei Eimer Wodka trinken und acht Eimer Nahrung essen kann.
Der Teufel kann die Trauer der Witwen ausnutzen und erscheint in der Gestalt der verstorbenen Ehemänner, um die Witwen umzubringen. Außerdem sind Tote strenge Darlehensgeber. Sie können ihre Schuldner 30 Jahre lang tyrannisieren, bis sie das Geld bekommen. So kann man daran erkennen, dass Tote wirklich existieren und Wünsche haben wie zu Lebzeiten.

Nixen: Nixen sind jene ertrunkenen Mädchen, die an Pfingsten gestorben sind. Anschließend werden die Nixen zu den Frauen der Wassermänner. Nixen wohnen am Ufer der Flüsse. Nachts, bei Vollmond erscheinen die Nixen und singen wunderschöne Lieder. Sie locken die Menschen mit ihren Liedern ans Wasser und kitzeln sie bis in den Tod. Die Nixen sitzen manchmal am Ufer, kämmen sich die Haare und tanzen. Zu den Nixenkindern gehören totgeborene und ungetaufte Kinder. Die ungetauften Kinder verwandeln sich nach dem Volksglauben sieben Jahre nach ihrem Tode in Nixen. Die Obernixe führt die anderen auf eine Insel, in die Sümpfe und in die Wälder. Nixen haben meist einen bläulichen oder dunkeln Körper. Sie kleiden sich oft in Rot und verwandeln sich manchmal in Frösche. Alle diese Nixen wohnen unter Wasser. Die benannten Nixen „heben sich“ empor, die namenlosen bleiben unter Wasser bis zum Jüngsten Gericht. Während sie gemeinsam unter Wasser wohnen, werden die Namenlosen von den anderen gemobbt: „Ihre Väter sind verdammt, ihre Mütter sind verdammt! Ihre Eltern haben sie geboren und nicht genannt!“

Teufel: In der Ukraine darf man keine Teufelsnamen aussprechen, ohne sich vorher zu entschuldigen. Aus diesem Grund hat man dafür andere Namen gewählt: Satan, Bes, Toi, Izwira, Zmia, Dämon, Verdammter, Böser usw.
In den Erzählungen werden von ihren Müttern umgebrachte Kinder in Teufel verwandelt. Der Teufel zeigt sich manchmal in Gestalt des Wirbelwindes. Einmal wurde ein Kind vom Wirbelwind gegriffen und wieder auf den Boden gestellt. Einige Tage später starb das Kind. Somit bekam der Teufel die Seele des Kindes. 1743 wurde ein Kind des Teufels geboren. Teufel vermehren sich wie Menschen. Sie haben furchtbare Angst vor Donner, dann springen und piepsen sie. Der Teufel trägt zwei Hörner und hat haarige Ziegenbeine und einen Schwanz. Seine Finger sind krumm. Er kann sich in viele Gestalten verwandeln.
Um die ukrainische Dämonologie besser verstehen zu können, sollten wir uns die Mythologie ansehen:
„Der Teufel existierte schon vor der Schöpfung der Welt, als das allgemeine Chaos herrschte und Gott sich über dem Ozean befand. Gott sah den Teufel, interessierte sich für ihn und nahm ihn mit. Gott schöpfte (erschuf) die Welt zusammen mit dem Teufel. Bald aber langweilte sich der Teufel und wollte einen Freund haben. Gott riet ihm, seinen Finger ins Wasser einzutauchen und hinter sich abzuschütteln – auf diese Weise würde er für sich einen Freund bekommen. Aber der Teufel tauchte die ganze Hand statt eines Fingers ein und fing an, sie zu schütteln – so entstanden viele Teufel. Aber dann langweilte er sich wieder und zwang die anderen Teufel zur Rebellion gegen Gott. Zur Strafe dafür warf Gott alle Teufel vom Himmel herunter. Die Teufel flogen 40 Tage und Nächte bis zur Erde.“ Und somit entstand der Wassergeist, der Feldgeist, der Waldgeist, der Sumpfgeist etc., alle diese bösen Geister nahmen ihren Anfang beim Teufel.

Waldgeist: Der Waldgeist wohnt im Wald. Er ist der wilde Mensch. Er hütet die Tiere im Wald. Waldgeister können sich wie Menschen vermehren und wirtschaften; sie geben ihren Kindern Menschennamen. Waldgeister können sich in Tier- oder Menschengestalt verwandeln. Sie locken die Menschen und erwürgen sie. Der Waldgeist überfällt Frauen im Wald und lebt mit ihnen, als ob sie ihre Ehefrauen wären. Manchmal klaut er neugeborene oder verfluchte Kinder. Man sieht ihn am sechsten Juli, wenn er auf dem Baum sitzt, schreit und laut lacht.

Wassergeist (Nix): Der Nix kann sich in verschiedenen Gestalten zeigen und den Menschen Schaden zufügen. Er kann den Fischern die Fische in die Netze treiben. Auch kann er den Fluss vergiften.
Ertrunkene Frauen werden von Wassergeistern geheiratet und haben Kinder mit ihnen.

Waldgöttinnen: Des Teufels böse Bräute sind die Waldgöttinnen. Sie haben kalte Herzen, sind klein und hässlich. Sie tragen ihre Haare lang und wirr. Ihre Brüste hängen schlaff herunter, die sie bis auf die Schultern werfen. Sie wohnen in Höhlen.

Hexen: Hexen bekommen ihre sakramentale Kraft der Hexerei von den bösen Geistern und dem Teufel. Dafür müssen sie ihre Seele abgeben.
Hexen können sich in viele Gestalten verwandeln. Sie fliegen in der Nacht und herrschen über die Natur. Nach dem Tod der Hexen stehlen sie die Kinder der Menschen, um ihnen das Blut auszusaugen, sie zu töten und zu essen.
Sie erhalten ihr Talent des Zauberns von den bösen Geistern.

Inquisition

Die großen europäischen Hexenverfolgungen des 16. und 17. Jahrhunderts wurden u. a. in Trier und Lothringen durchgeführt. Die intensivsten Hexenverfolgungen fanden zwischen 1570 und 1630 statt. In dieser Zeit waren es ungefähr 2000 bis 3000 Hexen und Zauberer, die hingerichtet wurden. Nicolas Rémy beschreibt in seinem Werk „Daemonolatreia oder Teufelsdienst“, wie der verdächtigen Person wegen ihrer zauberischen Praktiken die Ermittlungen des „Malefizprozesses“ eingeleitet wurden. Die unter Verdacht stehende Person wurde in einem sicheren Gefängnis befragt und den Zeugen gegenübergestellt. Die Befragung fand auf zwei Arten statt: Die „gütliche“ oder „peinliche“ Befragung. Eine gütliche Befragung wurde durch ein intensives Verhör vollzogen. Die peinliche Befragung wurde durch den Scharfrichter mit Folter und Tortur durchgeführt womit sie zum Geständnis gezwungen wurde.
Nicolas Rémy wurde am 24.08.1591 durch Herzog Charles III. mit über 60 Jahren zum höchsten Richter im Herzogtum Lothringen ernannt. Er wurde vom Herzog aufgefordert, Hexen und Zauberer zu suchen. Im dritten Kapitel des Buches „Daemonolatreia oder Teufelsdienst“ erklärt Nicolas Rémy, wie die Hexen ihre

Hände und ihren Körper mit einer Zaubersalbe beschmieren, ohne Schaden zu erleiden, wobei andere Menschen davon sterben. Er sagt, dies sei eine besonders hinterhältige Weise zu zaubern, wenn sie ihre Hände mit Gift beschmieren, und das Gift an die Kleider anderer Leute streichen, so als ob sie ihnen schmeicheln wollten.
Darüber hinaus behauptet er, dass die Zauberer die toten Körper der Menschen zu ihrer Zauberei benutzen, bei denen eine Fehlgeburt und ein ehrloser Tod stattgefunden hat. Die Zauberer würden nicht nur Stücke vom Körper, sondern auch Ketten, Stricke etc. vom Toten am Galgen nehmen. Somit würden sie auch die Totgeburt der Frauen gebrauchen, um ihnen die Haut abzuziehen und Pergament daraus zu machen. Andere Zauberer wiederum würden ihre Opfer kochen, verbrennen sie zu Pulver und machen einen Teig oder Trank daraus. Diejenigen, die daraus tranken, der starben mit Sicherheit.

Mystische Rätsel

Zombie-Pulver
Das Zombie-Pulver wird von Voodoo-Priestern hergestellt, das aus pflanzlichen und tierischen Stoffen wie Kröten- und Kugelfischextrakten besteht. Diese Stoffe führen zu Halluzinationen und Lähmungen, sodass das Opfer in einen todesähnlichen Zustand verfällt.

Ektoplasma
Die äußere Protoplasmaschicht des Zellkörpers wird in der Biologie als Ektoplasma bezeichnet. In der Parapsychologie ist es der grau-weiße Stoff, der als Ektoplasma (meist auf Fotos) erscheint. Wissenschaftler halten diese Substanz für eine Manipulation mit dem Gazestoff.

Bermuda-Dreieck
Folgende Theorien existieren:

1. Unbekannte chemische Gase mit starker Strahlung, die Schiffe und Flugzeuge zerstören; lösen bei Menschen Trancezustände aus.
2. Über dem Bermuda-Dreieck befindet sich im Himmel ein „Loch“, das alles ins Weltall reißt.
3. Es könnten menschenähnliche Wesen unter Wasser leben, die für solche Vorfälle verantwortlich sind.
4. Außerirdische saugen in diesem Raum Wasser ab, sodass ein Strudel entsteht.
5. Objekte und Menschen werden von den Außerirdischen zu Studienzwecken entführt.
6. Auswirkungen des Philadelphia-Experiments sind dafür verantwortlich.
7. Veränderungen der physikalischen Kräfte haben hier stattgefunden. Somit ist ein Zeit-Raum-Sprung entstanden, wobei die verschwundenen Objekte in die Zukunft, Vergangenheit oder an einen anderen Ort getrieben worden sind.

8. Atlantis liegt unter dem Gebiet. Während der Sintflut ist Atlantis untergegangen.
9. Außerirdische haben unter der Wasseroberfläche in 910 m Tiefe einen Posten errichtet, wobei sie starke Magnetantriebe verwenden, die Materie entmaterialisieren.

Zeitsprünge
Der englische Schriftsteller Ivan. T. Sanderson (1911-1973) hat in seiner parawissenschaftlichen Untersuchung zwölf Gegenden auf der Welt entdeckt, in denen von Zeitsprüngen die Rede ist, wobei die Menschen dort spurlos verschwinden. Das Gebiet der Tuareg in der Sahara ist eine dieser Zonen. Forschern ist bekannt, dass hier Kompass-Störungen auftreten, da erdmagnetische Disharmonien gefunden wurden. Sandersons Theorie lautet: Menschen treten hier in andere Dimensionen und verschwinden. Dieses Phänomen nennt man „Schwarzes Loch", was mit der Astronomie nichts zu tun hat. Wissenschaftler nennen diese Zeit „vierdimensionale Raum-Zeit". Sie gehen davon aus, dass sich die Zeit vor- und rückwärts bewegen kann.

Katzen mit Flügeln
1975 wurden in Manchester geflügelte Katzen gesehen. Der Grund dafür ist eine genetisch bedingte Erbkrankheit, die im Fachjargon „Feline Kutanasthenie" (FCA) heißt.

Froschregen
Ein mysteriöses Phänomen der Natur ist der Froschregen, wobei Frösche grundlos vom Himmel auf die Erde fallen. Ebenso gibt es Berichten zufolge Quallen, Regenwürmer, Heuschrecken, Schnecken, Salamander, Schlangen und Eidechsen, die bei einem Regen vom Himmel herunterfallen.

Das Gedanken- und Gedächtniskontrollprogramm der CIA „MK-Ultra"

Die Code-Bezeichnung für das Gedanken- und Gedächtniskontrollprogramm der CIA lautete: „MK-Ultra". Und wurde 1953 unter dem CIA-Direktor Allan Dulles begonnen. Mit diesem Programm wurde die Perfektionierung eines Wahrheitsserums für die Sowjetspionage des Kalten Krieges verfolgt. Im Grunde handelte es sich um ein während des Zweiten Weltkriegs verfolgtes Programm der Hypnose und Drogenerforschung. Die Fälle der kriminellen Forschung und Missbrauch ahnungsloser Menschen, angeblich im Namen der Wissenschaft, ist der der Querschnitt der kriminellen Aktivitäten von amerikanischen Geheimdiensten und Militär.

Das Protokoll eines tödlichen Experiments
Der gesunde Tennislehrer Harold Blauer litt nach seiner Scheidung unter Depressionen, zu der er das „New York State Psychiatric Institute" aufgesucht hatte. Er starb 1953, nachdem man ihm die Droge Meskalin verabreicht hatte. Seine Ex-

Frau erstattete nach seinem Tode Anzeige. Während des Prozesses vertuschten die Behörden die wahre Todesursache. Im Folgenden ist die Beschreibung des Protokolls, bei dem der Verlauf der tödlichen Infusion, die zu einem Herzversagen führte, ersichtlich ist:

09:53 Uhr: Injektion beginnt, ruhelose Bewegungen, Verweigerung der Injektion.
10:01 Uhr: Patient muss von der Schwester festgehalten werden, Versteifung des Körpers, Schaum vor dem Mund, rollende Augen.
10:05 Uhr: Erweiterte Pupillen, keine Reaktion auf Licht.
10:09 Uhr: Errötetes Gesicht, starkes Schwitzen.
11:05 Uhr: Verwirrtes Reden.
11:17 Uhr: Redet nicht mehr, fällt ins Koma.

Das Experiment endet um 12:15 Uhr mit Blauers Tod.

Meistens handelte es sich um unfreiwillige Versuchspersonen. Weiteren Tausenden Probanden gab man LSD, bei denen es zu Halluzinationen, Gedächtnisverlust und schweren Persönlichkeitsveränderungen kam. Die schwersten neurologischen Störungen wurden seitens des Obersten US-Bundesgerichts 1987 abgewiesen. 1972 kam es zu einer Reihe von illegalen Aktenvernichtungen. Ein Teil der Dokumente wurde an die Öffentlichkeit gebracht. Während der Amtszeit von US-Präsident Ford (1974-1977) wurde MK-Ultra stark eingesetzt.

Bei dem Opfer Frank Olsen handelte es sich um LSD-Verabreichung, die zu sofortiger Paranoia führte. Einige Tage später beging er angeblich Selbstmord mit einem Sprung durch ein geschlossenes Fensters aus dem Hotelzimmer. Präsident Ford entschuldigte sich und gewährte der Familie einen Schadenersatz von 750.000 $. Doch Olsens Sohn gelangte in den Besitz der Dokumente, aus denen hervorging, dass sein Vater ermordet wurde. Nach der Obduktion stellte sich heraus, dass es Mord war, indem man Olsen mit einem heftigen Schlag auf den Kopf etc. getötet hatte.

Auch der Leiter von Projekt MK-Ultra, Stanley Gottlieb, war für die Entwicklung von Giften zuständig, um politische Gegner und Spionageverdächtige auszulöschen, und um Robot-Mörder zu erschaffen. Gottlieb benutzte die Dienste der Nazi-Wissenschaftler, die teilweise an KZ-Häftlingen erprobt worden waren. Hierbei handelte es sich um absolute Profis und Programmierer in der Kunst der Einflussnahme und der Kontrolle des menschlichen Verstandes. In den meisten Fällen kommt es zu einer Persönlichkeitsspaltung oder zu einer Identitätsstörung. Während der Amtszeit Richard Nixons (1969-1974) wurden CIA-Operationen gegen Kriegsgegner usw. durchgeführt.

Unter der Leitung von Dr. Charles Savage wurde das Programm in den Jahren 1947 bis 1963 die Gehirnwäsche mit folgenden Zielen durchgeführt (Project Bluebird):

1. Die Widerstandskraft von Personen gegenüber den Verhörmethoden gegnerischer Nachrichtendienste zu erhöhen.

2. Die Kontrolle über den Vernommenen.
3. Die Entwicklung von wirksamen Methoden zur Verbesserung des Erinnerungsvermögens.

1932 begann die Syphilis-Studie an 200 Schwarzen, denen die Erkrankung verschwiegen wurde. Diesen Probanden wurde die medizinische Behandlung vorenthalten, um den Krankheitsverlauf besser studieren zu können. Daraufhin starben alle 200 Patienten an der Syphilis.
Die Durchführung von Gehirnwäscheexperimenten ist nicht erlaubt und unethisch.
1940 wurden 400 Strafgefangene mit Malaria infiziert, um die Wirkung neuer Medikamente zu testen.

1. 1956 setzte das US-Militär mit Gelbfieber infizierte Moskitos über Georgia und Florida aus, um Erkenntnisse über die gesundheitliche Auswirkung auf den Menschen zu gewinnen.
2. Häftlinge im Staatsgefängnis von Pennsylvania wurden mit dem hochgiftigen Dioxin „Agent Orange" infiziert.
3. 1969 wurden tausende von Schafen durch die Freisetzung eines Nervengases getötet.
4. 1976 wurden die US-Bürger vor einer frühen Schweinegrippe-Epidemie gewarnt und dazu gedrängt, sich vorsorglich impfen zu lassen. Millionen von Amerikanern folgten der Empfehlung, viele von ihnen erkrankten schwer, indem sie eine tödliche Nervenkrankheit bekamen. Andere starben an Atemversagen nach schwerer Paralysis.
5. 1990 wurden in Los Angeles mehr als 1500 Babys von Schwarzen und Mexikanern im Alter von 6 Monaten eine experimentelle Windpockenimpfung verabreicht, wobei die Eltern über die Gesundheitsschäden nicht informiert wurden.
6. Vor der Entsendung in die Kampfzone des Persischen Golfes wurde alle US-Truppen (1990-1991) mit experimentellen Anthrax- und Botulinus-Impfstoffen behandelt. Mehr als 30 % der Geimpften starben an der Impfung, was als „Golfkriegs-Syndrom" bekannt war.
7. Die im Krieg eingesetzten Nerven- und Senfgase, Psychopharmaka und andere Drogen töteten Tausende von Menschen.

Okkultismus und Beeinflussung

Satanisten, Geheimdienste und Militärs arbeiten zusammen, um Menschenversuche durchzuführen. Dies gehört zu einem CIA-Project.
Ziel dieses Projektes war die Spaltung der Persönlichkeit durch traumatische Rituale, um der neuen abgespaltenen einen Auftrag zu geben.
Bereits im Kindesalter werden die Opfer manipuliert. Der Auftrag ist der Zielperson unbekannt, da er erst ausgeführt wird, wenn durch einen Code eine Aktivierung erfolgt. Attentäter oder Saboteure können mit dieser Methode ausgebildet

werden. Im folgenden Aufsatz aus dem Jahre 1996 haben Forscher zusammengestellt, was Satanisten ab dem Jahr 1960 im Auftrag der CIA veranstaltet haben:
Die Opfer mussten unter Furcht einflößenden Ritualen, Schmerzzufügung, sexuellem Missbrauch und Drogen sechs Stadien durchlaufen:

1. Alpha-Stufe: Steigernde körperliche Belastung. Am Ende der Stufe kommt es zu einer Persönlichkeitsspaltung.
2. Beta-Stufe: Alle erlernten moralischen Grundsätze werden in der abgespaltenen Persönlichkeit aussortiert und die primitiven Triebe enthemmt.
3. Delta-Stufe: In dieser Stufe wird die Aggression entwickelt. Angstgefühle werden ausgelöscht und der Auftrag wird programmiert.
4. Theta-Stufe: Satanistische Stufe, in der okkulte und psychotronische Fähigkeiten ausgebildet werden.
5. Omega-Stufe: Es wird ein Selbstmordbefehl programmiert, der sich automatisch aktiviert, wenn die Person beim Verhör oder einer Therapie zu viel Erinnerungsvermögen aufbringt.
6. Gamma-Stufe: In dieser Stufe werden satano-dämonische Rituale durchgeführt.

Dies ist die Entwicklung der Gehirnwäsche. Unter dem Einfluss elektromagnetischer Wellen wurden die Nervensysteme und das Gehirn zerstört. Es kam zu Schädigung des Erbguts, Veränderung des Immunsystems und des Stoffwechsels. Protest galt als Geisteskrankheit.

Naturgeister

Nach Proklus sind die Dämonen des Feuers, der Erde, der Luft und des Wassers Wesen von „ätherischer, halbkörperlicher Struktur … zwischen Göttern und Menschen wirkende und vermittelnde Kräfte“. Sie seien die Seelen der Elemente, Mineralien und der Pflanzen.
Erdgeister halten sich in Gläsern, Spiegeln oder Kristallen auf.
Nach Spiesberger sind besonders die „unterirdischen Geister“ gefährlich, die im Innern der Berge, Höhlen und Bergwerken hausen. Sie jagen diejenigen, die nach Schätzen suchen. Sie dienen den Hexen und bringen krystallo-mantische Phänomene und Zaubereien zustande.
Meist in weiblicher Gestalt erregen die Wassernymphen, Sirenen des Altertums, auf dem Meer Stürme und bringen Schiffe zum Versinken.
Die Luftgeister haben mit dem Gewitter zu tun. Sie verpesten die Luft und führen Seuchen herbei.
Überall findet sich der Glaube an die Elementarwesen. Die Unterteilung folgt in Klassen: *Schedim* werden den Kabbalisten zugeordnet; *Daitytas* den Brahmanen; *Bhutas* und *Devas* den Indern; *Devs* den Persern; *Afriten* den Ägyptern und *Jowahus* den Afrikanern.

In Indien werden zusätzlich die „Madan“, die den Elementargeistern angehören, als boshaft, „halb viehisch, halb monströser Gestalt“ beschrieben. Schwarzmagier benutzen sie, um Mensch und Vieh zu schaden.

Der „Verbrechen, Morde, frische Gräber, Schlachthäuser und Hinrichtungsstätte“ liebende Schudala-Madan, halb Feuer-, halb Wassergeist, legt auch gerne mal einen Brand.

Der Porutu-Madan bändigt wilde Tiere. Er kann ebenso Levitationen herbeiführen.

Die Naturgeister brauchen das Prana der Luft, den Duft von Pflanzen und Früchten.

Erdluitle: Die Erdluitle sind gesellig und ca. wie ein siebenjähriges Kind groß. Sie haben eine erdfarbene Haut. Sie tragen grüne, blaue oder graue Kittel, darüber rote oder schwarze Kapuzenmäntel. Ihre Kleidung ist sehr lang, um ihre Entenfüße darunter zu verstecken. Manche von ihnen haben Tierohren. Sie essen gerne Wurzeln, Beeren, Erbsen und Schweinefleisch. Sie leben meist in der Schweiz oder Norditalien.

Red Caps: Sie sind klein, stämmig und sehen alt aus. Red Caps haben langes, graues Haar und tragen rote Kappen. Sie sind ca. vier Fuß groß, tragen schwere Stiefel und einen Stock mit sich. Sie haben glühende Augen und scharfe Fingernägel. Ihre hervorstehenden langen Zähne sind nicht zu übersehen. Sie wohnen nur in Schlössern und Türmen im südlichen Schottland.

Wichtel: Wichtel werden nicht über drei Fuß groß. Sie haben eine starke Körperbehaarung, lange Bärte, lange, dürre Beinchen und tragen altmodische Bauerntrachten oder rote Jacken und Strümpfe.

Zwerge: Zwerge sind klein, sind erdverbunden, leben abgeschieden und es gibt keine Frauen unter ihnen. Sie sind Handwerker, können gut singen und sammeln Schätze.

Lares: Geister der Vorfahren. Ihnen werden bei Familientreffen Opfer gebracht, z. B. Kerzen, in einer Schüssel gereicht Wein, Milch oder Honig.

Aguane: Weiblicher Geist auf den Bergen, Hügeln und Flüssen. Lieblingsfarbe: Rot.

Fee: Geist der Wälder und des Wassers. Sie kann ihre Gestalt in Menschen oder Tiere wandeln.

Faun: Baumgeist. Geist der Wälder.

Folletto: Italienischer Kobold, reist mit dem Wind. Er ist ein ganz Frecher, der mit dem Windzug Frauenröcke lüftet und den Damen Küsse stiehlt.

Linchetto: Nachtelf. Er mag keine Unordnung.

Monaciello: Kleiner Mönch, ist in Rot gekleidet. Er bewohnt und beschützt Weinkeller. Aus diesem Grund ist er wohl häufig betrunken. Er hat Spaß daran, den Menschen die Kleidung zu stehlen.

Aatxe: Baskischer Höhlengeist in der Gestalt eines Stieres, der seine Höhle nur in stürmischen Nächten verlässt.

Abaddon: Furien-Fürst. Dämonisches Wesen, das über das Totenreich herrscht und die Apokalypse ankündigt.

Abellio: Keltischer Apfelgott. Alle Apfelbäume unterstehen ihm.

Abezethibu: Arabischer Windgeist, den König Salomon mit seinem Ring beherrschen konnte.

Acedia: Mittagsgespenst, das Menschen in Lethargie verfallen lässt.

Adatiel: Luftgeist.

Aegier: Nordgermanischer Meeresriese.

Ahti: Finnischer Wassergeist.

Aine: Irische Fee, die zu Wahnsinn verleitet.

Aitvaras: Litauischer Hausgeist und schatzreicher Drache. Wenn er schlecht behandelt wird, setzt er das Haus in Brand. Erscheint den Menschen in Gestalt eines schwarzen Katers oder eines schwarzen Hahns.

Akasha u. Devos: Lichtintelligenzen, Hüter der Elemente und des Ätherreiches.

Alarabi: Baskischer Berggeist. Erscheinung in Menschengestalt mit einem Auge auf der Stirn und einem Bein, dessen Fuß eine runde Sohle hat.

Alk: Armenische böse Geister, die Ungeborenen und Babys Schaden zufügen.

Amasol: Wassergeist, der bei Liebesmagie angerufen wird.

Amue: Gebieter des Wasserelementes. Geist der Naturmagie, der bei der Tinktur-Herstellung angerufen wird.

Amzophul: Gebieter des Feuer-Elementes. Er wird in alten magischen Formeln beschworen, wenn es um Energien geht.

Ankou: Nach bretonischer Überlieferung der personifizierte Tod. Friedhofsgeist, der über dem Friedhof wacht.

Aufhocker: Nacht-Kobold, der dem Wanderer nachts auf die Schulter springt, ihn zu Tode erschreckt, ihm den Atem und Lebensenergie raubt. Er ist wie ein Vampir. Man begegnet ihm oft an Spukorten wie Friedhöfe, Kirchhöfe, Hohlwege, Mord- und Richtstätten. Teilweise können schwere seelische Störungen, Krankheit oder sogar Tod die Folge davon sein.

Ays: Armenischer böser Sturmgeist, der in den Körper des Menschen eindringt, ihn geisteskrank und ihn gar zum Dämon macht. Er besetzt Menschen.

Brunnengeister: Der Brunnen gilt als Einstieg in die Unterwelt. Brunnengeister sind oft in der Gestalt eines Frosches, Krebses, einer Forelle oder

Kröte. Wer in der Heiligen Nacht in den Brunnen schaut, wird von den Nixen oder den Brunnengeistern hinab gezogen.

Gnome: Gnomenfürste sind ca. 2,25 m groß. Sie können rechnen. Im Wald wird die Gnomen-Elfenhochzeit bei Vollmond gefeiert, die alle ca. 2.000 Jahre einmal stattfindet.

Die Gnomen der ersten Klasse kleiden sich in samtartiges Hellrosa. Das Beinkleid ist lilafarben. Sie tragen goldgelbe Schuhe mit silberglänzenden Schnallen. Ihre runde, lichtblaue Mütze besitzt eine Leuchtkraft.

Die zweite Gnomenklasse trägt die braune oder grüne Bekleidung mit der kirschroten Mütze. Die Schuhe sind schwarz mit kupferfarbener Schnalle.

In heißen Ländern tragen sie Hemden. Die Gnomen in einsamen Gebieten kleiden sich mittelalterlich und ritterlich. Sie ahmen stets den Menschen nach, in dessen Land sie leben und kleiden sich dementsprechend.

Bereits im Frühling wird mit der ätherisch-elektrischen Schwingung begonnen, um als unsichtbare Helferkräfte zu dienen.

Das Gnomenreich wird von einem Kaiser regiert. Er hat eine Größe von 160 cm. Das gelockte Haar und der lange Vollbart sind weiß. Er hat lichtblaue Augen.

Seinen rosaroten Rock mit Feldherrnuniform trägt er mit verschiedenen Edelsteinen, die glitzern. Seine funkelnden Edelsteine auf der Krone mit einem goldenen Kreuz strahlen von weitem. Seine Kleider legt er niemals ab.

Die Gnomen besuchen Schulen. Sie haben Lehrer, Pfarrer, Beamte, Ärzte, Forscher, Philosophen und Künstler.

Der Unterricht erfolgt in den Fächern Pflanzen- und Mineralkunde, Chemie, Technik, Magie und Religion.

Gnomen schlafen, essen und trinken nicht. Sie besuchen Kinos, Theater, Konzerte, Kunstausstellungen, Museen, Kirchen sogar bei Nacht.

Sie sind in der Partei politisch aktiv und feiern ihre Feste. Ihr Hauptfest ist in der ersten Februarhälfte. Musik und Tanz gehören dazu.

Gnomenführer: Gob, Mentifil, Andimo, Orova, Erami, Buriel, Salvian, Durin, Achimaei, Gaziel, Fegor, Antologan.

Cabraca: Ein indianischer Erdbebendämon der Maya.

Chagrin: Dämon der Zigeuner, der die Tiere im Schlaf quält.

Charun: Etruskischer Todesdämon der Unterwelt. Wächter und Totenführer am Eingang der Gräber sowie Peiniger der Toten in der Unterwelt. Er hält einen Hammer in der Hand.

Dang: Feuergeist.

„Du hast mich gerufen,
nun wandele die Feuerstufen.
Ja, tanze in die Schatten deiner Nacht,
bis dein Licht in dir erwacht.
Führst du mich nicht,
so führe ich dich hinters Licht.
Ja, so sind die Feuergeister
sind mal lieber und mal dreister."

Devas: Devas stammen aus dem Sanskrit und aus dem Ätherreich. Sie gehören zu den Engeln der Natur und bedeuten Glanz und Schein. Sie leiten das Licht aus dem Kosmos in alle Lebewesen.

Cin: Herrscher der Feuergeister und der Salamander. Arabische Naturgeister der Wüste. Sie wurden aus Allahs Feuer geschaffen. Mischwesen aus Mensch und Dämon. Man beschwört ihn in magischen Ritualen, um sich die dienstbaren Geister untertan zu machen. Dienstbare Geister sind z. B. „Xozeros, Koborue, Byfron, Decaros, Lakohem, Orias, Amzophul, Tapheth, Oriman, Itumo, Orudu, Aphtiph, Coroman, Pyrhum", die man in Beschwörungsrituale einbezieht.

Elementale: Durch Gedankenform erschaffene Wesen.

Far Liath: Irischer Dämon, verbreitet Krankheiten und Seuchen.

Krankheitsdämonen: Geister, die Krankheiten verursachen. Sie sind meistens hässlich, da sie z. B. Saugnäpfe an den Fingern tragen.

Salamander: Elementarwesen des Feuers. Feuergeister. Der Herrscher über die Salamander ist Cin. Manche von ihnen sind so groß wie ein Haus, manche sehr klein; je nach Aufgabe. Sie leiten elektrische Ströme, auch in der Sexualität. Bei jedem Feuer sind sie dabei. Außerdem sind sie gefährlich.
Herrscher der Salamander: Michael (Herrscher über Sonne und Blitz), Samael (Herrscher der Vulkane), Anael (Herr des Astrallichts), Pyrhum, Itumo, Focalor, Lakohem, Caymos, Ouohor, Tapheth und Amtophul.
Der Zauberer nimmt den Zauberstab in die Hand und wendet sich zur Anrufung nach Süden.

Rituale, Anrufungen, Entlassungen

Kessel-Ritual

Der Kessel darf nicht zu heiß sein, damit man ihn halten kann. Im Uhrzeigersinn, angefangen bei der Person im Norden, sprechen alle einen Gruß und ein heiliges Gebet und reichen den Kessel an die nächste Person weiter. Zünden Sie eine Kerze an:

„Ich rufe euch an, ihr Ahnen, vertreibt durch diese Flamme alle Dunkelheit! Möge der Segen Gottes auf uns niederkommen.“
Zeichnen Sie ein Pentagramm über dem Kessel.
„Ich rufe euch in unsere Mitte. Durch die Weite des Universums hört meinen Ruf!“

Anrufung der Elementargeister
„Der Osten, die Sylphen, der Wind, ihr positiven Kräfte, ich rufe euch herbei! Der Süden, das Feuer, der Westen, die Undinen, das Wasser, der Norden, die Gnome, die Wurzeln, der Hain, bringt eure Geschenke, denn ich will es so! Das Zentrum, der Geist, das Leben, die Kraft, ich rufe euch an, auf dass ihr eure Tore öffnet!“

Entlassung
„Der Norden, die Gnome, die Wurzeln, der Hain, lebt wohl, ich schicke euch nach Hause. Der Westen, die Undinen, die Lieben, das Wasser, lebt wohl und kehrt zurück zum Kessel! Der Süden, das Feuer, lebt wohl und werdet niemals müde!
Der Osten, die Sylphen, der Wind, lebt wohl, in Frieden lasse ich euch gehen. Das Zentrum, der Geist, das Leben, die Kraft, ich bitte euch nun, die Tore zu schließen. In vollkommenem Licht seid gegrüßt und lebt wohl!“

Feen-Mythen
1. **Ägypten**: Hathor – Begriff für alle Feen, die der Göttin Hathor dienen und unterirdisch leben.
2. **Bunyip**: Sumpfwesen, die beim Fischfang nur von den Aborogines gesehen werden können.
3. **Bretagne**: Ankou – Personifikation des Todes.
4. **Griechenland**: Dryaden-Baumnymphen, die ihren Baum nicht verlassen können.
5. **Indien**: Apsaras – tanzende Wassernymphen.
6. **Irland**: Banshee – warnt mit einem lauten Schrei vor dem nahenden Tod.
7. **Leprechaun**: Pfeife rauchender, schlecht gelaunter Feenschuster.
8. **Lhiannan-Shee**: Verführerin, die den verfallenen Sterblichen die Lebensenergie raubt.
9. **Puck**: Bösartiger Kobold, der sich in ein wildes Pferd verwandelt.
10. **Island**: Trolle, die unterirdisch leben und Menschen in ihr Reich locken.
11. **Japan**: Chin-Chin Kobakama – Hausgeister, die die Unordentlichen quälen.
12. **Jugoslawien**: Hamadryadniks – Menschenfeindliche Baumgeister.
13. **Mexiko**: Jimaninos – kommen am Tag der Toten.
14. **Niederlande**: Alven – Wassergeister.
15. **Russland**: Domovoi – Hausgeister, die vor Feuer im Haus und Todesfällen in der Familie warnen.

16. **Schottland**: Pixies – Feen mit Blättergewand und Pilzmütze.
17. **Schweden**: Hyldermoder – Weissagerin des Schicksals an der Wiege eines Neugeborenen.

Feen-Anrufung

Dreimal:

„In der nebligen Mondnacht suche ich dich in den Sternen.
Bitte, liebes Feenlicht!
Kommt zu mir zwischen den Zweigen, den Dornen und dem alten Lindenbaum,
Ihr Gestalten, die die Schatten stricken,
Ihr Nachtwächter!
Bleibt nicht Sklaven des Jenseits!
Ich rufe euch, ihr Feen-Seelen!
Mit dem scharfen und schneidenden Wind,
Leuchten eure magischen Spirale,
Die aus dem Himmel erwachen,
Umarmt mich mit euren Elfen-Armen!
Und bleibt mit mir, ich bin euer Menschenkind."

Dämonen-Lexikon

Achchazu: Fieber- und Pestdämon.

Adze: Vampirgeist, kann von Menschen Besitz ergreifen.

Afanc: Wasserdämon. Lauerte im See, um schwimmende Menschen in die Tiefe zu reißen. Seine Liebe zu einem Mädchen wurde ihm zum Verhängnis. Er wurde gefangen.

Drujs: Iranische Erz-Dämonin. Erz-Dämonin der Lüge.

Domovoy: Russischer Poltergeist.

Furien: Dämonische Wesen des römischen Volksglaubens, die Verbrecher verfolgen und sie in den Wahnsinn treiben.

Hu-Li: Fuchs-Dämonin aus der chinesischen Mythologie, die sich manchmal in eine verführerische Frau verwandelt und die Männer zu Übeltaten veranlasst. Überträger von Geschlechtskrankheiten.

Incubi: Männliche Nachtmahre, die sich Schläfern auf die Brust setzen und Alpträume verursachen. Mit ihrem Sperma zeugen sie dämonische Bastarde.

Jeretik: Russische Mythologie. Sie entstehen aus Menschen, die dem Teufel ihre Seele verkaufen. Sie treten in zerlumpter Gestalt auf und verbreiten Seuchen. Sie hausen in menschlichen Gräbern. Wer ihm begegnet, stirbt eines qualvollen Todes.

Jestan: Hauptdämon der Mythologie der Hindukusch-Stämme. Verursacher von Krankheiten, Hungersnöten und Kriegen. Erscheint oft in Hundegestalt.

Labartu: Fieber- und Pestdämon.

Lan-An-Schie: Sie ist die Muse der Dichter und wer von ihr inspiriert wird, lebt ein ekstatisches, aber kurzes Leben. Sie fördert zwar Künste, aber dafür saugt sei ihre Opfer aus.

Larvae: Ruhelose Geistwesen, die Tote und Lebende quälen. Sie entstehen aus den Seelen in Sünde Gestorbener. Sie treiben Menschen in die Besessenheit und den Selbstmord.

Lidérc: Succubus und Incubus, gleichzeitig Mensch und Tier. Tötet seine Opfer durch Sex bis zur Erschöpfung. (Ungarn)

Disachas: Sie saugen am liebsten schlafende Frauen aus und fressen sie dann. (Indien)

Asambosam: Saugt das Blut aus dem Daumen der Schlafenden. Seine Hände sind zu Haken deformiert, er hat Zähne aus Eisen. (Ghana)

Aswang: Fliegende Vampirin. Sie ist am Tage eine schöne Frau. Zum Saugen nutzt sie ihre röhrenartige Zunge. Ist sie gesättigt, scheint sie schwanger. (Philippinen)

Baital: Sind zu gleichen Teilen Fledermaus und Mensch. (Indien)

Brahmaparush Trinkt das Blut aus dem Schädel und windet sich aus den Därmen einen Turban. (Indien, Nepal)

Duls: Rote Blutsaugerin. Eine schöne Frau, die Männer in das Verderben lockt. Bereits bei den Kelten bekannt. (Irland)

Dunkle Schwestern: Weibliche Coven, dessen Oberin lange Zeit als Einzige um das Geheimnis der Verwandlung weiterer Vampire wusste.

Ekimmu: Die ruhelose Seele eines Verstorbenen zieht umher, reißt ihre Opfer in Stücke und stärkt sich an deren Blut. (Assyrien, Mesopotamien)

Eretica: Zu dieser Vampirin wird eine Frau, die ihre Seele dem Teufel verkauft hat. Ein Blick von ihr kann das Opfer mit Krankheit, Siechtum, Pest und langsamen Tode schlagen. Sie ist besonders im Frühling und Herbst aktiv. (Russland)

Hirnsauger: Diese vampirartigen Meeresbewohner leben in einer andern Dimension und ernähren sich von Gehirnen.

Krebsvampire: Vampire werden für Seuchen verantwortlich gemacht. Auch die Krebserkrankung wird von Krebsvampiren besiedelt.

Lobishomen: In Gestalt einer Schlange nährt er sich an der Mutterbrust. Die angegriffene Mutter zeigt anschließend nymphomanische Begierden. (Brasilien)

Mandurugo: Die Vampirin ist am Tage eine normale Frau und sucht sich nachts ihre Beute: frisch verheiratete junge Männer. (Philippinen)

Chinesische Dämonen

Zu jenen Toten, die kein richtiges Begräbnis erhalten haben, gehören Ertrunkene und Hingerichtete. Oft fehlt ihnen das Kinn, und sie haben eine abschreckende und grauenhafte Gestalt. Die volkstümliche Dämonologie kennt noch eine Vielzahl böser Dämonen. Es sind körperlose Wesen, die ruhelos, ohne festen Aufenthalt umherirren, die die Fähigkeit haben, jede Gestalt anzunehmen. Gefährlich werden sie den Menschen dadurch, dass sie Krankheiten, böse Träume oder Spuk hervorrufen. Ihre Aufenthaltsorte sind Berge, Wälder, und Grabstätten, wo sie besonders nachts aktiv sind. Die Dämonen gelten als furchtsam und dumm. Das Hauptmittel ihrer Vertreibung ist der Lärm.

Folgende Dämonen werden unterteilt in:

1. *Yiu Guang*: Acht Koboldbrüder, die den europäischen Irrlichtern ähneln.
2. *Wang Li*: Echogeister; sie ahmen menschliche Stimmen nach und erschrecken Reisende.
3. *Wang Xiang*: Sie ernähren sich von Leichen.
4. *Yü Kuang*: Kopflose Dämonen.
5. *Shan Jing*: Bergdämonen.
6. *Wie Tuo*: Sumpfdämonen.
7. *Ba*: Ein weiblicher Dämon, der Dürre verursacht.
8. *Wen Shen*: Seuchendämonen.
9. *Li*: Die Seelen der früh Verstorbenen.
10. *Fuchsdämonin* in Gestalt eines Menschen und umgekehrt.

Dämonologie

1. Meist sind es nicht-menschliche Wesen in Menschenkörpern inkarniert.
2. Nirvana.
3. Dämonen werden zu den Elementen eingeteilt: Feuer, Erde, Wind, Wasser, kosmisch und astral.
4. Die Feuerdämonen sind unterteilt in: Flammendämonen, Kriegerdämonen und Geister.
5. Die Erddämonen sind aufgesplittert in: Einsiedlerdämonen, Baumdämonen, Walddämonen und Tierdämonen.
6. Die Winddämonen bestehen aus Sturmdämonen und Banshees, Feen und Kobolden.
7. Wasserdämonen beinhalten schwarze Wasserdämonen und Ertrinkungsdämonen.
8. Am gefährlichsten und bösartigsten sind die kosmischen und astralen Dämonen. Sie bilden die Legionen der Hölle. Zu ihnen gehören die Besessenen und die Dämonenherrscher.

9. Kosmische Dämonen sind unterteilt in Schatten und „Versucher". Sie sind Wesenheiten von negativer Energie. „Versucher" sind sehr alte Dämonen und ernähren sich von der negativen Energie eines Menschen. Sie umklammern die Seele, bis diese gewaltsam entfernt wird.
10. In der Vampirologie gibt es den „Flüsterer", eine Art Vampir. Energievampire, die in pranische, empathische, elementare und tantrische Elemente aufgegliedert werden.
11. Metaphysische Störungen im Haus clearen. Hochfrequenz-Belastung. Mentale Abschirmung. Goldenes Filter-Energie-System (bei Spuk- und Jenseitskontakten).
12. Schattenleute (Männer und Frauen). Größe variiert von 1,20-2,40 m. Sie können in verschiedener Transparenz gesehen werden. Sie variieren in verschiedenen Dunkeltönen, werden als feste schwarze Formen gesehen und sind nicht vollständig durchsichtig. Manchmal sind ihre Formen unvollständig, z. B. einen Kopf oben und unten erscheinen sie tropfenförmig.
    Ihr Verhalten: Sehr schnell und verstecken sich, wenn sie entdeckt werden. Manchmal verschwinden/verblassen sie. Einige stehen aufrecht (die „Freistehenden"). Einige werden nur aus den Augenwinkeln wahrgenommen. Einige von ihnen beobachten Menschen. Sie scheinen diejenigen zu studieren, die paranormale Gaben besitzen. Sie scheinen ebenso diejenigen zu studieren, die eine traumatische Vergangenheit hinter sich haben.
    Sie haben kein Interesse am Kontakt mit Menschen. Sie wurden einzeln oder in Gruppen gesehen.
13. Mann mit Kapuzen-Schatten: Bösartig. Immer verbunden mit negativen Gefühlen. Hinterlassen ihre Opfer unglücklich und ausgelaugt. Erscheinen immer, wenn Menschen verletzlich oder schwach sind. Stets verbunden mit Angst und Leid. Könnten Meister von niedrigen Wesenheiten (Schattenleute) sein. Evtl. Hybriden. Sie haben rote glühende Augen. Energie-Vampir. Verbunden mit Trauer oder Depression. Schattenleute sind evtl. Nephilim (d. h. Hyvoriden). Elektromagnetische Felder, die Halluzination hervorrufen.
14. Schattenleute sind Geister von Leuten, die verstorben sind, je dunkler sie sind, desto älter und mächtiger sind sie. Eine Art Geist im Fegefeuer.

Dakinis

Es geschah am 21.02.1981 in Amritsar, Indien. An der Straße stiegen zwei Frauen in einen Bus. Sie waren weiß gekleidet und jung. Der Busfahrer fuhr sehr schnell, als er an einer Haltestelle mit einem Ruck gestoppt wurde. Dabei fiel das Augenmerk des Fahrers und eines Fahrgastes auf die Füße der beiden Frauen. Da brach ihnen der Angstschweiß aus den Poren, denn es waren keine menschlichen Füße, sondern die Hufe von Tieren. Dadurch wurden die Frauen als Dakinis erkannt. Der Busfahrer floh daraufhin in Panik aus dem Fahrzeug, während der andere Mann vor Angst das Bewusstsein verlor. Die beiden Frauen verschwanden unterdessen spurlos. So berichtet am 22.02.1981 in der Hindi-Zeitung „Dainik Panjab Kesari".

Das Verschwinden dieser beiden Dakinis war sicher ihr Glück, denn bei Frauen, die man als Dakinis identifiziert, kann es in der Hindu-Gesellschaft Indiens bis heute passieren, dass sie gelyncht werden.

In Hindu-Indien sind die Dakini und ihr männliches Gegenstück, der Daka, gefürchtete Hexen, die schwarze Magie, Blutopfer und Tantra auf niedriger Stufe praktizieren. Dakinis und Dakas gelten als Gefolgsleute Shivas und werden als bluttrinkende Personen charakterisiert.

Okkult-satanische Ritual-Zeiten

In der folgenden Liste finden Sie die „Satanischen Feiertage":

1. Januar: Neujahrsfest, Beschneidung und Namensgebung Jesu. Lichtfest. Die Neujahrsnacht birgt nach dem Volksglauben schlimme Gefahren in sich, es ist Geisterzeit. Häuser werden zum Schutz besonders durchräuchert. Fruchtbarkeitsriten werden ausgeführt. Es heißt: wie der Neujahrstag, so das ganze Jahr.

7. Januar: Blutsfest. Opfer von Tieren und Menschen, von Mädchen zwischen 7 und 17 Jahren, um sie zu verstümmeln.

17. Januar: Satanisches Fest: Oraler und vaginaler Sex. Eigentlich: St. Antonius, Mönchsvater in Oberägypten, Kämpfer gegen dämonische Versuchungen, Patron der am „Antoniusfieber" Erkrankten, der unheilbaren und zum Wahnsinn führenden Krankheit, die vom Mutterkornpilz verursacht wird.

20. Januar: Hexenfest. Praktizieren von Wahrsagerei.

20. bis 27. Januar: Zeit der Opferbereitung: Zeit, Menschen zu kidnappen, sie einzusperren und zeremoniell auf das Opfer vorzubereiten.

25. Januar: Großer Gipfel: Höhepunkt oraler und vaginaler Sex. Fünf Wochen und einen Tag nach Winterbeginn: Sexorgien, Opfer von Frauen und Kindern. Bekehrung des Apostel Paulus.

1. Februar: Mariae Lichtmess: Tierische und menschliche Opfer werden gebracht, sexuelle Riten praktiziert, sexueller Verkehr mit Mädchen von 7 bis 17 Jahren sowie mit Tieren. Lichtmess ist angeblich für das Wetter der kommenden Zeit und somit für die Fruchtbarkeit der Felder entscheidend. In der Messe zur Darstellung Jesu im Tempel werden Kerzen gesegnet, denen Schutzkräfte zugeschreiben werden; sie sollen bei Gewitter angezündet werden. Das Haus wird vor Behexung geschützt.

25. Februar: St. Walpurgistag. Blutmesse: Opferung von Tieren. Der 25. Februar wird als Todestag der heiligen Walburga gefeiert, die mit Bonifatius aus England auf den Kontinent kam. Sie gilt als Patronin der Bauern und Landwirte und wird bei Hundebissen, Tollwut und Husten angerufen.

1. März: St. Eichhardt, Blutmesse. Opferung von Menschen- oder Tierblut zur Krafterlangung und Huldigung der Dämonen.

20. bis 23. März: Hexenfeiertag Ostara.

21. März: Frühlingsanfang. Großes Fruchtbarkeitsfest: Sexueller Verkehr aller, ungeachtet des Alters und Geschlechtes, Opferung von Tieren und Menschen. Fünf oder sechs Wochen nach dem Mondzyklus werden die satanischen Feiern zelebriert.

24. März: Fest des Tieres: 16-jährige Mädchen werden in einer Hochzeitszeremonie die Braut Satans.

Karfreitag: Verspottung des Todes Christi, tierische und weibliche Opfer, auch Kindsopfer, es folgen ein dreitätiges Fasten und Singen.

19. bis 26. April: Vorbereitung auf das große Opfer: Kidnapping und zeremonielle Vorbereitung der Opfer.

24. April: Vorbereitung auf den Tag des Evangelisten Markus: Sammlung von Kräutern und betäubenden Pflanzen. Man fürchtete Schaden durch Dämonen in der Nacht zum Markustag.

26. bis 30. April: Das große Opfer. Zeit vor Beltaine, Sommerbeginn (altirisch).

30. April: Walpurgisnacht. Satans Geburtstag: Mädchen zwischen 1 und 25 Jahren können geopfert werden. Hexennacht. In der Walpurgisnacht regen sich nach dem Volksglauben die Geister, und allerlei Zauber wirkt sich aus. In Würzburg fährt der Teufel in einer prächtigen Kutsche durch die Stadt, unterirdische Glocken läuten.

1. Mai: Tag der Heiligen Walpurga. Feuerfest: druidisches Feuerritual. Hexensabbat. Die Elfenwesen ziehen wieder aus ihrer Welt in die irdische Natur ein.

Mai bis Juni (beweglicher Feiertag): Fronleichnam. Verspottung des Leibes und des Blutes Christi.

20. bis 23. Juni: Hexenfeiertage Litha.

21. Juni: Sommeranfang. Sexueller Verkehr aller, auch Sodomie, tierische und menschliche Opfer. Fünf oder sechs Wochen nach diesen Tagen werden die sagenhaften satanischen Feiern zelebriert.

24. Juni: Fest der Geburt Johannes des Täufers. Sommerfest: Die Sonne wird angerufen, Tag der Zauberer und des Feuerfestes. Vor allem in Skandinavien verbreitet.

1. Juli: Satans Festnacht: Sexuelle Vereinigung von Satan mit seinen Anhängerinnen. Missbrauch minderjähriger Mädchen, besonders von Jungfrauen. Sammeln von Kräutern.

10. Juli: Unheiliger Tag des Palladium. Lesen alter satanischer Ritualbücher.

20. bis 27. Juli: Vorbereitung des Großopfers: Kidnapping und zeremonielle Vorbereitung.

25. Juli: Apostel Jakobus. Satanischer Feiertag und Vorabend des Opferfestes. Beginn der Heuernte.

26. Juli: Oraler und vaginaler Verkehr. Opferung von Frauen und Kindern.

1. August: Lammas (Beginn der Erntezeit altirisch). Tierische und menschliche Opfer. Auch Hexenfeiertag Lugnasad.

3. August: Satanisches Fest: Missbrauch von Mädchen zwischen 1 und 17 Jahren.

24. August: Apostel Bartholomäus. Kräutersammeln mit Fest und Feuerwerk.

7. September: Satans Hochzeit. Opferung und Verstümmelung von Mädchen unter 21 Jahren.

20. bis 23. September: Hexenfeiertage Marbon.

21. September: Sexueller Verkehr bei und mit allen tierischen und menschlichen Opfern.

29. September: Fest des Erzengels Michael und aller Engel.

22. bis 29. Oktober: Vorbereitung des Großopfers: Kidnapping und zeremonielle Vorbereitung.

26. Oktober: Oraler und vaginaler Sex, Opferung von Frauen und Tieren.

29. Oktober: Heiliger Abend, Blutfest: Sexueller Verkehr aller.

30. Oktober: Alle heiligen Säfte.

31. Oktober: Halloween. Blut- und Sexualrituale. Sexuelle Vereinigung von Satan, Dämonen. Tierische und menschliche Opfer.

1. November: Samhain-Jahresbeginn. Beginn der Zeit der Finsternis, altirisch. Die Elfen ziehen sich an diesem Tag in die Anderswelt zurück.

1. und 2. November: Feier des Todes: Opferung von Menschen.

4. November: Apostel Thomas. Feuerwerk, tierische und menschliche Opfer. Satanisches Fest. Missbrauch von Mädchen zwischen 1 und 17 Jahren.

20. bis 23. Dezember: Hexenfeiertag.

24. Dezember: Dämonischer Abend. Trauerabend wegen der in dieser Nacht gefeierten Geburt Christi. Sexueller Verkehr aller, tierische und menschliche Opfer.

Ritualtage nach Wochentagen

Sonntag (Sonntag): Geldzauber.

Montag (Mond): Liebeszauber, Visionen, Totenbeschwörung, Unsichtbarkeit, Reisen.

Dienstag (Mars): Todeszauber, Totenbeschwörung.

Mittwoch (Merkur): Gut für Diebstahl und Betrug; Handel.

Donnerstag: Geldzauber, Unsichtbarkeit, Heilzauber.

Freitag (Venus): Liebeszauber.

Samstag (Saturn): Todeszauber, höllische Beschwörungen; Rituale, um geheimes Wissen zu erlangen.

Glückstage für Magier
1., 3., 10., 27. und 31. Januar; 7., 8. und 18. Februar; 5., 9., 12. und 25 März; 5. und 17. April; 1., 2., 4., 9. und 14. Mai; 3., 5., 7., 9., 12. und 25. Juni; 2., 6., 10., 23. und 31. Juli; 5., 7., 10., 14. und 20. August; 6., 10., 18. und 30. September; 15., 16., 25. und 31. Oktober; 10., 20. und 29. November; 10. und 20. Dezember.

Unglückstage für Magier
13. und 23. Januar; 2., 10., 17. und 22. Februar; 13., 19., 23. und 28. März; 18., 20., 21. und 30. April; 10., 17. und 20. Mai; 4. und 20. Juni; 5., 13., 27. und 31. Juli; 2., 13., 27. und 31. August; 13., 16., 19. und 26. September; 3., 9. und 27. Oktober; 6. und 23. November; 15., 16. und 31. Dezember.

Ritual

„Da war Blut und Schmerz
Da war Ekstase
Gier nach Magie, Hexengier,
Zauberei.
Spür die Macht, spür die Glut
Tief da unten
Töte die Leute, kille sie!
Nimm ihre Seele!
Geschwärzte Messen, geschwärzte Kreuze
Ritual ab, die Köpfe, Kehlen durch
Nimm den Sündenfall auf dich.“

Die Teufelsbibel
Die Teufelsbibel aus dem 13. Jahrhundert ist ca. 90 cm hoch, 50 cm breit, fast 75 kg schwer und trägt die Bezeichnung „Codex Gigas“ („riesig“).
1594 wurde sie dem Kaiser Rudolph II. geschenkt.
Auf Seite 290 ist ein Teufel zu sehen, der ein grünes Gesicht hat und doppelzüngig ist.

Prophezeiungen

Im Jahre 1922 hat ein Seher, ein Bauer aus Österreich, folgende Prophezeiungen gemacht, die ein Benediktinerpater aufgezeichnet hat:
1. Politische Revolten, bei denen viele hingerichtet und eingesperrt werden.
2. Paris wird in Brand gesteckt.
3. Das Unglück wird aus Russland kommen.
4. Die Erde wird einem Friedhof gleichen.
5. Die Überlebenden sind Heilige.

Die Prophezeiungen des blinden Jünglings von Prag lauten wie folgt:
1. „Es wird durch einen Fürstenmord ein Krieg entstehen.“

Deutung: Kaiser Franz Josefs (1848-1916) Regierung; Erzherzog Johanns Ermordung und der 1. Weltkrieg.
2. „Dann werden die gekrönten Häupter wie die Äpfel von den Bäumen fallen.“
   Deutung: Ermordung der Zarenfamilie.
3. „Dann kommt einer, der wird die Geißel schwingen über Prag.“
   Deutung: Hitler vernichtet die Tschechoslowakei.
4. „Ein großer Krieg wird zwischen den Völkern der Erde herrschen.“
   Deutung: Der Zweite Weltkrieg.
5. „Deutschland wird ein Trümmerhaufen sein, und nur das Gebiet der blauen Steine wird verschont bleiben.“
   Deutung: Zerstörung der deutschen Städte durch Bombenangriffe der Alliierten.
6. „Wenn die Kirschen blühen, wird alles vorbei sein.“
   Deutung: Ende des Zweiten Weltkrieges, im Mai 1945.

Nostradamus schrieb in Vers IV/45:
„Wegen des Konflikts/der Unruhen wird der Herrscher die Regierungsgeschäfte niederlegen,
Der mächtigste (Partei-)Chef wird scheitern wegen Mangel,
Tote überall, wenige entrinnen dem,
Alles zerstört, einer wird davon Zeuge.“
Bedeutung: Damit sind Gorbatschow und die UdSSR gemeint.

Weiter heißt es im Vers III/95:
„Die Russen als erste werden irren/scheitern,
Durch Geschenke und Reden viel verlockender.“
Bedeutung: Der Kommunismus in Russland ist in der Tat gescheitert.

Johanssons Vision sah Tsunami-Flutwellen kommen, was bedauerlicherweise tatsächlich in Asien eingetroffen ist. Der Prophet Klee führt folgende Veränderungen auf:
1. Klimaveränderungen.
2. Neu Eiskappen.
3. Veränderter Sternenhimmel.
4. Verlagerungen der Flüsse.
5. Veränderung der Sonnenbahn.
6. Veränderungen der landwirtschaftlichen Verhältnisse.
7. Vulkanausbrüche (CO2-Gas).
8. Flutwellen.
9. Funkenregen.
10. Stürzen von Sternen.
11. Blitze, Stromausfall.
12. Veränderung der erdmagnetischen Felder.
13. Drei Tage Finsternis.

14. Meteoriten-Einschlag.
15. Meereshebungen.
16. Erdbeben.
17. Waldbrände.

Die Propheten verkündeten noch weitere Katastrophen:

1. Die Kontinent-Platte Eurasiens wird sich nach dem Dritten Weltkrieg verschieben, was verheerende Auswirkungen für Japan und China hat, wobei diese Länder im Bereich der Arktis liegen. Grönland dagegen wird eisfrei und bewohnbar werden.
2. Kometen gehören nach der modernen Wissenschaft zu unserem Sonnensystem und ziehen ihre elliptische Bahn, deren Wiederkehr zwischen 76,02 Jahren und 1.844.100.000 Jahren liegt. Komet Enke braucht für seine Bahn nur 3,3 Jahre.
3. 1095 fielen „von Mitternacht gegen Morgen Sterne so dicht wie Hagel".
4. 1799 berichtet Humboldt: „In das Gestöber der Sternschnuppen mischten sich Feuerkugeln von der Größe des Vollmondes."
5. Quer durch Russland, Ungarn und die Türkei sagt Buschik: „Hier regnete es Steine."
6. 1883 gab es einen glühenden Steinregen, der Waldflächen und Weizenfelder in Brand setzte. Die Zahl liegt in einer Nacht bei einer halben Million Sternschnuppen.

   Forscher glauben, dass in der Regel zwei Sterne beteiligt sind: Prallen zwei Wolken aufeinander, bilden sich im ausgelösten Chaos Planetensysteme, in deren Zentrum sich ein junger Stern aufhält. Der Staub und das Gas, aus dem die Wolken bestehen, verklumpen zu vielen kreisrunden Bällen. Diese kreisen dann um den Stern – alle schön geordnet in derselben Ebene und möglichst in gleicher Richtung wie der Stern selbst.

   Woher das Gold im Erdmantel kommt: Forscher finden Hinweise, dass Edelmetalle von Meteoriten aus dem All stammen. Bei ihrer Entstehung vor rund 4,6 Milliarden Jahren war die Erde glühend heiß. Im Laufe der allmählichen Abkühlung sammelte sich das flüssige Eisen nach und nach im Erdkern und nahm dabei die Edelmetalle wie Gold und Platin mit ins Erdzentrum – und zwar in solchen Mengen, dass diese Vorräte die Erdoberfläche mit einer vier Meter dicken Schicht bedecken würden. Diese Goldmengen liegen aber in völlig unerreichbaren Tiefen. Wie aber kam das Gold dorthin? Englische Geochemiker gehen davon aus, dass Gold und andere Edelmetalle durch heftigen Meteoritenbeschuss vor rund vier Milliarden Jahren in der obersten Schicht des Erdmantels landeten. Die Forscher haben darin allerkleinste Restbestände des raren Schwermetalls Wolfram analysiert, das in zwei unterschiedlichen Isotopen existiert. Damals gingen immerhin 40 Milliarden Tonnen Asteroiden-Material auf Erden nieder.

Verschiedene Prophezeiungen

Die verschiedenen nachfolgenden Prophezeiungen stammen aus dem „Lexikon der Prophezeiungen“:

1. Im August 1914 prophezeit Leutnant von Leeb: „... Vor dem kommt ein Mann aus der niederen Stufe, und der macht alles gleich in Deutschland, und die Leute haben nichts mehr zu reden ... Die Leute werden immer ärmer ...“
2. Es werden implantierte Computerchips unter der Haut gescannt, um die Identität der Bürger zu kontrollieren und auszuspionieren.
3. Die Apokalypse des Johannes: Die Johannes-Offenbarung beinhaltet folgenden Text: „... Verfolgung der Christen. Die vier apokalyptischen Reiter ziehen über die Erde und bringen (Bürger-)Krieg, Teuerung, Hungersnot und Massensterben. Verfolgung der Christen, gewaltiges Beben, Verfinsterung der Sonne, Fallen der Sterne, Berge und Inseln wechseln ihre Positionen ... Hagel, Feuer und Blut vom Himmel verwüsten ein Drittel des Landes ... Die bösen ereilt auf der ganzen Welt das Gericht in Form von sieben Plagen, die sieben Engel aus ihren Schalen des Zornes ausgießen: 1. Furchtbare Geschwüre, 2. Das Meer wird zu Blut, 3. Alle Binnengewässer werden zu Blut, 4. Große Hitze, in der die Menschen verglühen, 5. Eine Finsternis ...“
4. Vishnu Puranas: In den heiligen Schriften des Hinduismus steht Folgendes geschrieben (4. bis 16. Jh.): „Man verehrt nur den Reichtum, Leidenschaft ist das einzige Band zwischen den Geschlechtern. In Rechtsstreiten ist Falschheit das einzige Mittel für Erfolg. Frauen werden nur als Objekt zur sinnlichen Befriedigung gesehen. ... Verfall der moralischen Werte, freiwillige Abtreibung der Kinder, Nichtbeachtung der göttlichen Gesetze, Pervertierung der Welt ... Danach folgt ein besseres Zeitalter.“
5. Der heilige Nilus prophezeite um 390: „Um die Mitte des 20. Jahrhunderts, wenn der Antichrist nahe ist, verfinstert sich der Verstand der Menschen wegen ihrer fleischlichen Gesinnung, Abweichung von den Geboten Gottes, Abwertung der menschlichen Würde, Männer und Frauen sind in Haartracht und Kleidung ununterscheidbar, die Alten werden nicht mehr geachtet, die Liebe schwindet, Bischöfe und Priester verflachen, die Sittengesetze und kirchlichen Traditionen verändern sich. Unbescheidenheit, Unmäßigkeit, Habsucht, Luxus, Ehebruch, Homosexualität, Terror und Mord nehmen überhand, die Menschen haben kein Gewissen mehr. Sie reden von entfernten Enden der Welt miteinander, fliegen wie Vögel in der Luft und tauchen wie Fische in die Ozeane, verbringen ihr Leben in Bequemlichkeit, was die List Satans ist. Sie verlieren den Glauben an die Existenz Gottes.“
6. Qiyamah (Jüngstes Gericht) die in der islamischen Tradition erwähnt wird (ab dem 7. Jh.): „Hadhrat Abu Musa Ash´ari: Qiyamah kommt, wenn Redner öffentlich lügen, wenn die Sommer kalt und die Winter warm sind, wenn eine Tagesreise in wenigen Stunden zurückgelegt werden kann, wenn kinderlose

Frauen geschätzt werden, wenn Unterdrückung, Neid und Habgier regieren, wenn die Leute ihren Begierden und Launen folgen, wenn Gewalt, Blutvergießen und Anarchie gang und gäbe werden, wenn Sittenlosigkeit und Schamlosigkeit öffentlich werden, wenn die Kinder für ihre Eltern Grund für Kummer und Ärger werden.

Hadhrat Abdulllah Ibn Masóod: Qiyamah kommt, wenn Musik und Musikinstrumente in jedem Haus vorhanden sind, wenn die Menschen sich der Homosexualität hingeben, wenn es viele uneheliche Kinder gibt, wenn die Menschen sich an Fremde binden und die Bande zu ihren Verwandten trennen, wenn Heuchler die Gesellschaft führen und die Bösen die Oberhand gewinnen, wenn Wein getrunken wird."

7. Johannes von Jerusalem (um 1042 bis 1119) beschreibt das Ozonloch: „Wenn das Jahrtausend beginnt, das nach dem Jahrtausend kommt … Babylonische Türme werden an allen Punkten der Erde errichtet, die Barbaren sind in der Stadt, viele Menschen hungern, Händler der Illusionen bieten Gift an, das die Körper in der Seelen zerstört. Jeder versucht, soviel Genuss zu bekommen, wie er kann; Homosexualität, Kindesmissbrauch, treulose Religionen. Es gibt sehr viele Menschen, Vermischung der Rassen und Religionen. … Die Gottlosen erwürgen die Gläubigen, Bürgerkrieg, Zerstörung und Plünderung der Häuser, Vergewaltigungen, die Erde erbebt, Städte gehen im Schlamm unter oder verbrennen, ganze Kontinente werden vom aufschäumenden Meer verschlungen."
8. Eine türkische Prophetie (möglicherweise 15. Jh.): „Vor der Ankunft des Mahdi werden die Menschen viele Übel sehen: Es gibt viele Moscheen, aber wenige beten darin, Frauen reiten wie Männer, machen Einkäufe und gehen auf den Straßen herum, hohe Gebäude werden errichtet. … Die Ungläubigen beherrschen die Welt."
9. Mother Shipton (1488-1561): „Wagen fahren ohne Pferde, große Häuser am Land, Menschen bewegen sich unter Wasser und in der Luft, Frauen tragen Hosen und die Haare kurz geschnitten. Liebe, Ehe und Kinderreichtum sterben aus. Nach 1936 kommen große Kriege, Schiffe aus Eisen, Boote unter Wasser, Häuser aus Glas, Krieg im Land der Heiden und Türken … England, Deutschland und Frankreich sind wie eins (EU), dann vergeht und verblutet bald die ganze Welt. Ein feuriger Drache zieht sechsmal über den Himmel, Krieg, Blutvergießen, Flutwellen und Erdbeben. Länder versinken …"
10. Ein Benediktiner aus dem 16. Jh.: „Das zwanzigste Jahrhundert bringt Tod und Verderben, Abfall von der Kirche, Entzweiung von Familien, Städten und Regierungen. Drei große Kriege im Abstand von Jahrzehnten … Von Menschenhand gemachte giftige Wolken, Feuerstürme. Schreckliche Maschinen lassen das Gras verdorren, es gibt kein Futter mehr für die Tiere, kein Brot und kein sauberes Wasser für die Menschen, Sterben von Mensch, Tier und Pflanzen."

11. Michel Nostradamus (1503-1566): „Vor dem Konflikt wird die große Mauer fallen … (Fall der Berliner Mauer)."
12. Sr. Marianne de Jesus Torres (17. Jh.): „Das zwanzigste Jahrhundert bringt einen allgemeinen Sittenverfall. Der Dämon versucht den Priestern Gottes in jeder erdenklichen Weise zu schaden. Es kommt im 20. Jh. auch zu vielen Marienerscheinungen."

Zu Besuch bei den Maya-Priestern

„Im Juli 2011 flog ich (Wolfgang Uhl) nach Mexiko, um mich auf den Tag nach dem 21.12.2012 vorzubereiten, denn wir werden auch den 22.12.2012 erleben. Dann beginnt ein neues Zeitalter. Dazu flog ich zu einem der zwei Maya-Priester, die es noch gibt, und die unter dem Schutz der UNESCO stehen. Wir wurden abends mit einem Jeep abgeholt und fuhren mitten in den Dschungel von Yucatan. Nach einer langen und beschwerlichen Fahrt erreichten wir unser Ziel. In einem Urdorf der Maya, das sich um einen heiligen Baum gruppiert hatte, wo sich ebenso ein Cenote (unterirdischer Fluss) befand, wurden wir von den Dorfbewohnern freudig begrüßt, denn hierher verirren sich selten Touristen. Die meisten kommen nach Mexiko und sehen sich nur die Maya-Pyramiden an; in Chetumal oder Tulum und einigen anderen Orten. Wer aber möchte schon gereinigt werden? Nur wenige, zumal diese Orte meist unbekannt und zu umständlich zu erreichen sind.

Und so wurden wir freudig aufgenommen. Unser italienischer Übersetzer klärte uns über den Ablauf der Zeremonie auf. Der alte 70-jährige Maya-Priester begrüßte uns und umarmte jeden. Der Priester gab uns eine große Seemuschel, die unten ein Loch hatte, in die wir hineinblasen sollten, so dass ein Ton entstand, um die Geister gut zu stimmen. Dann mussten wir einen Kreis betreten an einer von ihm vorgeschriebenen Stelle. Der Kreis war nach unten kegelförmig hohl, wie eine umgekehrte Pyramide, dann mussten wir in die Muschel blasen, um die Götter zu besänftigen, wobei ein Echo entstand.

Danach führte der Priester uns zu seinem Altar, der aus Feldsteinen bestand und in der Nähe eines heiligen Baumes stand. Der Altar war mit rituellen Gegenständen sowie Früchten und Blumen nebst einigen Reinigungsgefäßen gefüllt und dort reinigten wir uns. Er sang geheimnisvolle Verse der Maya und beschwor die Ahnen für das Gelingen der Reinigung.

Dann mussten wir uns ausziehen und krochen in eine Art Steiniglu. In der Mitte befanden sich heiße Steine, und wir lagen auf dem Boden der Igluhütte. Anschließend wurde der Eingang verschlossen, sodass wir mit dem Priester alleine waren. Dieser bespritzte uns mit geweihtem Wasser. Dabei benutzte er Zweige mit Blättern. Es war, als ob wir in einer Sauna wären, wo wir alles Unheil ausschwitzen sollten, um anschließend bei den Maya-Göttern gereinigt zu erscheinen. Die Zeremonie dauerte ca. 45 Minuten. Danach krochen wir schweißgebadet

aus dem Steiniglu heraus und wurden mit einer Fackel zu einer Cenote geführt. Der Maya-Priester forderte uns nun auf, in das kalte Wasser zu steigen, uns von dem Schweiß zu befreien und als neue Menschen, die von allem Ballast befreit sind, wieder emporzusteigen. Der Maya-Priester begrüßte uns wieder, umarmte uns und weihte uns zum Abschied. Anschließend nahmen wir an einem Maya-Essen in der Mitte der Dorfgemeinschaft teil, was natürlich bescheidener war als das gute Hotelessen.
Die ganze Reinigungszeremonie dauerte ca. zwei Stunden. Wir alle fühlten uns danach frei und wussten, dass ein neues erfülltes und zufriedenes Leben beginnen kann."

Puppenmagie

In der Hexerei wird Puppenmagie in vielen Kulturen praktiziert, besonders in der Voodoo-Praxis. Vor Jahrhunderten benutzten europäische und britische Hexen bereits Puppen aus Lehm, Wachs oder Holz. Es gibt auch fertige Puppen in Esoterik-Shops zu kaufen.
Der Magier ziehe die Puppe dreimal durch die Kerzenflamme, um diese zu reinigen. Mit einer Puppe kann man schwarze Magie betreiben, um einem Opfer körperlich und seelisch zu schaden oder dessen materielle Güter zu zerstören. Nach Möglichkeit sollte der Magier die Puppe so ähnlich kleiden wie das Opfer und dessen Haare oder Fingernägel und Foto an die Puppe anbringen.
In Zaire verwenden die Bakongos eine hölzerne Puppen-Figur, um dem Opfer zu schaden. Sie hämmern durch tranceartige Trommel-Rhythmen Nägel in die Holzpuppe hinein, um das Opfer erblinden zu lassen. Ist die Puppe aus Lehm oder Stoff, kann man in die Puppe große Nadeln hineinstechen. Man bespucke die Puppe mit den Worten:

„Möge ... (Name des Opfers) ab morgen früh für fünf Tage erblinden!"

Die beste Zeit für die magische Puppen-Operation ist zwischen drei und vier Uhr morgens. Anschließend vergrabe man die Puppe mitsamt den Nadeln oder werfe sie in tiefes Wasser.
Der Salamander ist ein Feuer-Geist, der zur Unterstützung der Puppenmagie gerufen werden kann:
„Feuer-Geist, ich rufe dich!
Geist der ewigen Flamme, ich rufe dich!
Geist der Ur-Energie, ich rufe dich!
Durch das Pentagramm rufe ich dich!
Als Salamander bist du bekannt.
Verleihe meinem Feuer Leben und tue meinen Willen!"

Dann wird die Puppe über die Flamme gehalten:

„Ich bin dein Meister, der Verwalter des Feuers.

Ich befehle dir, diese Flamme zu betreten;
Lasse sie machtvoll brennen!"

Während man das Erscheinen des Salamanders visualisiert, gibt man folgenden Befehl:

„Ich bin dein Meister, der Verwalter des Feuers.
Ich befehle dir: blase böse Flammen in den ... (Körperteil) von ... (Name des Opfers)!"

Dann hält man die Puppe über die Flamme. Der Geist oder Dämon wird dann zurück geschickt:

„Salamander, Feuergeist, ich erlaube dir zu gehen.
Ich befehle dir, das Pentagramm zu betreten, damit du zur ursprünglichen Flamme zurückkehrst, aus der du kamst! Sei verschwunden!"

Der Magier binde eine Schlinge an den Puppenhals, damit das Opfer stranguliert wird, indem er flüstert (dreimal wiederholen):

„Dir wird der Lebenshauch genommen,
oh Narr, der es wagte, mich zu ärgern!"

Am Ende sagt man: *„Meine Arbeit ist getan."*

Bei einem magischen Angriff kann man sich auch auf den Kopf der Puppe konzentrieren, indem man sagt:
„Möge ... (Name) drei Tage lang von schweren Kopfschmerzen heimgesucht werden, von dem Moment an, in dem die Schlange das Pentagramm betritt! Dies ist mein Wille!"
Während des Imaginierens sagt man dreimal: *„Kopfschmerzen, Kopfschmerzen, Kopfschmerzen!"*
Der Magier sende Schmerzen in Brüste etc., indem er imaginiert, dass sich die Schlange in der Brust vergrößert. Wenn das Opfer männlich, imaginiere man, wie die Schlange ihre Giftzähne in die Brustmuskeln gräbt.
Zum Schluss banne man, indem man die Schlange aus dem Opfer herauszieht: *„Sei verschwunden, mein Helfer!"*

Eine andere Form des Schadenzaubers besteht darin, sich auf die Brust zu konzentrieren und mehrmals zu wiederholen: *„Ertrinke, ertrinke ...!"*
Nach gewisser Zeit visualisiere man, wie sich die Lungen des Opfers mit Wasser füllen. Durch eine Nadel können individuelle Schmerzen intensiviert werden. Der Magier kann einen Mann dadurch impotent machen, indem er sich auf die Genitalien des Opfers konzentriert.

Fluchaktivierung
Rufen Sie Pazuzu, den Dämon:

„Pazuzu, Herr des Südwest-Windes, ich beschwöre dich.
Pazuzu, oh Bruder von Humwawa, ich beschwöre dich.

Oh, gehörnter, geflügelter Dämon, ich beschwöre dich.
Pazuzu, versenke deine Zähne in (Name des Opfers)!
Pazuzu, möge dein Heulen seine Seele zerstören!
Oh Pazuzu, der Gewalt über seine Opfer hat bis zum Tod.
Töte (Name des Opfers),
Bevor der Mond zwei Zyklen durchschritten hat!
Dies ist mein Wille!"

Nachdem Pazuzu erscheint, imaginiere das Opfer vor dir stehend und projiziere einen Stern in ihre Herzen, wobei du den Namen des Dämons rufst und dann die folgenden Fluch-Wörter verwendest:

„Pazuzu ist mein Helfer.
Mit Pazuzus Dämonenmacht
Ist ein böser Fluch gemacht,
Zu töten (Name des Opfers)!"

Der Fluch wird zweimal wiederholt, klatschen Sie zweimal in die Hände oder schlagen Sie zweimal auf die Trommel, indem Sie sagen: *„Es ist vollbracht!"*
Man gebe Pazuzu ein rohes Stück Fleisch als Geschenk, das man im Boden vergräbt.
Dieser Fluch darf nur in lebensgefährlichen Situationen ausgesprochen werden!

Um einen Konkurrenten in den Ruin zu stürzen, lege man ein Foto seines Geschäftes und seine Visitenkarte in einen kleinen Sarg, indem man rezitiert:

„In drei Mondzyklen wird dein Geschäft verstrickt.
Weil du nichts verkaufst, bis du nicht verkaufst, bist du in Schulden verstrickt.
Geschäftliche Unternehmungen, die du planst gegen mich,
Werden schwere Fehlschläge sein für dich!
Was immer du zu deiner Rettung ersinnst,
Die Banken zerreißen genüsslich das Gespinst.
Bankrott, bankrott, bankrott!"

Der Fluch muss dreimal wiederholt werden. Beim nächsten Vollmond gehen Sie zu einem Friedhof und vergraben den Sarg. Dann nehmen Sie etwas Erde von der Grabstelle und legen diese in einen Briefumschlag, den Sie zu Ihrem Rivalen schicken.

Besorgen Sie sich beim Metzger das Herz eines Schweins oder einer Kuh, das Sie dann in eine hölzerne Box legen und schreiben Sie folgenden bösen Zauberspruch auf ein Stück Papier:

„Wenn Maden in diesem Lebensorgan kriechen,
Werden dein Körper und Geist vor Schmerzen siechen.
Dein Leben ist ernstlich durch Krankheit bedroht!
Nur meine Gnade rettet dich vor dem Tod!"

Spucken Sie anschließend in die Box, bringen Sie sie zu einem Friedhof und vergraben Sie sie: *„Zazas Zasas Nasatanata Zazas (so sei es)!“*

Reinkarnation

Hatten Sie schon einmal das Gefühl, in einem früheren Leben gelebt zu haben? Hatten Sie auch das Gefühl, einem Menschen in diesem Leben schon mal begegnet zu sein? Dann kennen Sie diese Person aus Ihrer Inkarnation! Manche Menschen begegnen sogar ihrem Mörder in diesem Leben, den sie aus ihrer Reinkarnation kennen.

Der Psychiater Prof. Ian Stevenson liefert in seinem Buch „Reinkarnationsbeweise-Geburtsnarben und Muttermale belegen die wiederholten Erdenleben des Menschen“ eindeutige wissenschaftliche Beweise, dass Reinkarnation existiert!

Der Forscher beweist anhand von Fotografien, medizinischen Unterlagen, Sterbeberichten und Informationen der Zeugenaussagen, dass Muttermale und Missbildungen am Körper einer reinkarnierten Person eindeutig der Beweis für eine Wiedergeburt sind.

Prof. Dr. Stevenson weist in seiner Theorie die Fälle der Muttermale und angeborenen Missbildungen auf, da man es an diesen Merkmalen am ehesten nachweisen kann, dass sowohl der Verstorbene als auch der Wiedergeborene dieselben Narben oder Muttermale, bzw. Missbildungen an seinem Körper hat.

In Indien herrscht der Aberglaube, dass ein Kind, das über seine Reinkarnation spricht, früh sterben müsse. Der Autor kannte Kinder der unteren Kaste, die glaubten, Brahmanen gewesen zu sein und die Nahrung der eigenen Familie nicht aßen, da sie diese für schmutzig hielten.

In 35 % der Fälle stehen Phobien fast immer in Zusammenhang mit den Todesumständen der verstorbenen Person. Wenn das Kind in einem früheren Leben durch Ertrinken ums Leben kam, kann es zu einer Wasserphobie kommen. Wurde das Kind erschossen, ist eine Abneigung gegen Waffen vorhanden. Auch Drogen- und Alkoholsucht gehören in diese Kategorie, denen die frühere Person verfallen war.

Wenn das Geschlecht „gewechselt“ wurde, kommt es manchmal zu Homosexualität in diesem Leben. Man benimmt sich dann oft wie das frühere Geschlecht.

Ein Kind, das im früheren Leben durch einen Moslem ermordet wurde, wird in diesem Leben einen Hass auf alle Moslems haben.

Zu den bekanntesten Merkmalen der blutenden Wunden eines Muttermals gehören Stigmata. Viele Autoren ordnen dieses Phänomen der Heiligkeit und Hysterie zu. Die erste Person war der heilige Franziskus von Assisi, bei dem die Stigmata gefunden wurden. Seine Wundmale zeigten Spuren von Nägeln der Passion Christi. Während der 750 Jahre nach dem Tod des heiligen Franziskus wurden 350 Fälle der Stigmata beobachtet, bei denen auch Heilige darunter waren. Bei einem Mädchen wurde in den zwanziger Jahren des neunzehnten Jahrhunderts

offene Wunden an den Stellen von Händen und Füßen beobachtet, an denen auch Jesus die Nägel-Wunden hatte. Außerdem waren auch dreieckförmige Wunden einer Dornenkrone zu sehen.
Im nächsten Fall geht es um einen Mann, der einer gewalttätigen Familie angehörte. Er schlug gemeinsam mit seinem Bruder im betrunkenen Zustand Arme und Beine des gemeinsamen Feindes ab; sie ließen ihn sterben. In der Sterbeurkunde hieß es, dass die Glieder am Körper „baumelten“. Die Mutter des Ermordeten verfluchte den Mörder und seine Familie, indem sie bekanntgab, dass diese zur Strafe ein behindertes Kind haben würden. Nachdem die Mörder ins Gefängnis kamen, wurde der missgebildete Sampath Priyasantha tatsächlich geboren.
Duran Inzirgöz aus der Türkei wurde mit einem riesengroßen Muttermal auf dem Hinterteil geboren, das ständig nässte. Als er anfing, zu sprechen, sagte er, man habe ihn in einem Bordell erschossen. Seitdem hatte er eine große Phobie vor Prostituierten und Bordellen.
Maung Zaw Thein Lwin aus Burma, der sich an eine Inkarnation als U Mar Din erinnerte, der versuchte, Vogelnester auf dem Tempeldach zu klauen und dabei durch eine defekte Dachdecke fünf Meter in die Tiefe stürzte, hatte viele Kopfverletzungen erlitten. Maung Zaw Thein Lwins narbenähnliches Muttermal am Hinterkopf entsprach U Mar Dins Kopfwunde nach seinem Sturz.
Mahmut Ekici aus der Türkei erinnerte sich an sein früheres Leben als türkischer Partisan gegen die Franzosen, die ihn bei Widerstandskämpfen festnahmen (zwanziger und dreißiger Jahre) und ihm mit einem Bajonett in die Leber stachen. Über seiner Leber trug Mahmut Ekici ein großes, vertieftes Muttermal.
Som Pit Hancharoen aus Thailand hatte bei seiner Geburt ein nässendes Muttermal neben seiner linken Brustwarze, als zusätzliche Brustwarze. Als er sprechen konnte, gab er an, der Mann gewesen zu sein, der eine Frau im betrunkenen Zustand gegen ihren Willen umarmte. Diese Frau mischte sich in die Menschenmenge und stach mit einem Messer in sein Herz, daraufhin rief er: „Sie hat mich erstochen!“
Ali Ugurlu aus der Türkei hatte seit seiner Geburt mehrere Muttermale auf seinem Unterleib. Er erinnerte sich an das Leben eines Mannes, der im Kampf durch wiederholte Stiche in den Unterleib ermordet worden war.
Tali Sowaid wurde 1965 in Libanon geboren. Auf jeder Wange hatte er ein rundes, dunkles Muttermal. Als er reden konnte, sprach er von einem Leben eines Mannes, der in einem 4 Kilometer entfernten Dorf wohnte, der von einem anderen Mann erschossen wurde. Die Ermordung Said Abul-Hisns traf genau auf diese Angaben zu, der in diesem Dorf wohnte. Es handelte sich bei der Erschießung um eine Verwechslung, da der Mörder labil war. Die Ärzte hatten Said wegen seiner angeschwollenen Zunge an einen Schlauch gebunden. Er fiel aus dem Bett und verstarb an den Folgen der Verletzungen. Die letzten Minuten kurz vor seinem Tode blieben Tali in Erinnerung.

Talis Familie war sehr arm, wohingegen Said wohlhabend war. Tali war sehr wütend über die Klassenunterschiede und forderte seine Familie auf, ihn „Said" zu nennen. Tali hatte linguistische Probleme, da seine Zunge verletzt war.

Alan Gamble wurde am 05.02.1945 in Kanada geboren. Wegen zweier Muttermale identifizierte man ihn als die Wiedergeburt eines Verwandten namens Walter Wilson, der mit einem Fischerboot durch eine Schusswaffe seine Hand verloren hatte. Die Ärzte mussten seine Hand amputieren, woraufhin er am 18.02.1942 verstarb. Die Muttermale auf Alans Handgelenk stimmte mit der Wunde bei Walter überein.

Nasruddin Shah wurde 1962 in einem Dorf von Uttar Pradesh geboren. Seine Eltern waren Moslems ohne Besitztümer. Nasruddin wurde mit einem Muttermal auf der linken Brust geboren. Der Junge gab an, ein Angehöriger der Hindu-Kaste zu sein. Er behauptete, aus einem Nachbardorf zu stammen und durch einen Streit über Rinder mit einem Speer links durch die Brust getötet worden zu sein. Diese Aussagen trafen auf den Grundbesitzer Hardev Baksh Singh aus dem Nachbardorf zu. Die Sterbeakte wies eine Bestätigung zwischen der tödlichen Wunde und dem Muttermal auf. Nasruddin nahm an keinen islamischen Gebeten und Traditionen teil.

Sunita Khandelwal kam am 19.09.1969 in Indien zur Welt. Sunitas Vater handelte mit Getreide und gehörte zum Mittelstand. Nach Sunitas Geburt entdeckten die Eltern ein riesiges blutendes Muttermal auf der rechten Seite ihres Kopfes, das mit Puder behandelt werden musste. Im Alter von zwei Jahren behauptete Sunita, aus Kota zu stammen, wo ihre Eltern ein Silbergeschäft führten. Danach sprach sie von einer Höhe, aus der sie gefallen sei, und zeigte dabei auf ihren Kopf. Für ihre Familie klang das alles unsinnig und dennoch gaben sie auf Drängen des Kindes nach, nach Kota zu fahren, um die Angelegenheit zu überprüfen.
Sie erreichten das Silbergeschäft. Die Tochter Sakuntala sei tatsächlich im Alter von acht Jahren vom Balkon gestürzt und am 28.04.1968 an den Folgen der Kopfverletzung gestorben. In den medizinischen Aufzeichnungen stand auch, dass sie aus dem rechten Ohr blutete.

Dellal Beyaz wurde 1970 in Samandag, in der Türkei, geboren. Auf ihrem Kopf hatte sie ein großes Muttermal, das nach der Geburt nässte. Als sie zu sprechen begonnen hatte, machte sie Angaben über eine Frau, die auf dem Dach durch ein Loch hinuntergestürzt sei. Dieser Fall sei in Antakya, Hatay geschehen. Verwandte gaben an, dieser Fall würde auf die verstorbene Zehide Köse zutreffen. Der Krankenbericht bestätigte die Umstände des Todes.

Am 22.11.1961 wurde Wilfred Meares in Kanada geboren. Victor Smart war Alkoholiker, der durch einen Autounfall verunglückte. Die Autotür sprang auf und er klatschte mit dem Hinterkopf auf das Pflaster. Er durchbiss seine Zunge, brach sich den Hals und starb sofort auf der Stelle. Dieser Bericht stammt aus dem Protokoll des Krankenhauses. Als Wilfred 12 Jahre alt wurde, hatte er am Hinterkopf eine haarlose Stelle. Wilfred hatte auch eine Vorliebe für Alkohol.

Semir Taci wurde 1945 in Antakya (Türkei) geboren. Auf seinen Händen waren Muttermale zu sehen. Er nannte sich „Sekip“ und behauptete, zwei Mütter zu haben, auch eine Frau und Kinder. Die Todesursache seines vorherigen Lebens war ein giftiger Schlangenbiss an dem er am 24.06.1945 im Krankenhaus gestorben war. Im medizinischen Bericht stand, dass er damals von einer giftigen Schlange in beide Hände und Finger gebissen wurde. Die Muttermale auf Semirs Händen glichen einem Narbengebilde. Semir identifizierte sich mit Sekip und hatte noch im Alter von 22 Jahren eine Phobie gegen Schlangen.

Ravi Shankar Gupta wurde 1951 in Uttar Pradesh, in Indien geboren. Bei seiner Geburt trug er am Hals ein großes Muttermal, das linear verlief. Es sah so aus, als sei sein Kopf aufgeklebt worden. Als Ravi Shankar bereits reden konnte, gab er an, in seinem letzten Leben „Munna Prasad“ gewesen zu sein, der im Januar 1951 auf grausame Weise durch Aufschlitzen seiner Kehle ermordet worden war.

Victor Vincent starb 1946 in Alaska. Seiner Cousine prophezeite er: „Ich werde als dein nächster Sohn zurückkommen. Ich hoffe, ich werde dann nicht so stark stottern, wie jetzt. Dein Sohn wird diese Narben tragen.“
Er zog daraufhin sein Hemd hoch und zeigte ihr eine Narbe auf seinem Rücken. Ungefähr 18 Monate nach dem Tod von Victor Vincent brachte seine Cousine einen Sohn zur Welt, der bei der Geburt Muttermale auf seinem Rücken hatte, wo Victor seine Narben gezeigt hatte. Er war wie Victor ebenso Linkshänder und stotterte auch wie er.

Mehmet Karaytu wurde 1913 in Adana (Türkei) geboren. Auf seinem Rücken befand sich ein großes Muttermal. Als er drei Jahre alt wurde, fing er an, von einem Leben eines Mannes namens Haydar Karadöl zu sprechen, der mit seinem Partner Ackerland teilte. Eines Tages wurde Haydar, nachdem er seinen Teilhaber verprügelt hatte, von ihm mit einem Küchenmesser in den Rücken gestochen. Mehmet erinnerte sich an die letzten Minuten seines Lebens im Krankenhaus. Den dreieckigen Umriss des Küchenmessers konnte man deutlich auf Mehmets Muttermal erkennen.

Lekh Pal Jatav wurde 1971 in Uttar Pradesh (Indien) geboren. Er hatte Fehlbildungen an seiner rechten Hand und an den Fingern. Als Kind war Lekh sehr schwach.
Hukum Singh wurden die Finger aus Versehen in einer Futtermaschine abgeschnitten, die sein Vater bediente. Ein Jahr später starb das Kind. Lekh Pal wiederholte ständig das Wort „Tal, Tal“, was der Name eines Dorfes namens Nagla Tal war. Dort erkannte Lekh Pal die Maschine wieder.

Bruce Peck wurde am 20.11.1949 in Kanada geboren. Bruces Großvater war Fischer und Bruce hatte große Mühe, als Fischer zu überleben. Aus diesem Grund sagte er zu drei Zeugen, er wolle im nächsten Leben ohne Unterarm geboren werden und machte dabei eine Bewegung mit der Axt. Sein Großvater ertrank am 12.04.1949. Bruces Mutter war zu dem Zeitpunkt schwanger und gebar sieben Monate später einen Sohn ohne Unterarme mit Missbildungen. Er hatte große Angst vor Wasser.

Maung Mio Myn Thein kam am 14.09.1967 in Burma zur Welt. Bei seiner Geburt hatte er auf einem haarlosen Teil seines Kopfes ein markantes Muttermal. Das erste Mal, als seine Eltern mit seinem früheren Leben konfrontiert wurden, war in einem Kloster. Der acht Monate alte Junge schrie extrem laut und hatte große Angst vor dem Kloster. Als Dreijähriger deutete Maung Myo Min Thein in Richtung des Klosters, dass man ihn auf den Kopf geschlagen hätte. Als er vier bis fünf Jahre alt war, gab er mehr Details über das Kloster an: Er sagte, er sei der ehrwürdige U Warthawa des Klosters gewesen, dem man mit einem schweren Gegenstand auf den Kopf geschlagen hätte. Die Eltern untersuchten seinen Kopf und an dieser Stelle fanden sie eine Vertiefung. Sein Mörder sei ein fremder Mönch im Kloster gewesen, der verrückt war. Bei dem Gemenge der Mönche wurde auch der Mörder selbst getötet. Er habe vorher den Wunsch geäußert, nicht auf die Reise in dieses Kloster zu gehen, doch man schickte ihn dennoch dorthin. Maung Mio Myn Thein hatte eine starke Abneigung gegenüber Mönchen. Als kleiner Junge saß er gerne mit überkreuzten Beinen (wie die Mönche).

Meistens wurde die Person nicht eher als Monate oder Jahre nach dem Tode der früheren Persönlichkeit empfangen. Es gab jedoch auch Fälle, bei denen die Empfängnis vor dem Tode stattgefunden hatte. In einigen bezeugten Fällen wurde das Kind sogar innerhalb weniger Wochen nach dem Tode der früheren Persönlichkeit geboren. In diesen Fällen hatte die „telepathische Impression“ Kraft genug, um einen Embryo zu prägen.
Eine andere Erklärung wäre eine „Besetzung“ des Kindes durch paranormale Prozesse. Eine kürzlich verstorbene Person scheint den Körper einer lebenden Person zu besetzen.
In manchen Fällen wurde sogar Albinismus beobachtet.

Rituale

Wolfgang Uhl: Durch meine Familientradition, durch meine eigenen Erfahrungen und Methoden, die ich auf meinen Reisen durch Schamanen und Voodoo-Priester in der Dominikanischen Republik und in China gelernt habe, konnte ich mir direkt bei den ansässigen Schamanen in den jeweiligen Ländern schamanische Techniken aneignen.

Leyla Sehrazat: Auch ich habe auf dem parapsychologischen Gebiet exzellente Kenntnisse. Ich stamme aus dem Vorderen Orient und lasse die Arbeit mit den Cin in meine Praxis einfließen. Die magische Praxis habe ich von meinem türkischen Großvater, der ein Hoca war (ein islamischer Geistlicher, ein Medium und Hypnotherapeut in der Türkei), bereits im Kindesalter gelernt.

Für das folgende Ritual brauchen Sie

1. Ein Foto von sich selbst (Zielperson).
2. Ein schwarzes Tuch.
3. Altar.
4. Ein Glas ohne Muster.

Die Magie erzeugt mit den Kräften des Jenseits Wirkung in dieser materiellen, irdischen Welt. Bevor Sie mit dem Ritual beginnen, müssen Sie das Schutzgebet ca. 10 Minuten sprechen. 10-mal langsam sprechen:

„Estrofrn falgam selvane soven belvana fana albina selven fal irfan mesta ven estrofena selinar silteren golvena siema tnoet felgama kulven solai solven sorfana torefina solvena ramin gebora somali soriven kurbana orstine. Amen.“

Weitere Schritte

1. Legen Sie die Zielfotos auf Ihren Altar in die Mitte. Rechts legen Sie das Foto der weiblichen Person und links das Foto der männlichen Person. Bei gleichgeschlechtlichen Personen müssen Sie die Bilder übereinander in die Mitte legen.
2. Sprechen Sie mit dem Bild der Zielperson ca. 20 Minuten.
3. In den 20 Minuten befehlen Sie der Zielperson in die Augen schauend, alles was Sie von der Person verlangen: Zusammenführung oder Trennung von sämtlichen partnerschaftlichen Verbindungen etc. Nach jedem Befehl sprechen Sie folgenden Satz aus: *„Estrofen elbi kulven trofos.“*
4. Oberhalb der Bilder stellen Sie ein Glas ohne Muster auf.
5. In das Glas geben Sie kaltes Wasser.
6. Knien Sie vor dem Altar und konzentrieren Sie sich völlig auf Ihr Ziel.
7. Atmen Sie tief ein und aus. Nach dem Ausatmen 7 Sekunden lang die Luft anhalten und an Ihr Ziel denken. Diesen Vorgang wiederholen Sie 7-mal hintereinander.
8. Stellen Sie sich 20 Minuten vor, wie es mit der Partnerschaft mit der gewünschten Zielperson aussehen soll. Bauen Sie eine geistige Zukunft auf.
9. Nach ca. 20 Minuten stehen Sie auf und sprechen konzentriert folgende Sätze: Vor- und Zunamen der Zielperson und anschließend: *„Ab sofort trenne ich dich von jeder anderen Partnerschaft! Mit jedem Atemzug von dir führt dich dein Weg zu mir. Jeder Tag ohne mich wird zu einer Qual für dich. Dein Verlangen bei mir zu sein, wird dein ständiger Begleiter sein.*

Kostrofena gelbana irigan elbanor sedmana devento istrifan palortime ... (Ihr eigener Name) edmaran gelvan osfretestro gurzana vilgaer fana albana somali telvana somali gurventor sovlu sibana gertoniv hehlbana soven somali kuven estroven nov kuvena doretem elbi rahmeni luafert kumen doretsgrama fellgama sorve kelvana orvena holven hortoniar elvanarim sadmarina gelvana rastorina vinkolmen estrofen somali bilgama restonia sibana elvani koven tumarina fana algama ... (Name der Zielperson) korvena sigamania elvento estrofen hasübü illextromen sedmalina govena tregiona somali estrofen ba trrofos estroven ... (Ihr Name). Amen.“

10. Dann nehmen Sie ein weißes Blatt Papier und schreiben Ihre Wüsche auf. Jeder Satz muss mit *„Ich will ...“* beginnen.
11. Legen Sie die Niederschrift unter das Glas mit dem Wasser und sagen Sie dabei: Vorname und Nachname der Zielperson und im Anschluss folgende Sätze:
    „Ba trof esroven sener elranami selbana somali remgana kuven kula terven bedigama mostrofena fana el ama estrovena estroern elbi rabiya selbana gorvento nustena vilsama fana kuvena asaman.“
12. Zum Ende des Rituals legen Sie die Bilder der Zielpersonen auf eine Fensterbank, so dass die Bilder Sonnen- und Mondlicht bekommen. Mit dem Wasser gießen Sie eine lebende Pflanze.
13. Wiederholen Sie das Ritual an 7 Ritualtagen wie bereits beschrieben. Keine Unterbrechung zwischen den Ritualtagen. Falls Sie unterbrechen müssen, fangen Sie das Ritual neu an.
14. Vergessen Sie nie Ihren Schutz!
15. Ritualtage: Jeder zweite Freitag eines Monats und jeder dritte Mittwoch eines Monats. Beginnen Sie jedoch am Freitag.
16. Führen Sie in einem Buch der Schatten genaue Protokolle. Diese Forschungsarbeit wird Sie zum Erfolg bringen.

Runen

1. IS-Rune:
   Am ersten Tag 2 Minuten lang singen. Jeden zweiten Tag die Gesamtlänge des Gesanges um 2 Minuten verlängern, bis Sie insgesamt auf 7 Minuten kommen. Die IS-Rune dann jeden Tag 7 Minuten lang singen: *„IIIIIISSSSSS“*
   „i“ deutlich und volltönend, „s“ langanhaltend ausklingen lassen.
2. *„Hu“* oder *„Yu“*:
   Eine dieser zwei Silben auswählen. Diese Silbe einmal täglich singen, 7 oder 10 Min. lang. Formeln für Reichtum und Macht: *„Gehah, Gohgihgehhah“*.
   Aktivierung von Glück: *„Cehah, Cejod“*.
   Aktivierung der Liebesfähigkeit: *„Deäh, DH“*.
   Aktivierung der Karriere: *„Sugmad, DS“*.

Schamanismus

Schamanische und archaische Techniken

Im Folgenden werden schamanische und archaische Techniken beschrieben. Mircea Eliade schreibt in seinem Buch „Schamanismus und archaische Ekstase-Techniken" über diese Techniken, wie Schamanen in verschiedenen Kulturen in Trance fallen, und wie sie arbeiten: „Sobald die Kinder in der Mongolei 13 Jahre alt sind, werden sie zu Schamanen bei den Ahnen ausgebildet und geweiht. Der Lehrer wird Schamanenvater genannt und singt schamanische Hymnen, was ein Zeichen für die Herstellung mit dem Jenseitskontakt ist.

Es spielt keine Rolle, ob es sich hierbei um pathogene Ekstasen handelt; wichtig ist nur die religiös-magische Kraft. Nach einer jakutischen Überlieferung tragen die bösen Geister, die Seele des Schamanen in die Unterwelt und sperren diese drei Jahre in ein Haus ein.

Das mystische Tod- und Auferstehungssymbol in Gestalt mysteriöser Krankheiten sieht man in Nord- und Südamerika, Indonesien und Afrika. Dem Patienten wird symbolisch der Kopf abgeschnitten, das Gehirn entfernt, gewaschen und wieder eingesetzt. Somit geben sie dem Kandidaten einen hellen Verstand, indem sie ihm Gold in die Augen tun. Bei der Zeremonie wird dem Kranken eine Kokosnuss auf den Kopf gesetzt und diese zerbrochen etc.

Beim „Herausziehen der Seele" wird der Kandidat fähig, seinen Geist auf mystische Reisen zu schicken. Die Levitation des sibirischen Schamanismus lässt ihn auf eine „lichtvolle Reise" führen.

In Kongo und Neu-Guinea wird eine symbolische Bestattung im Tempel vorgeführt. Ein symbolischer Abstieg in die Unterwelt findet in Ostafrika statt. Ein hypnotischer Schlaf wird durch ein Getränk hervorgerufen, indem der Kandidat bewusstlos gemacht wird (in Kongo; und bei den Indianern). Bei den Sioux-Stämmen werden die Kandidaten in der Luft aufgehängt.

In Australien werden im Yuin-Stamm die Füße geröstet.

Besonders grausam geht es bei den nordamerikanischen Stämmen zu: Dort werden Finger usw. amputiert.

Der künftige Schamane muss die Geheimsprache lernen, um mit den Geistern kommunizieren zu können. Diese Geheimsprache lernt er entweder von den Geistern selbst oder von seinem Meister. Eine Verwandlung des Schamanen in ein Tier lässt sich durch eine Schamanenkleidung oder eine Maske erreichen.

Bei den Jakuten finden Gesänge und Tänze statt. Man opfert neun Schweine, trinkt deren Blut und fällt in Ekstase.

In Südamerika entrindet man einen drei Meter hohen Baum, schneidet Stiege hinein. Die alten Schamaninnen reiben einer Schamanin den Rücken mit Caneloblätter ein, wobei sie immerzu im Chor mit Viehglocken singen. „Dann beugen sich die Älteren über sie und saugen an ihrer Brust, ihrem Bauch und

ihrem Kopf so heftig, dass das Blut hervorspringt.“ Der Aufstieg der Zauberer verleiht die Fähigkeit der Flugkraft.
Die sibirische Tracht bestand noch vor ca. hundert Jahren aus einem Kaftan, der mit eisernen Scheiben und mystischen Symbol-Tieren behängt war. Auch eine Maske gehörte dazu. Bei den Jakuten ist am Rücken des Kaftans eine angehängte Scheibe, die in der Mitte zu sehen ist und die Sonne darstellt. Auch Metallstücke hängen an dem Kostüm.
Bei den Mongolen werden Enten-, Schlangen-, Vogel- und Renntiertracht angezogen.
Die Schamanentrommel wird mit Alkohol und Blut „belebt“. Die Trommel versinnbildlicht den Mikrokosmos zwischen den drei Zonen: Himmel, Erde und Unterwelt. Die Lappenschamanen werfen ihre Trommelschlegel bei der Weissagung in die Luft.
Bei den Mongolen und Turkvölkern wird ein Pferdeopfer gebracht, die auch im vedischen Indien Tradition waren.
Indonesier und nordasiatische Völker glauben, dass der Mensch bis zu drei oder sieben Seelen hat.
Die Vergiftung durch Pilze führt den Kontakt mit den Geistern und die Ekstase herbei.
Ein 14-jähriger Junge hat einer spiritistischen Operation beigewohnt. Eine Schamanin tauchte ihre Hand tief in seine Bauchwunde ein, die sie ihm geöffnet hatte. Nach einigen Minuten war die Wunde verschwunden.
Manche Schamanen können glühende Kohlen verschlucken.
Die Einflüsse der Zahl 7 gehen auf den Alten Orient zurück. Von Indien bis Sibirien gibt es sieben Stockwerke, um in den Himmel zu gelangen.
Bei der Heilung kann der Schamane auch Blut saugen, indem er kleine Gegenstände wie Fäden, Nägel usw. im Mund hat. Er braucht die Gegenstände, damit er das Gift der Krankheit herausziehen kann.
Im malaiischen Schamanismus glaubt man, dass der Tote sich nach sieben Tagen in einen Tiger verwandelt.

Die Geister sprechen immer mit dem Schamanen. Vor einigen Jahren wurde der Schamanismus von der kirchlichen Inquisition ausgerottet. Höhlenzeichnungen maskierter Tänzer deuten auf prähistorische Wurzeln zurück. Im sibirischen und arktischen Kulturkreis wird der Körper von der Seele verlassen und von der Geisterwelt geprüft.

Apu Kuntur schildert die Eindrücke der Schamanen in seinem Buch „Der Flug des Kondors“. Der Schamane der Neuzeit Sariglar Vorbak-Ool, der über sich erzählt: „ich bin ein Schamane der siebten Generation. Und es gab verschiedene Schamanen: Es gab Teufelsschamanen, Schamanen mit dem Geist der Wälder, mit dem Geist der Flüsse. Das ist in mir vereinigt. Auch Schamanen kosmischer Gabe (…)“

Der englische Magier Austin Osman Spare beschreibt, wie man die „Todeshaltung“ einnimmt:
„Liege entspannt auf deinem Rücken und atme tief durch (...) Stehe auf deinen Zehenspitzen, mit hinter dem Rücken verschränkten Armen und gestrecktem Nacken, aufs Äußerste angespannt, und atme dabei tief (...) Starre auf dein Spiegelbild bis zu jenem Zeitpunkt, an dem es sich zu lösen scheint und du dich selbst nicht mehr erkennst, dann schließ deine Augen (...) und visualisiere. Das Licht, das dabei gesehen wird (meist ein X in seltsamen Ausformungen), sollte festgehalten werden, bis alle Anstrengung vergessen ist.“

Um den Kontakt mit dem Krafttier zu vertiefen und zu manifestieren, wird der Tiertanz durchgeführt. Diese Art der Besessenheit ist sehr stark und intensiv. Das Tier fährt dabei in den Körper des Schamanen ein, verdrängt das Ich des Schamanen und beherrscht den Körper. Dabei kann das Krafttier Heilungen am Körper des Schamanen und am Klienten durchführen oder der Schamane kann einen Seelenflug starten. Diese Trance kann vertieft werden bis zum Verlust der Kontrolle und der Besessenheit. Es findet immer ein Energieaustausch zwischen Tiergeist und Schamane statt.

In Indien nennt man die Praxis, mit Geistern sexuell in Kontakt zu treten, Prayoga. Bhaktiyoga dagegen ist die totale Hingabe zu einer Gottheit.
Die keltische Variante eines Zauberspruchs lautet (schamanische Extraktion):

„Bei der Kraft des Bären, fahre aus!
Bei der Kraft des Adlers, fahre aus!
Bei der Kraft der Stürme, fahre aus!
Bei der Kraft der Donau, bei der Kraft des Lechs, der Wertach und der Mindel,
Bei der Kraft der Zwerge und Alben,
Bei der Kraft von Wotan, Thor, Loki,
Bei der Kraft von Fenris, Niddkögg, Naglsfars
Und der Nornen – FAHRE AUS!“

Die angerufenen Geister müssen um Erlaubnis gebeten und besänftigt werden. Der Schamane richtet seinen Trommelstock auf den Geist und beginnt, den Geist zu bedrohen. Eine weitere Variante der Zauberei ist das Zerlegen. Der Geist wird vom Schamanen in viele kleine Teile gerissen und über das ganze Land verteilt:

„Ein Teil von dir in die Donau!
Ein Teil von dir in die Wertach!
Ein Teil von dir in die Lech!
Ein Teil von dir in die Alp!
Ein Teil von dir auf den Kaiserstuhl!
Ein Teil von dir in den Bodensee!
Ein Teil von dir in den Schwarzwald!
Ein Teil von dir in die Nordsee!

Ein Teil von den Krankheitsdämonen fortgenommen!"
(Aus: „Der Flug des Kondors".)

Ein Seelenteil kann in die Tore der Seele eingeblasen werden (Augen, Solarplexus, Kronen-Chakra).
Nach dem Einblasen des Seelenteils muss das Versiegeln der Öffnungen auf jeden Fall erfolgen. Danach muss der Schamane den Seelenanteil wieder integrieren.

Sofron Sateejev berichtete am 17.01.1925: „Wenn einer Schamane werden soll, so muss er eine besondere Zeremonie durchmachen, die Zerschneidung seines Körpers. Geister verstorbener Schamanen, der Vorfahren des betreffenden Schamanen-Kandidaten, nehmen dies vor. Beim Vollzug der Zerstückelung stirbt der Geprüfte."

Osip Rykunov erzälte am 17.01.1925: „Der werdende Schamane kränkelt anfangs lange Zeit. Er wird von Anfällen krampfhaften Singens erfasst. Die Geister singen, die in ihn eingehen. Die Krankheit dauert verschieden lange, zuweilen bis 5 oder 6 Jahre. Die Geister seiner Vorfahren, längst verstorbener Schamanen, steigen herab. Volle 4 oder 5 Tage lang liegt der Schamane ohne Gefühl da; aus seinem Munde tritt reichlich weißer Schaum; aus allen Gelenken rieselt Blut. (...) Man sagt, er habe die Sprache verloren. Er liegt halb tot da und atmet kaum."

Indianische Heilkunst
Bei den Azteken heißen die Pflanzen „Unsere grünen Schwestern". In jeder „grünen Schwester" wohnt eine omnipotente Geisteskraft.

1. Bärenkrankheiten: Psychische Erkrankungen.
2. Hirsch-Ansteckung: Rheumatische Erkrankungen.
3. Stachelschweinkrankheiten: Verstopfung, Harnverhalten, Gallenblasenprobleme.
4. Wind-Ansteckung: Herz- und Lungenleiden.
5. Schlangen-Ansteckung: Magenleiden, Rheumatismus, Hauterkrankungen.
6. Kaktus-Ansteckung: Juckreiz am Körper, Augenleiden.
7. Adler-Ansteckung: Kopfkrankheiten, Geschwüre.
8. Rote-Ameisen-Krankheiten: Harnverhalten, Beckenprobleme.
9. Feuerstein-Krankheiten: Verstauchung, Zerrungen, Brüche.
10. Böse-Geister-Krankheiten: Plötzliche Schwäche, Schwindel.
11. Mottenverrücktheit: Nervosität, Schlafstörungen, Verkrampfungen.
12. Hagel-Ansteckung: Verletzungen durch Wasser, erfrorene Füße.
13. Pfeil-Krankheiten: Fieber, Rheumatismus, Lähmungen.
14. Kojoten-Krankheiten: Halsschmerzen, Magenleiden.

Körperliche Phänomene: Krankheiten, Fixierungen, Ausleiten von Giftstoffen.
Seelische Phänomene: Phobien und Zwänge, Leugnung und Verdrängung, Regression, Ursprungsfamilie, Beziehungsdramen, Sucht, Selbstzerstörung.

Energetische Phänomene: Elektrosmog, Erdstrahlen, energetisches System.
Geistige Phänomen: Gedächtnislücken.
Okkulte und spirituelle Phänomene: Seelenbesetzung, Selenverlust, Seelentausch, Seelenverträge, schwarze Magie, Fremdbeeinflussung durch Geistwesen, Sekten und religiöse Zwänge, Lichtkörperprozess. Transformation und Karma. „Heiler-Krankheit", „Schuld und Sühne-Prozess".
Seelen- und Krankheitsvorstellungen im Schamanismus.
Curandero: Medizinmann, Heiler.

Curanderos

Die folgenden Heilpflanzen stammen von dem Schamanen Don Pedro Guerra Gonzales aus dem Amazonas.

1. *Almagico*: Der Baum wird ca. 20 m hoch. Der Durchmesser beträgt 50-80 cm. Er trägt 20-50 cm lange Blätter. Medizinbaum (Rinde) gegen Kolik, Durchfall, Verstopfung, Fieber, Malaria, Grippe, Viren, Parasiten.
2. *Annona* (Urbaum der Seele): Der Medizinbaum wird nur 5-6 m hoch. Blatt für Teeaufguss: Eine Tasse 3-mal täglich (oder 2 g in Kapseln, 3-mal täglich). Gegen Tumore, Parasiten, Depressionen, Diabetes, Wundreinigung, Leberprobleme. Diese Frucht wurde bereits von Columbus nach Europa gebracht.
3. *Cashew* (Nussbaum, der heilt): 10-12 m hoch. Stoppt Durchfall, gegen Grippe, Fieber, tötet Keime.
4. *Ceiba* (Urwaldriese): 60 m hoch. Medizinbaum mit Zauberkräften. Gegen Durchfall und Darmerkrankungen.
5. *Chinchona-Baum*: Darin findet sich das Chinin. Seit dem 16. Jh. gegen Malaria (Chinarinde), Haarausfall, Erektionsprobleme, Gelbfieber.
6. *Chuchuhuasi* (Urbaum des Geistes): Bis zu 30 m hoch und 20-30 cm lange Blätter gegen Arthritis und Rheuma. 1 gestrichener EL der Rinde wird in 1 EL Wasser gegeben und 20 min sanft aufgekocht. Ca. 3 Tassen täglich eine Woche lang trinken. Potenzmittel.

   Die in Alkohol gelegte Rinde ist gegen Muskelschmerzen und Magenprobleme, gegen Hautkrebs und Wechseljahresbeschwerden: Starke Abkochung der Rinde (2 Liter auf 1 Liter verkocht), eine Tasse täglich, 3 Tage getrunken.
7. *Baumblu* (Urbaum des Körpers) und Cobaiba: 15-30 m hoch. Entzündungshemmend, schmerzlindernd, gegen Keime, Pilze, heilt Wunden, schützt Magen-Darm-Bereich.

   Gegen Erkältung, Bronchitis, chronischem Durchfall, Hämorrhoiden, Nagelpilz im Anfangsstadium, Morbus Crohn, Magengeschwüre, Heliobacter, Erreger, Herpes, Hautkrebs, Leukämie, Brust- und Darmkrebs.

   5-15 Tropfen, 2-3-mal täglich, vermischt mit lauwarmen Wasser, 1 TL Honig/Joghurt. Der Balsam wird auf entzündete Hautstellen aufgetragen.
8. *Guanabana* (Urbaum des Lebens): Der Medizinbaum wird nur 5-6 m hoch. Blatt für Teeaufguss: Eine Tasse, 3-mal täglich oder 2 g in Kapseln.

Zerstört Tumore, gegen Bluthochdruck, Parasiten, Depression, Diabetes, Wundreinigung, Leberstörung.

9. *Grüne Kokosnuss*: Kokosmilch gegen Nierenprobleme und Nervenleiden, Durchfall.
10. *Lapacho*: Bis zu 30 m hoch, bis zu 700 Jahre alt. Verlängerung des Lebens. Medizinbaum aus dem Regenwald. Gegen Tumore, zur Stärkung (tawari-negro), gegen Diabetes, Lebererkrankung, Gallenblasensteine, Allergien, Durchfall, Grippe, virale Infektion, Parasiten, Pilz, Warzen, Schlangenbisse. Die Rinde soll 20 min auf kleiner Flamme gekocht werden (kann mit anderen Tees gemischt werden).
11. *Lapuna*: 40-60 m hoch. Spirituell gefährliche Pflanze.
12. *Sangre de Drago* (rettendes Baumblut): 10-20 m hoch. Gegen Magenschmerzen, Durchfall, Übelkeit, Geschwüre, Halsschmerzen, Magengeschwür, Herpes und Schuppen (äußerlich) Wunden und Verletzung, Zahnfleischentzündung, Hämorrhoiden, Dermatitis, antitumoral. Innerlich: 10-15 Tropfen in eine Tasse geben, 1-3-mal täglich trinken.
    Äußerlich: Einreibung 2-4-mal täglich, bei Herpes stündlich.
13. *Avocado*: Bis zu 20 m hoch. Gegen Nervosität, Stress, Magenprobleme.
    Avocado morgens und abends zu einer Tasse Maiskörner gegessen.
    Avocado-Kerne so klein wie möglich zerteilen, mit Salbeiblättern 4 Tage in 90 %-igen Alkohol legen, danach abseihen. Morgens und abends von diesem Absud trinken.
    Gegen Schlaflosigkeit: Eine Handvoll Rinde in 1 Liter Wasser kochen. Der Sud soll einige Tage ruhen. Vor dem Schlafen eine Tasse trinken.
    Gegen Zahnfleischbluten: Die Rinde kauen.
    Aus zerstoßenen Blättern Breiumschlag gegen Rheuma. Der Brei wirkt auch bei Verstauchungen.
    Gegen Durchfall: Die Mayas kochen die Avocado-Blätter 10 min. Täglich eine Tasse vor den Mahlzeiten.
14. *Achiote* (Annato): Gegen Prostatitis und Harnblasenentzündung. Antibakterium.
15. *Hercampuri*: Blutreinigung.
16. *Jergón Sacha* (Amazonenbaum): Schlangenbiss-Gegengift, Virose und Aids. 2-3 g Knollenpulver, 2-3-mal täglich oder 3-5 ml Knollen-Extrakt.
17. *Maca andina*: Menopausen-Beschwerden, sexuelle Störung, Gedächtnisverbesserung, Fruchtbarkeit. 2-3 g vom Pulver täglich.
18. *Manayupa*: Gegen Asthma, Blätter bei Durchfall kochen. Blutreinigung, Eierstockprobleme, vaginale Infektionen, Schwindsucht, bei Krämpfen und Schmerzen der Genitalien; Blätter gemischt mit Zitronenbaumsaft einreiben. Gegen Durchfall, venerische Krankheiten, Blutreinigung, Nierenreinigung und Harnwege, Vaginal-Ausfluss und Blutgerinnung. Einen Tag in Rum eingeweicht, stärkt den Rücken; eine Tasse 3-mal täglich trinken, 7-10 Tage.

19. *Muna Muna*: Gegen Entzündung der Luftwege, Verdauungsprobleme, unregelmäßige Menstruation, Parasiten, Larven und Schimmel-Infektionen.
20. *Sangre de Drago*: Amazonenbaum. Gegen Hautekzeme, Kehlinfektion, Tuberkulose, Magengeschwüre, Krebs und weibliche urogenitale Infektion.
    20 Tropfen in 20 ml lauwarmen Wasser lösen und mit Essen schlucken.
21. *Una de Gato* (Vilcacora, Samento): Heilung von Entzündungen, Wunden, Rheuma, Magengeschwüren, Krebs, bösartigen Geschwüren, Parasiten, Tumore, Lungenkrebs im Endstadium, Gehirnmetasthasen; täglich Einnahme eines Liters konzentrierten Una de Gato-Tees; Rückbildung.
22. *Umckaloabo*: Mittel gegen Bronchitis.
23. *Sutherlandia frutescens*: Gegen Aids, antitumorös, gegen Grippe-Viren, Panikattacken, Schlaflosigkeit, Magengeschwüre und Pilze. Schmerzstillend. Gegen Depression. Afrikanische Heilpflanze, Elixier). 1 TL 3-mal täglich.
24. *Rosenwurz-Samen*: Stärkt das Erinnerungsvermögen.
25. *Shang-Lu* (Kermesbeere-Samen): Alte chinesische und tibetische Heilpflanze. Alte Schamanenpflanze. Gegen Rheuma und Krebs.
26. *Ashwagandha-Samen*: Verjüngungsmittel (äußerlich angewendet).

Auf der Seelenebene der geistigen Chirurgie kommt es zum Kontakt zwischen der Seele des Patienten, seinen geistigen Führern und der Seele des Patienten. Der oberste Heilungsengel ist Erzengel Raphael. In der geistigen Engel-Chirurgie gehören das Entfernen einer Pfeilspitze, einer Kugel und das Verbinden von Arterien dazu. Nach der OP wird die Öffnung verschlossen.
Bei den Krankheiten gehört das Ausleiten von Giftstoffen dazu.

Naturgeist-Totem
(lichte Gesinnung) oder Totengeist-Totem (finstere Gesinnung). Totenreich und Ahnenreich. Die Schamanen stellen die Tinktur Kräuter und Dämpfe her. Sie rauchen tranceförderndes Kraut.

Naturgeisterwelt
Die Naturgeisterwelt wird von den großen Geistern beherrscht, die die Sterne, das Wetter und Elemente repräsentieren. Den großen Geistern sind die Totem-Geister zugeordnet. Die Schattenwelt stellt die Welt der Toten und die dunklen Mächte dar. Der oberste Geist der Schattenwelt ist der Namenlose, der viele Seelen in sein Reich bringen möchte. Das Totem-Symbol ist ein Tier, der als Schutzpatron dient. Die Farbe des Namenlosen ist Schwarz und Rot die Farbe der Ur-Ahnen. Auf der Spitze des Totem-Pfahles thront der geehrte Totem-Geist und unten sitzt das feindliche Totem. In der Mitte zwischen den Geister-Welten befindet sich meist ein Baum usw.
Ohne die Schamanentrommel, Flöte, Glöckchen, Rassel bleiben die Geister fern.
Das Tor des Schamanen zur Geisterwelt ist immer sein kleiner heiliger Teppich, der das Symbol der Urkraft und die Verbindung zur Geisterwelt ist. Wenn der

Teppich in der Mitte schwarzgemustert ist, so ist der Schamane von finsterer Gesinnung. Wer seinen Totem-Beutel verliert, kann durch böse Geister besessen oder wahnsinnig werden.

Internationaler Schamanismus
Bhopa – Hindu – Schamane
Hatali – Navajo – Medizinmann
Awenydd – Walisisch – Inspirierter
Mudang – Koreanisch – Schamanin
Noaide – Saami (Lappisch) –Schamane
Gongsai/jinpo – Zhuang (Chinesisch) –Schamane
Angaqoq – Inuit – Schamane
Sangoma – Zulu – schamanischer Heiler
Dhami – Nepalesisch – Schamane
Ilapo –Tibetisch – Orakel-Schamane

Erdung
Der schamanische Ruf des Spirit-Tanzes ist der Wunsch, in die Anderswelt zu tauchen, um dort Informationen oder Heilung zu finden. Wichtig ist hierbei ebenso das Heimkehren. Auf ein ruhiges Atmen achten.
Schamamen arbeiten mit der Kraft des Spirits, die die Kraft des Universums darstellt. Versuchen Sie, täglich in die Natur zu gehen, um sich zu erden. Setzen Sie sich auf die Erde und lassen Sie Ihren Atem beim Ausatmen in die Erde fließen. Beim Einatmen lassen Sie die Erde in sich hineinfließen. Lassen Sie sich von der Erde atmen.

Seelenreise
Welche Wege haben Sie in Ihrem Leben immer wieder beschritten? War es immer ein mystischer Hintergrund?

Die drei Welten
Es gibt die Oberwelt, die Mittelwelt und die Unterwelt. Ebenso existiert das kosmische Netz und verbindet alles, was multidimensional ist.

Schamanische Sitzung
1. Die Absicht, in die Anderswelt zu reisen.
2. Heilige Dimension und Reinigung des Ortes.
3. Einladung der Spirits. Dies erfolgt, indem der Schamane singt oder einen rituellen Tanz aufführt. Räucherwerk mit Getreide hinstellen.
4. Rasseln oder Trommeln. Man kann hierzu auch eine CD anhören, um zur Quelle zu gelangen. Hierbei werden die Augen mit einem Tuch (mit Fransen) bedeckt. Gedämpftes Licht wäre von Vorteil.
5. Die Reise kann zwischen 10 bis 40 Minuten variieren.

6. Dank an die Spirits und ihre Helfer. Man kann auch Opfergaben bringen. Lieder und Tänze können aufgeführt werden.
7. Ratschläge weitergeben.
8. Formulieren Sie Ihre Fragen präzise.
9. Bitten Sie Ihre spirituellen Helfer um Hilfe, wenn Sie in Schwierigkeiten stecken.
10. Suchen Sie nach Ihrem Krafttier. Fragen Sie alle Tiere, die Ihnen begegnen, ob es Ihr Krafttier ist. Lassen Sie sich von Ihrem Wächtertier begleiten.
11. In der Mittelwelt begegnet man meist den Elementargeistern wie Zwerge, Sylphen, Salamander, Nixen, Elfen, Feen, Gnome, Hausgeister usw. Ihr Reisezentrum könnte eventuell ein Heiliger Tempel sein. Der Sie inspiriert.
12. Nehmen Sie einen Edelstein in die Hand und kommunizieren Sie mit ihm. Nehmen Sie Kontakt zu Ihrem Steinhelfer auf und bedanken Sie sich bei ihm. Bewahren Sie den Kristall in einem Stück Stoff auf.
13. In der Unterwelt kann man die mythischen Klänge wahrnehmen.
    Die Wesen der Unterwelt sind Ahnenlehrer, Tiertotems, Zwerge, Wasser-Wächter und Drachen. Viele dieser Unterwelts-Gottheiten haben Hörner. In der Unterwelt kann man auch die Schatzkammer finden.
    Um in die Unterwelt zu gelangen, bedarf es einer Höhle, einem Brunnen oder einer Quelle. Es kann auch eine Baumhöhle sein.
    In der Unterwelt herrscht eine besondere Tiefe.
    Treffen Sie nun Ihr Krafttier oder suchen Sie nach Ihrem Schutztier oder einem Ahnenlehrer. Folgen Sie ihm. Bitten Sie die Unterwelthelfer um Heilung.
    Versuchen Sie, von Ihrem Ahnenlehrer zu lernen und das Ahnenmuster zu erkennen und es zu bereinigen oder zu transformieren.
    Reisen Sie solange weiter, bis Sie das Rückrufsignal hören. Bedanken Sie sich und kehren nach Hause.
14. Bestätigen Sie Ihre Rückkehr, indem Sie sich bewusst werden, in der Realität zu sein.
15. Um in die Oberwelt zu gelangen, müssen Sie aufwärts reisen. Ein hoher Baum, ein großer Berg, ein Wasserfall, ein Regenbogen, der Rauch eines Feuers etc. Steigen Sie nicht ohne Ihr Krafttier hinauf. Bedanken und verabschieden Sie sich von Ihren geistigen Helfern.
16. Entwirren Sie Ihren Inkarnationsfaden, indem Sie Ihre Spirits fragen: „Wo finde ich Seelenheil?“
    Unterbrechen Sie den Zyklus von Gewalt und Hass in Ihrem Umfeld.
17. Befassen Sie sich mit der Sternenkonstellation. Dabei sollten Sie mindestens einen Geisthelfer in Ihrer Nähe haben. Sie sollten sich jedoch nur manchmal mit den Sternen befassen, da diese sehr mächtig sind.
18. Fragestellungen an die Geistwesen:
    „Bitte lehrt mich .... (Ihr Anliegen)

Bitte heilt mich.
Bitte schenkt mir Kraft und helft mir mit ... (Ihr Problem)
Bitte verbindet mich wieder mit ...
Bitte helft mir, mein ... (Ihr Problem) umzuwandeln.
Bitte zeigt mir, wie ich ... nähren kann.
Bitte zeigt mir, wie ich ... (z. B. eine alte Freundschaft beenden) kann.
Bitte zeigt mir, was ich auf dem vor mir liegenden Weg beachten muss."

19. Oft kommt es vor, dass der Lehrer einen köpft, verstümmelt oder die Organe entfernt. Dabei geht es um ein heilendes Ereignis. In der Dzog Chen Schule des tibetischen Buddhismus meditiert man über diesen Prozess. Der Vorgang bedeutet, neu geformt und transformiert zu werden.
20. Die Methoden, in der Anderswelt voranzukommen, ist u. a. fliegen, kriechen, schwimmen, springen oder sich in Tiere zu verwandeln.
21. Reisen Sie nie in Eile.
22. Reisen Sie an einen Brunnen der Vergangenheit.
23. Rufen Sie Ihr Traum-Spirit. Sagen Sie dabei: *„Bitte zeigt mir Wege der Heilung."*
24. Im Schamanismus wird die Seele aus mehreren Teilen bestehend betrachtet. Deshalb kommt es zu Seelenverlust oder Seelenzerspaltung. Die Gründe hierfür sind Krankheit, Unfall, Operation, destruktive Beziehungen, Verlust, Vergewaltigung, Inzest, Gewalt usw.
25. Reinigen Sie Ihren Raum vor der schamanischen Arbeit. Fasten Sie vorher. Reisen Sie immer zuerst zu den Spirits, um zu fragen, ob Sie dem Klienten überhaupt helfen dürfen.
    Nach der schamanischen Arbeit räuchern Sie den Platz mit Rassel und Trommel. Bei der seelischen Reinigung können Sie folgendes Lied von Caitlin Matthews singen:
    „Die Kraft des Adlers ist in mir – die Kraft der Luft.
    Die Kraft der Schlange ist in mir – die Kraft des Feuers.
    Die Kraft der Delphine ist in mir – die Kraft des Wassers.
    Die Kraft des Maulwurfs ist in mir – die Kraft der Erde.
    Die Kraft der Abstammung ist in mir – die Kraft der Ahnen.
    Die Kraft der Spirits ist in mir – die Kraft der Götter.
    Die Kraft der Wahrheit ist in mir – die Kraft der innersten Stille.
    Sieben Kräfte, mich zu schützen und zu stützen,
    Furchtlos trete ich meine Reise an."
26. Nehmen Sie ein paar Gaben für Ihre Spirits mit (Kräuter oder Beeren in einer Schale). Rufen Sie die Spirits mit einer Glocke.
    Respektieren Sie alle Wesen.
    In „Das Lied der Seele" werden die Erdzyklen benannt. Ein gälisches Sprichwort darin lautet:
    „Drei Lebensalter des Hundes sind das Lebensalter eines Pferds.

Drei Lebensalter des Pferdes sind das Lebensalter eines Menschen.
Drei Lebensalter des Menschen sind das Lebensalter eines Hirsches.
Drei Lebensalter des Hirsches sind das Lebensalter eines Adlers.
Drei Lebensalter des Adlers sind das Lebensalter einer Eiche."

Helferspirits und Lehrer, Extraktion von Fremdenergien, die Geister der Meisterpflanzen und die Geister der Elemente sind die schamanischen Werkzeuge.
Die Achomawi-Indianer gruppieren die Kranken bei der Heilung in 6 Kategorien:

1. Die durch Unfälle Verletzten.
2. Diejenigen, die ein Tabu gebrochen haben und als Strafe eine Krankheit bekommen haben.
3. Die Krankheiten, die durch Ungeheuer kamen.
4. Krankheiten, die man durch Schmutz im Blut angesammelt hat.
5. Krankheiten, die durch einen anderen Schamanen verursacht wurden, indem er den Kranken vergiftet hat.
6. Krankheiten, die durch Seelenverlust entstanden sind.

Jeder Mensch hat eine Schutz-Fee. Wenn der Schamane stirbt, vergräbt man seine Utensilien. Es gibt Schamanen, die im Himmel fliegen. Schamanen sprechen eine Geheimsprache. Sie bilden eine Geheimgruppe. Sie können von der Ferne jeden töten, den sie wollen. Die Trommel kann erst vom Schamanen gebraucht werden, wenn die Geister die Erlaubnis dazu gegeben haben.
Schamanen benutzen die Milch als Gegengift. Sie haben 7 Geisthelfer.
Aus schamanischer Sicht ist jedes Lebewesen beseelt. Somit kann es geschehen, dass Seelenanteile verloren gehen und anschließend eine Lücke hinterlassen wird. Diese Seelenanteile muss man danach zurückholen. Wie können Seelenanteile verlorengehen? Es gibt hierfür mehrere Gründe:

1. Ein bestimmter Seelenanteil entflieht dem Körper, weil er ein traumatisches Erlebnis hat, das der Seele schaden könnte.
2. Es kann zu einem Seelendiebstahl kommen. Eine bestimmte Person raubt einer anderen ein Seelenanteil, um eigene Defizite aufzufüllen oder dieser Person zu schaden. Es funktioniert wie bei Energie-Vampiren.
3. Die betroffene Person hat Seelenanteile „verschenkt" und der „Beschenkte" ist nun aus dem Leben des Betroffenen gegangen (durch Trennung oder Tod) und hat diesen Seelenanteil mitgenommen. Es kommt zu einem energetischen Defizit. Dieser Seelenverlust kann bis zu physischen Erkrankungen führen.

Die Welt der Schamanen in Sibirien und Zentralasien, insbesondere jene der Völker der Mongolen, Burjaten und Tungusen ist mit jener der Turkvölker im Hochaltai, der Altaier, Chakassen und Tuvinen sowie mit der Bon-Religion in Tibet verwandt. Es gibt insgesamt 99 Tengris (Himmelsgeister) in der unteren und oberen Welt.

Die Sonne ist das Feuer und der Mond ist das Wasser. Die zentrale Rolle spielt im Schamanismus Vater Himmel und Mutter Erde. Die Geister der Unterwelt bringen die Geister der Krankheit mit sich. Es existieren auch Berggeister unter den Geistern. Die Bezahlung eines Schamanen erfolgt, um die Geister zu ehren.

Schamanen werden nach ihrem Tod zum Körmös (Geister mit Zauberkräften), deren Seele den Schamanen begleitet und ihm hilft. Eines Tages taucht gewöhnlich die Seele eines alten Schamanen plötzlich auf und versetzt den Auserwählten in einen Zustand der Katalepsie, der manchmal mehrere Tage andauert. Der Auserwählte hat in diesem Zustand der Bewusstlosigkeit eine Vision, in der er sich entscheiden muss, ob er wirklich ein Schamane werden will:

1. Der Auserwählte begegnet einem Totem-Tier des Stammes. Auf seiner Stirn hat dieses Tier meist ein Zeichen. Es führt ihn zu dem Baum, von dessen Rinde er seine Trommel fertigen muss.
2. Sobald er aus seiner Bewusstlosigkeit erwacht, geht der Auserwählte in den Wald, findet das Tier und den Baum seiner Vision und fertigt seine Trommel aus dem Fell des Tieres und der Rinde des Baumes.
3. Die Seele des Hilfsschamanen führt den Auserwählten in das Himmelreich und zerlegt seinen Körper in Einzelteile, die zusammengeflickt werden müssen, damit er mit neuen Schamanen-Kräften auf die Erde zurückkehren kann.
4. Aufgaben des Schamanen: Krankheiten heilen: Die Launen der Geister und der Seelen sind die Ursachen für Krankheiten.
5. Oba-Ritual: Kann mehrere Tage dauern. Wahrsagen: Er lädt einen Geist dazu ein, in den Körper des Schamanen zu dringen, aus dessen Körper der Geist dann spricht.

Oft hat der Schamane auch einen kleinen runden Spiegel auf seiner Brust, der die Angriffe böser Geister abwehren soll, oder um sie zu blenden. Außerdem soll der Spiegel Energie aus dem Universum für den Schamanen einfangen.
Als Gegenstand haben Schamanen auch oft einen Stock dabei, der das Pferd (oder ein anderes Tier) symbolisieren soll, auf dessen Rücken er in andere Welten reist. Die meisten Geister sind nachts stärker als tagsüber. Der Rauch des Wacholders gilt als Halluzinogene, der als heilig gilt.
Der Weltenbaum hat 9 Äste.

Türkischer Schamanismus
Der türkische Schamanismus war der Glaube aller Turkvölker, bevor ein Teil dieser Völker daraus den Tengrismus entwickelte. Manche Dolganen, Jakuten oder Altai-Türken gehen heute noch diesem naturverbundenen Glauben nach. Die Schamanen trugen ein Gewand, das Manyak genannt wurde. Da die Menstruation der Frauen als unrein gilt, dürfen bei manchen Stämmen die Frauen keine Schamanen werden.

Götter und Geister

1. *Kaira Khan*: Höchster Gott. Er haust im 7. Himmel.
2. *Erlik Khan*: Gott der Unterwelt. Er haust in der 7. Ebene der Unterwelt in einem Schloss aus grünem Eisen.
3. *Aykiz*: Mondgöttin. Sie haust mit dem Mond auf der 5. Ebene des Himmels.
4. *Ülgen*: Kriegsgott.
5. *Altay Han*: Ein mächtiger Geist. Er wohnt auf einem Berggipfel.
6. *Ancasin*: Gott der Blitze.
7. *Andarkan*: Gott des Feuers.
8. *Arah*: Göttlicher Richter der Unterwelt, der über sündige Menschen richtet.
9. *Ayata*: Gott des Mondes, sitzt in der 6. Ebene des Himmels.
10. *Demir Han*: Ein mächtiger Berggeist.
11. *Erdenay*: Götterbote.
12. *Kambarata*: Schutzgott der Pferde.
13. *Satilay*: Eine böse Göttin, die Verwirrtheit, Unausgeglichenheit und Geisteskrankheiten bringt. Sie lockt verzweifelte Menschen in den Suizid.

Man ging beispielsweise mit einer Schüssel Milch, Ayran oder Joghurt um die Jurte, wenn es bei einem Gewitter donnerte, um damit die Götter zu besänftigen.

Der Schamane ist ein Todesmeister. Er stirbt wirklich tausend Tode. Dämonen und Geister könnten ihn nicht mehr zurückbringen, sondern in die Verwirrtheit schicken.
Der Ethnologe Holger Kalweit schildert, wie bei den Eskimo die Seele noch drei Tage umherirrt, und danach in das Reich der Sednas als Tupilak (Geist) die Dorfmenschen angreift.
Der Schamane kann die Seele eines Menschen aus dem Kronen-Chakra austreten lassen, vor allem, wenn er raucht.

Nach Holger Kalweit sind die Synonyme für die Seele:
„Wind, Rauch, Schatten, (…) Spiegelbild im Wasser, Phantom, Umriss, Reflexion, Echo, Doppel, Lebensgeist, Geist, Irrlicht, das Unsterbliche in allen Menschen, Form, Ähnlichkeit, Erscheinung, (…) Hauch, Lebensatem, Pneuma, Geist, Doppel (…), Mana, Chi, Prana (…) Zwielicht, Atem."

Die Seele kann aus allen Körperöffnungen austreten.
Der Medizinmann geht auf eine Seelenreise und reitet der mythischen Ungud-Schlange, die aus seinem Phallus entstanden ist, in den Himmel. Dieses Phänomen erinnert an die Kundalini-Kraft, wobei auch hier die sexuelle Energie freigesetzt wird. Dabei bleibt er wie bei der außersinnlichen Erfahrung mit der Nabelschnur (mit dem Phallus) verbunden. In der Esoterik wird es als „Astralband" bezeichnet. Dies ist der Archetyp des kosmischen Seils zwischen Himmel und Erde. Die Schnur kann auch an anderen Körperstellen austreten.

In Australien haben die Medizinmänner ein „Luftseil", mit dem sie durch die Lüfte fliegen und in die Erde hinein sinken. Die Devil-Ärzte können an diesem Seil ins Totenreich hinaufsteigen.
Bei den Lakhern, in Hinterindien, ist der Jenseitswächter auch der Totenrichter, der die Seelen über ihr Leben befragt. Die Totenseele kommt bei den Nung in der Unterwelt an einen Todesfluss. Nur jene, die ohne Sünde gelebt haben, werden durchgelassen. Die Sündiger werden von der Brücke ins Meer gestürzt. So soll man Distanz zum irdischen Leben gewinnen.
Nördlich der großen Seen, in Kanada, wird z. B. ein Mann, der von sexuellen Exzessen geprägt war, mit der Vagina aller Frauen bepackt, mit denen er im Bett war. Genauso verhält es sich mit der Frau, die außerehelichen Geschlechtsverkehr hatte und die Geschlechtsteile aller Männer herumschleppen muss.
Nach südkoreanischem Glauben muss man nach dem Tode durch zehn Tore hindurch schreiten. Am elften Tor wird vom Richter abgewogen, und am zwölften Tor wird entschieden, wo die Seele hingehen soll.
In dem Buch „Die Welt der Schamanen" wird von einer kolumbianischen Schamanin, die eine Jenseitsreise mit den drohenden Gefahren hatte, Folgendes berichtet: „Ich kenne die ′andere Welt′. Ich war tot; jedenfalls glaubten das alle. Ich war bewusstlos (…) In diesem Zustand nahmen mich die Geister mit sich fort an einen Ort, wo es viele Tote gab. Ich sah dort viele tote Leute; manche kannte ich, Schwestern, auch andere Verwandte. (…) Ich konnte nicht von den Speisen der Toten essen. Die essen besser als wir; es gab Riesenmengen von Melonen und viel Fleisch. Dort haben sie alles. Ich durfte nicht essen. Ich konnte nur laufen und schauen. Ich durfte auch nichts berühren. Ich konnte auch nicht mit den Toten sprechen. Nur der Geist, der mein Führer war, sprach mit ihnen. Viele Tote wollten mit mir sprechen, aber mein Geist verbot mir das. (…) Will einer sprechen, so kommen alle (…) fingen alle an zu reden. (…) Der Geist sagte mir, dass ich nur ein wenig umherschauen, aber den Toten keine besondere Aufmerksamkeit zeigen sollte. Die Toten sehen aus wie die Leute hier. (…) Jener Ort ist genauso, wie es hier ist: Es gibt kalte und warme Gegenden; Orte mit Wasser und Orte ohne Wasser; es gibt Reiche und Arme, Kranke und Gesunde, es ist genauso wie hier."
Oft gibt es verschiedene Stufen – sieben, neun oder mehrere, die die Seele überwinden muss. An der mexikanischen Grenze muss die Seele eine Wanderung durch vier Stufen machen, bis sie ins Totenreich gelangt.
Die Seele erreicht bei den Yuma-Indianern nach drei Ebenen das Totenreich. In der ersten Ebene befindet sich die Erde, in der zweiten feiner Staub und in der dritten die Nebelwelt.
Bei den Tungusen existieren die Unter-, Mittel, und Oberwelt. Sterne, Sonne, Mond, manche Geister und Seelen leben in der Oberwelt. In der irdischen Dimension leben in der Mittelwelt Geister, Menschen und Tiere. In der Unterwelt leben die Totenseelen.

In der Mandschurei gehen die Tungusen von neun Himmeln aus. Die ersten drei werden von Geistern besiedelt, die Sonne lebt im vierten und in den restlichen leben Sterne und Planeten.
Im Abendland gilt Krankheit als Defizit und Schande.
Der Ungar Vilmos Dioszegi sammelte auf seinen Reisen schamanische Berichte: „Wie er zum Schamanen geworden ist? Krankheit überkam ihn, als er 23 Jahre alt war, und mit 30 Jahren wurde er ein Schamane. (...) nach den Folterqualen. Sieben Jahre lang war er krank. (...) Und er blieb ziemlich lange Zeit krank. Derjenige, der von der Schamanenkrankheit befallen wird und nicht zu praktizieren beginnt, muss schwer leiden. Er kann verrückt werden oder sein Leben lassen. Deshalb wird ihm geraten: ‚Du musst das Schamanentum anerkennen, damit du nicht mehr leidest!' Einige sagen sogar: ‚Ich wurde zum Schamanen, nur um der Krankheit zu entrinnen.'
Der für das Schamanentum auserkorene Mann wird zuerst von den schwarzen Geistern erkannt. Die Geister der toten Schamanen werden schwarze Geister genannt. Sie machen den Auserwählten krank und zwingen ihn dann, Schamane zu werden. (...)
Von da an, von dem Augenblick an, als ich auf den Schnabel der Krähe schlug, wurde ich sehr krank. Mein Geist war verwirrt. Ich litt über sieben Jahre."
Die meisten der auszubildenden Schamanen erkranken als Mädchen im Alter von 10 bis 12 Jahren und als Jungen im Alter von 20 bis 25 Jahren. Sie haben dann starke Kopfschmerzen, Erbrechen, Sehschwäche und Appetitlosigkeit.
Diese Krankheitsphase nennen die Sojoten „Albys". In dieser Zeit spricht der Schamane wirres Zeug, singt und gebärdet sich wie wahnsinnig. Der Schamane der Kkuyu; Mundu mugo, des großen Stammes Kenias, ist Profi im Hellsehen, Heilung von Krankheiten, Visionen, Kräuterheilkunde, Fruchtbarkeitszauber bei Frauen, der Spionage von Hexern und Heilung von Geisteskrankheiten.
Der Ethnologe Harvey schreibt über die die koreanischen Schamaninnen, dass diese sich in physiologischen Störungen wie das Tragen von Winterkleidern im Sommer, das Ausplaudern verschwiegener Dorfgeheimnisse, im Wahrsagen vorbeigehender Passanten ausdrückt. Diese Krankheit nennt man „Sinbyong", „von Geistern gefangen" oder „Geister sind herabgestiegen", wobei Halluzinationen auftreten. Koreaner gehen dem Glauben nach, dass die Geister diese verrückten Leute aufsuchen, deren „Maum" (Seele) gespalten und denen ein tragisches Schicksal widerfahren ist. Die Schamanen Koreas „Mu dang" stehen auf der untersten sozialen Stufe mit den Prostituierten, Wahrsagern, Schuhmachern, buddhistischen Mönchen und Go-Girls. Die männlichen Schamanen haben starke feminine Züge. Depressionen, Schicksalsschläge und Krankheiten lassen den Schamanen im Gebirge lange wandern oder ans Meer hinauslaufen, indem sie manchmal fremde Sprachen sprechen oder fanatisch tanzen. Die heilige Sprache, der heilige Gesang, die heiligen Gegenstände, die heiligen Symbole und die heiligen Drogen sind ein Teil des magisch-mystischen Universums. Eskimo-

Schamanen müssen sich z. B. nur noch als Skelett wahrnehmen können. Die Yogis in Tibet sollen so lange auf Leichen oder auf Friedhöfen über den Tod meditieren, bis sie den Zerfall ihres eigenen Körpers erleben und sich als Skelett sehen. Deshalb benutzen viele Yogis Knochen als Wahrsagemittel und auf den sibirischen Schamanenröcken ist oft ein Skelett abgebildet. Das Skelett versinnbildlicht die mystische Reinkarnation, was archaische Seelentransformation verkörpert.

Das Zerstückelungserlebnis ist oft eine seelische Krise und eine transpersonale Erfahrung. Dies ist der Archetyp der Todesvision und der inneren Wandlung.

In Indonesien muss der Schamane seinen Körper zerreißen lassen, bevor er den Geistern dienen kann. Den See-Dajaks wird der Kopf bei der Einweihung abgetrennt, ihr Gehirn wird herausgenommen, gereinigt und wieder eingesetzt, damit der Schamane einen reinen Geist erhält. Er wird erst ein Sehender, wenn die Geister ihm Goldstaub in die Augen blasen. Sein Herz wird mit einem Pfeil durchbohrt, damit er Mitgefühl gegenüber seinen Mitmenschen entwickelt. Bei diesen Ritualen wird über dem Schamanen eine Kokosnuss zerschlagen, um die „spirituelle Gehirnoperation“ auf irdische Weise zu veranschaulichen.

In Süd-Australien geht der Schamane mit einer Wasserschlange auf Jenseitsreise, bis sie ihn verschlungen hat. Die Schamanen-Medizinmänner legen ihm Muscheln auf die Körperteile, damit er unverwundbar bleibt. Sobald die Doktoren ihn ins Leben zurückgesungen haben, werfen die anderen Speere nach ihm, die an ihm abprallen, da er heilig geworden ist. Nun ist er offiziell ein Medizinmann.

Den sibirischen Schamanenschüler der Burjäten erscheinen die Utscha, die Urvorfahren, die ihn mit Messern in seinen Bauch stechen, Fleischstücke herausschneiden und damit um sich werfen. Die Geister kochen sein Fleisch im Kessel und essen es. Seine Haut verfärbt sich tiefblau.

In manchen Ländern gehen die Menschen eine Geistehe ein. Auch in Burma kennt man die Ehe mit einem feinstofflichen Wesen. Die Ablehnung einer Hochzeit mit einem Nat-Geist verursacht Schmerzen und Krankheit. Als ein 18-jähriges Medium sich einer Ehe widersetzte, verlor er sein Geld und seine Besitztümer und seine irdische Partnerin durch Tod, sodass er schließlich in seinem 45. Lebensjahr nachgab und den Nat-Geist heiratete.

Der psychisch „Abnorme“ ging in Sibirien eine sexuelle Beziehung mit einer Geistfrau ein, Kinder bekamen sie jedoch nicht. Sie erschien ihm u. a. als Wolf oder geflügelter Tiger, auf dessen Rücken er in ferne Länder flog. Der Geist schenkte ihm drei Hilfsgeister: Einen Panther, einen Tiger und einen Bären. Die Hilfsgeister verlangten nach Gaben, sonst schimpften sie.

Bei den Jakuten gibt es auch Ekstasegeister.

Es gibt drei Schamanenarten:

1. Den Siurinka samán, der für die Heilung zuständig ist.
2. Den Nemanti samán, der die Feiern abhält.
3. Den Kasati samán, der die Totenseelen ins Jenseits bringt.

Bei den Yebámasa im Amazonas gibt es fünf Grade der spirituellen Meister:

1. Másari Masi, der Ritualsänger.
2. Nangúri Masi, der Sprecher mythischer Texte.
3. Baséri Masi, der Heiler. Er heilt manche Krankheiten durch Saugen und Blasen von Tabakrauch auf die Wunde. Er kennt die Heilpflanzen und ist ein Schwarzmagier.
4. Masini Masi, der Allheiler.
5. Jé-Yái, der Schamane und Priester, der psychedelischen Trank zubereitet.

Während der Einweihungszeit müssen sich die Lehrlinge Rassel und Zauberstab basteln, fasten, Tabakwasser trinken, Tabakblätter kauen und lange Zigarren rauchen, was narkotisierend wirkt. Ekstatischer Tanz und rituelle Gesänge führen die Lehrlinge auf einem Seil zum Himmel hinauf.

Eine andere Droge ist der Takini-Baum, der den Schüler mit Fieber, Lähmungen, Erbrechen, Durchfall und Schüttelfrost quält. Die Droge wird von den Geistern beherrscht.

Michael Harner hält die Einnahme von Ayahuasca folgendermaßen fest:

1. Die Seele spaltet sich vom Körper ab und fliegt durch die Lüfte.
2. Visionen von Jaguaren, Schlangen und anderen Ur-Tieren treten auf.
3. Man begegnet übernatürlichen Wesen.
4. Visionen von Personen und Ländern erscheinen, die weit entfernt liegen.
5. Man ist in der Lage, kriminelle Delikte zu sehen.
6. Die Kunst des Wahrsagens tritt ein.
7. Schwindelgefühl.

Durch die Bekehrung zu einer anderen Religion verlieren die Schamanen all ihre magischen Kräfte.

Der Medizinmann der australischen Kurnai, in Begleitung seines Hilfsgeistes, klettert an einem Seil oder einer Treppe empor in den Himmel. Dabei öffnet ihm ein Totengeist ein Loch, durch das er hineinschlüpft. Deshalb haben die Indonesier in ihren Häuserwänden ein Loch, da es der Durchgang zur Welt des Geistes ist. Dies ist der „Weg der Geister“.

Von der Regenbogenschlange erhalten die Medizinmänner Kristalle, die ihn mit einem strahlenden Licht erfüllen:

„Ich bin gekommen
mit lebebendigen Wassern,
den Heilmitteln
der Wölfe,
den lebendigen Wassern,
dem Geistkristall. Ha wo ho.“

Schutz-Rituale

Zutaten: Salbei, Nelken, Margeriten, Safran, Rosenöl, Klettenwurzel, Zucker. Alle Zutaten in einem Gefäß aufkochen und ziehen lassen; in eine dunkle Flasche füllen und ein Glas Wasser hinzugießen und absieben. Drei Nächte auf dem Friedhof stehen lassen. Danach den eigenen Körper mit dieser Flüssigkeit reinigen. Mit einem Schutz-Symbol damit auf Türen, Fenster etc. ein Zeichen setzen.

Schutzgebet

Erklärung
DEIN-VORNAME = Dein Vorname dort einsetzen.
MUTTER-VORNAME = Vorname deiner Mutter dort aufsagen.
††† = 3 x bekreuzigen.

Männliche Form
Im Namen des Vaters, des Sohnes und des Heiligen Geistes ††† Amen.
Hilfe für deinen Untertan (DEIN-VORNAME), Sohn der (MUTTER-VORNAME).
Am Anfang war das Wort und das Wort zu Gott und Gott ist das Wort
und alles dadurch entstanden und entstanden nie ohne dies.
Ich beschwöre den Dämon taub und stumm! Ich beschwöre den Dämon
nun genommen von dieser Welt hinweg von dem Menschenkind (DEIN-VORNAME), Sohn der (MUTTER-VORNAME).
Ich beschwöre den Dämon des Krähens,
ich beschwöre den Dämon des Zungenbesprechens,
ich beschwöre jegliche bösartige Energie dass Ihr Euch entfernen sollt
vom Kopf, vom Sehen, vom Hören,
vom Mund, von der Zunge, vom Hals,
vom Magen, vom Bauch und von 300 Hormonen!
Entferne Dich vom Untertan Gottes (DEIN-VORNAME), Sohn der (MUTTER-VORNAME) und von meinem Haus!

Heiliger Cyprian von Antiochia, Heilige Justini, Heiliger Georg,
Heiliger Dimitri, Heiliger Nikolae, Heiliger Kosmas und Heiliger Damiane,
Erzengel Michael, Erzengel Rafael, Erzengel Gabriel!
Entfernt jegliche Art des Bösen, der Magie, der Krankheit, des Fluches, der Heimsuchung, des Zungenbesprechens!
Entfernt all dies von Euerem Gott Untertan (DEIN-VORNAME), Sohn der (MUTTER-VORNAME) und meinem Haus!

Entfernt von allen Ecken des Horizontes.
Entfernt von rechts und von links,
Entfernt aus Glas, vom Fluss, vom Grab,

vom Denkmal, vom Weg, vom Baum, vom Meer, von Knochen.
Zermürbt, gelöst und gebannt von dem Untertan Gottes (DEIN-VORNAME), Sohn der (MUTTER-VORNAME) und von meinem Haus.

IMON. Amen †††

Weibliche Form
Im Namen des Vaters, des Sohnes und des Heiligen Geistes ††† Amen.
Hilfe für deinen Untertan (DEIN-VORNAME), Tochter der (MUTTER-VORNAME).
Am Anfang war das Wort und das Wort zu Gott und Gott ist das Wort
und alles dadurch entstanden und entstanden nie ohne dies.
Ich beschwöre den Dämon taub und stumm! Ich beschwöre den Dämon
nun genommen von dieser Welt hinweg von dem Menschenkind (DEIN-VORNAME), Tochter der (MUTTER-VORNAME).

Ich beschwöre den Dämon des Krähens,
ich beschwöre den Dämon des Zungenbesprechens,
ich beschwöre jegliche bösartige Energie dass Ihr Euch entfernen sollt
vom Kopf, vom Sehen, vom Hören,
vom Mund, von der Zunge, vom Hals,
vom Magen, vom Bauch und von 300 Hormonen!
Entferne Dich vom Untertan Gottes (DEIN-VORNAME), Tochter der (MUTTER-VORNAME) und von meinem Haus!

Heiliger Cyprian von Antiochia, Heilige Justini, Heiliger Georg,
Heiliger Dimitri, Heiliger Nikolae, Heiliger Kosmas und Heiliger Damiane,
Erzengel Michael, Erzengel Rafael, Erzengel Gabriel!
Entfernt jegliche Art des Bösen, der Magie, der Krankheit, des Fluches, der Heimsuchung, des Zungenbesprechens!
Entfernt all dies von Eurem Gottes Untertan (DEIN-VORNAME), Tochter der (MUTTER-VORNAME) und meinem Haus!

Entfernt von allen Ecken des Horizontes.
Entfernt von rechts und von links,
Entfernt aus Glas, vom Fluss, vom Grab,
vom Denkmal, vom Weg, vom Baum, vom Meer, von Knochen.
Zermürbt, gelöst und gebannt von dem Untertan Gottes (DEIN-VORNAME), Tochter der (MUTTER-VORNAME) und von meinem Haus.

IMON. Amen †††

Telepathie

Telepathie-Anleitung:

1. Den Geist befreien.
2. Erden/zentrieren.
3. Navigation:
   Eine Zielperson finden.
   Einkommende Signale zurückverfolgen.
   Suggestion.
   Projektion.
   Halluzination.
   Abfangen.
   Störung.
   Änderung oder Störung mentaler Dateien.
4. Navigation: Die Manövrierung durch einen Geist auf telepathischer Ebene. Dies erreicht man, indem man spezifische Daten der Zielperson sammelt. Auch die Visualisierung ist eine Methode, die Quelle eines Signals zurückzuverfolgen.
5. Radionik: Radionik ist eine Technik des Aussendens von Gedanken, Mustern und Schwingungen an Menschen. Jeder Mensch hat ein feinstoffliches, unsichtbares Energiefeld. Wenn das Feld geschwächt wird, z. B. durch Stress etc., dann wird der Körper auch schwach. Das Ziel der Radionik ist es, das Energiefeld wieder herzustellen und die Krankheit zu lindern.

Teufelspakt

Ein Teufelspakt wird im Rahmen der Beschwörung eines bösen Geistes geschlossen. Man schreibt auf Pergament wie folgt:
„Ich (Name), verspreche ... (Name des Geistes) in dem Zeitraum von ... Jahren, in folgender Weise ... (Name des Geistes) zu entgelten, was er für mich bis dahin getan hat. (Es folgt eine genaue Formulierung der Abmachung).“
Der Vertrag wird zweifach angefertigt. Beide Verträge werden sowohl vom Geist als auch vom Magier unterzeichnet. Der Geist unterschreibt mit einem Siegel. Das zweite Exemplar wird nach der Unterzeichnung verbrannt und gelangt so in die Sphäre des betreffenden Geistes. Weder der Geist noch der Magier können vom Pakt zurücktreten. Sollte der Magier sich nicht an die Abmachung halten, wird der Geist alles daran setzen, ihm zu schaden und sich rächen.

Traumdeutung

1. Personen im Traum repräsentieren das Ich.
2. Männer symbolisieren den Animus.
3. Frauen symbolisieren die Anima.

Die folgende Traumdeutung ist eine Überlieferung nach dem chaldäischen und ägyptischen Traumbuch:

Aal: *Im sauberen Wasser*: Kurze, intensive Leidenschaften. *Im schmutzigen Wasser*: Warnung vor einer Gefahr. *Zubereitung und essen*: Krankheit. Von anderen Menschen gegessen werden: Warnung vor hinterlistigen Leuten und vor finanziellen Verlusten.

Abfall: Krankheit.

Abnehmen: Verluste im Geschäft.

Abgrund: Drohende Gefahr. Tod des Egos.

Adler: Ruhm und Reichtum. Erleuchtung. Geist.

Affe: Untreue.

Akkordeon: Glück in der Liebe.

Allee: Ruf verlieren.

Altar: Unglück.

Aluminium: Finanzielle Verluste.

Ameisen: Heirat.

Amme: Warnung vor Schwangerschaft.

Amputation: Tod eines Familienmitglieds. Geschäftliche Verluste.

Ananas: Reise.

Anker: Matrosen treffen.

Antilope: *Von oben herunterfallende*: Unglückliche Liebe.

Asche: Spirituelle Reinigung. Tod.

Aufzug: *Außer Betrieb*: Krankheit. *In Betrieb*: Enttäuschungen.

August: Bote einer schlechten Ehe.

Ausgraben: Negative Nachrichten.

Automat: Besuch einer unangenehmen Person.

Bach: Transaktionen. *Reißender*: Geschäftsprobleme, gefährliche Konflikte. *Ausgetrockneter*: Pech. *Trüb*: Brandgefahr.

Bad: *Dreckig und sumpfig*: Krankheit und Armut. Für eine schwangere Frau bedeutet dieser Traum Fehlgeburt oder Unfall. Für einen Mann bedeutet er Untreue. *Mit anderen Leuten baden*: Schlechte Gesellschaft.

Bär: Heiler.

Bahnsteig: *Auf einem toten Gleis stehen*: Krankheit und Unfall. *Auf dem Bahnsteig spazieren*: Feinde treffen.

Ball: Familienprobleme. *Fußball spielen*: Behinderung.

Ballon: Verlust einer Person. *In ihn steigen*: Riskantes Unternehmen. *In die Luft fliegen*: Reise.

Band: *Beschriftet*: Verlust eines Familienmitglieds.

Bande: Konflikte.

Bär: Probleme. *Für eine Frau*: Rivalin und Trennung. *Ihn töten*: Feinde besiegen. *Von ihm angegriffen werden*: Warnung vor Lügnern.

	Rennt der Bär weg: Finanzielle Sorgen. *Bärenfell*: Beruflicher Aufstieg. *Eisbär*: Betrüger.
Barometer:	Veränderungen. Zerbrochen: Probleme auf der Arbeit.
Baum:	*Gefällter*: Finanzieller Verlust oder Tod. *Klettern*: Aufstieg. *Schütteln*: Glück. *Unter ihm sitzen*: Gute Nachrichten.
Baumwolle:	Große Geschäfte.
Becher:	*Zerbrochen*: Elend zu Hause.
Beeren:	*Sammeln*: Glück. *Essen*: Krankheit. *Weiße Beeren*: Gewinn. *Rote*: Tod in der Familie. *Schwarze*: Sorgen. *Suchen*: Geschäftliche Verluste. *Finden*: Gewinn. *Holunderbeeren*: Glück und Reisen. *Reife*: Gesundheit.
Besuch:	*Einen Besuch im schwarzen Anzug abstatten*: Tod oder Krankheiten.
Bett:	Heirat.
Bettler:	Heirat mit einer reichen Person.
Biber:	*Ihn töten*: Probleme mit dem Gesetz.
Bienen:	Familienstreit und Konflikte.
Bierstube:	*Für eine Frau*: Einen Alkoholiker heiraten.
Blätter:	*Verwelkte*: Verluste im Geschäft.
Blei:	Erfolg im Geschäft. *Bleierz*: Unfallgefahr.
Blindheit:	Verlust einer Person, Untreue.
Blondine:	Untreue.
Blumen:	*Weiße*: Trauer. *Gelbe*: Verluste im Geschäft. *Strauß/Kranz*: Hochzeit. *Welkende*: Krankheit.
Blut:	Feinde.
Blutegel:	Krankheit in der Familie.
Bohnen:	*Essen*: Krankheit eines Freundes. *Getrocknete*: Materieller Verlust.
Bombe:	Traurige Nachricht. *Bombardierung*: Gericht.
Bonbons:	Vergnügung. *Bitter*: Krankheit oder Tod in der Familie.
Boot:	Kampf.
Bordstein:	Karriere. Ehe. *Herunterfallen*: Streit in der Familie. *Darauf sitzen*: Jobverlust.
Brücke:	*In einem schlechten, technischen Zustand*: Verlust teurer Gegenstände, Liebeskummer, Warnung vor hinterhältigen Feinden. *Von der Brücke ins Wasser fallen*: Gehirnkrankheit in der Familie. *Überspringen*: Einer Gefahr entgehen.
Brunnen:	*Bau*: Schicksalsschläge. *Hineinfallen*: Depressionen. *Versinken*: Feinde machen Intrigen. *Mit trübem Wasser*: Verschlechterung der gesellschaftlichen Verhältnisse.
Buch:	Ruhm, Heirat. *Telefonbuch*: Krankheit in der Familie. *Altes*: Hinterhältige Leute. *Verbranntes*: Leid.

Buchhandlung: Literarischer Erfolg.
Buckel: Erfolg.
Bügeleisen: *Verbrennen*: Sorgen, Krankheit, Rivalen. *Kalt*: Glück.
Bulle: *Vom Bullen verfolgt werden*: Gefährliche Feinde. *Kauf*: Streit in der Familie. *Kampf*: Leid. *Ihn töten*: Ausweichung einer Gefahr. *Weißer*: Ehrungen. Heirat für eine Frau.
Bummel: *Andere bummeln sehen*: Warnung vor Rivalen.
Bürgermeister: Hoher Posten.
Delphin: Heiliger Bote.
Diamant: *Finden*: Verlust. *Verschlucken*: Reichtum. *Verlieren*: Probleme. Tod in der Familie.
Drache: Spirituelle Kraft.
Echo: Gute Nachricht von Freunden.
Eidechse: Für den Mann einer Frau bedeutet es Behinderung. Hüterin der Traumzeit.
Eier: Glück in der Liebe. *Zerschlagen*: Misserfolg. *Faule*: Verlust. *Rühreier*: Nachbarschaftsstreit. *Vogel-Eier*: Erbe. *Kaufen*: Erfolg.
Einäugiger: Intrigen und Verschwörungen.
Elefant: Gegner. Guter Job. *Für einen Alkoholiker*: Krankheit, Vergiftung oder Tod.
Ente: Reise. Glück. Ehe und Kinder. *Tauchende*: Warnung vor schweren Lebensbedingungen.
Erbrechen: Krankheit, Unfall, Behinderung. *Andere erbrechen sehen*: Falsche Freunde.
Erbsen: Reichtum, Gesundheit, Glück in der Ehe.
Erdbeben: *Für einen Kranken*: Tod. *Sonst*: Umzug. *Hören*: Pech im Geschäft, Nachbarschaftsstreit.
Erdbeeren: Glück in der Liebe. *Essen*: Enttäuschung.
Erdkunde: Reise.
Erdöl: Krankheit.
Ertrinken: Krankheit.
Eule: Todesnachricht. Visionär. Magisch. Mystizismus. Trägerin uralter Geheimnisse.
Fisch: Fruchtbarkeit. Christus-Licht. Spirituelles Wissen.
Fledermaus: Transformation. Dunkelheit. Reinkarnation. Heilige Mysterien. Die Große Mutter.
Frosch: Hochzeit. *Quaken*: Gute Nachricht. Transformation. Reinigung. Erdgeist.
Gans: Transformation. Mystische Reisen.
Gefangener: Verrat, Leid. Gesellschaft asozialer Leute.
Geier: Tod und Wiedergeburt. Prophetie. Die Große Mutter.
Hahn: Sexualität. Opfer.

Hirsch: *Hirsche im Park*: Familientragödie. Potenz.
Holzlatten: Überwindung der Hindernisse.
Honig: Hochzeit.
Hören: *Geräusche in der Stille:* Geisteskrankheit.
Hund: *Kranker*: Krankheit. *Von einem tollen Hund gebissen werden*: Gehirnkrankheit in der Familie. *Bellender*: Schlechte Nachrichten. *Jagdhund*: Kauf eines gestohlenen Gegenstandes. *Schwarzer*: Ehebruch. *Weißer*: Erfolg, Heirat. *An der Leine*: Diebstahl.
Hyäne: Verlust im Geschäft, Streit, Ziel der Schwätzer und Lasterhaftigkeit.
Katze: Sieg eines Feindes, Verrat. Elend. Negative Nachrichten. *Schwarz*: Tod eines Freundes.
Kekse: Einladung zu einer Hochzeit.
Kerzen: Verarmung. *Leuchtend*: Intimes Treffen. *Löschen*: Unerwünschte Gäste loswerden. *Mit der Hand löschen*: Negative Nachrichten. *Brechen*: Tragischer Tod in der Familie.
Kirschen: Ewige Liebe.
Kissen: Luxus. *Nähen*: Ledig bleiben.
Käfer/Skarabäus: Metamorphose. Auferstehung.
Kobold: Unmoral, die zum Verhängnis führt. Trennung.
Kobra: Feinde.
Kognak: Unerwiderte Liebe.
Komet: Krieg, Armut, Pest, Mord. Man sollte Reisen verschieben. Misserfolge. Spiritualität.
Kommode: Erbschaft.
Krokodil: Alte Kraft.
Läuse: Krankheit.
Leiter: *Gebrochen*: Enttäuschte Liebe. *Am Fenster stehend*: Diebstahl. *Herunterfallen*: Unglück.
Leopard: Verborgenes Wissen.
Lilie: Krankheit, Tod. *Im Garten*: Frühe Ehe.
Löffel: Einladung zu einem Fest oder einer Hochzeit. *Stehlen*: Armut.
Lokomotive: Reise. *Kaputt*: Finanzieller Verlust. *Pfiff*: Nachricht.
Maus: Feinde. *Viele*: Familienprobleme, unehrliche Freunde, Pech im Geschäft, schlechte Ehe. *Sie töten*: Feinde besiegen. *In der Kleidung versteckt*: Skandal.
Milch: *Trinken*: Glück. Gute Ernte und gute Reise. *Verkaufen*: Liebesglück.
Möbel: *Von fremden Menschen hereingetragen*: Familiengründung. *Herausgetragene*: Jobwechsel wegen einer Krankheit in der Familie.
Mönch: Finanzieller Verlust. Tragödie. Konflikte. Negative Reise. *Sein*: Nachrichten über Krankheiten oder Tod.

Möwe: Botin der Spiritualität.
Mond: Liebesglück. *Vollmond*: Ehe. Gute Ernte.
Moor: Krankheiten.
Mörder: *Mit blutbeschmierten Händen*: Unglück.
Morgendämmerung: Schulden.
Mosaik: Einladung zu einer Hochzeit.
Müll: Schlechte Gesellschaft. Skandal.
Mutter: *Tot oder krank*: Tatsächliche Krankheit oder Tod in der Familie. *Weinende*: Erkrankung oder Gefahr.
Nacht: Veränderung. *Spazieren gehen*: Unglück und Tod in der Familie. *Sternenklar*: Glückliche Zukunft.
Nadel: *In der Hand halten*: Unglücksfall. *Verlieren*: Brand. *Brechen*: Armut.
Nelken: Affäre.
Nieren: Familienstreit. *Kranke*: Krankheit oder Tod in der Familie.
Nilpferd: Geburt. Verkörperung der Großen Mutter.
Pantoffel: *Wegwerfen*: Trennung. *Verlieren*: Scheidung oder Trennung.
Pegasus: (Flügelpferd), Spiritualität. Mystik. Heiligkeit.
Pferd: *Weiß*: Gute Geschäfte. *Vom Pferd herunterfallen*: Rivale oder Gegner.
Pistole: Unglück.
Rabe: Bote des Großen Geistes. Alte Mysterien. Gestaltwandler. Magie.
Ruine: Krankheit, Trennung. *Antik*: Reise in ein exotisches Land.
Schlange: Geistige Heilung. Versuchung. Intrigen. Transformation und Auferstehung.
Schmetterling: Transformation.
Schüssel: *Leer*: Misserfolg und Krankheit.
Schnee: Reinigung. Blockierte Gefühle.
Schuhe: *Neue kaufen*: Baldige Reise. *Nasse*: Krankheit. *Enge*: Krankheit. *Holzschuhe*: Armut. *Tragen*: Trennung. *Neue tragen*: Gute Geschäfte. *Alte und abgetragene*: Krankheit, Betrug.
Schwan: Transformation.
Schwimmen: Tod im Freundeskreis.
Seil: Verwickeltes Schicksal.
Selbstmord: *Leute, die ihn begehen*: Man wird geisteskranke Leute treffen. *Selbst begehen*: Psychische Krisen.
Skorpion: Intrigen.
Spielzeug: *Kaputt*: Tod oder Krankheit.
Spinne: Trennung. Karma.
Tasche: Geschenk. *Leer*: Geldausgaben. *Kaputt*: Diebstahl.
Taschenlampe: Intrigen.
Teller: Einladung, Liebe. *Zerschlagen*: sorgen. *Kaufen*: Besuch.

Tintenfisch: Altes Wissen.
Tod: Transformation.
Topf: *Zerbrechen*: Streit. *Verrostet*: Bittere Enttäuschung.
Trommel: Schamanenreise.
Ungeheuer: In Ihrem Umfeld verhält sich jemand ungeheuerlich.
Vampir: Warnung vor Betrügern.
Vogel: Bote des Großen Geistes.
Weintrauben: Hochzeit.
Zeit: *Abzählen*: Brief.
Zeitung: Nachricht, Berufswechsel.
Zeuge: Raubüberfall oder Misshandlung.

Trennungszauber

Eingeleitet wird alles immer mit den Worten:

„Heiliger Vater im Himmel, verzeihe mein Tun im Himmel, wie auf Erden, aber ich tue es aus Liebe zu ihr/ihm! Amen."

Tragen Sie einen Kristall und vergraben Sie diesen vor dem Haus des Opfers. Ebenso eine Puppe vergraben. Stoßen Sie der Puppe ein Messer ins Herz und sagen Sie dabei: *„... (Name der Person), du wirst ihn nie heiraten!"*
Dabei Weihwasser auf die Puppe ausgießen. Besorgen Sie sich ein kleines Grab für die Puppe. Nachdem man Graberde von Grab 7 und 13 vom Friedhof geholt hat, soll man folgendes 7-mal sprechen:

„So wie du hier ruhst, soll deine Liebe zu ihm/ihr auf ewig hier ruhen! Im Namen des Vaters, des Sohnes und des Heiligen Geistes. Amen."

Dazu häuft man einen Hügel im Wald oder auf dem Friedhof und stellt bei Dunkelheit ein Holzkreuz auf den Hügel. Dann legt man sieben weiße Lilien drauf und betet 7-mal, derweil man geweihtes Wasser über das Grab sprengt. Wenn die Lilien völlig verwelkt sind, nimmt man die toten Blumen und legt sie vor die Tür des Feindes, indem man 7-mal spricht:

„So wie diese Lilien tot sind, sollst du auf ewig schweigen und nie wieder mein Freund sein! Über dich soll Schande und Unglück kommen, so wie über mich es kam! Amen. Vater im Himmel, vergib mir mein Tun! Amen."

Nach 7 Wochen werden Sie eine Veränderung bemerken.

Schweige-Magie

Man muss drei Monate „schweigen". Man darf in dieser Zeit nur mit der Mutter, dem Vater, den Geschwistern und dem Partner sprechen; notfalls auf der Arbeit.
Man soll eine Puppe mit dem Namen des Partners selbst anfertigen. Auf die Puppe tropft man dann sein eigenes Blut und sticht mit einem spitzen Messer um genau 12 Uhr Mitternacht in die Brust der Puppe und spricht 7-mal dabei:

„Im Namen Allahs des Allmächtigen, du sollst für immer schweigen! Alles Unglück der Erde soll auf dich fallen! So geschehe es im Namen Allahs des Allmächtigen!“

Die Puppe werfe man mit der Erde des Friedhofes von Grab 7 und 13 in fließendes Flusswasser. Auch drei Tage später bei Mondschein sage man siebenmal:

„So wie das Wasser zum Meer fließt, so sollst du dich von mir entfernen! Allah sei mir dabei behilflich.“

7-mal Blut-Eid in der Kirche

„Ich (Ihr Name), ein Diener Luzifers begehe und erbitte deine Hilfe und beschwöre dich, durch das Wasser und Feuer, Luft und Erde, und was darin lebt und sich bewegt, durch die allerheiligsten Namen der Erzengel „Agios“, „Tekirios“, „Petraulitus“, „Alpha et Omega“, Anfang und Ende von Luzifer und Mensch, beschwöre ich alle Geister des Himmels und der Unterwelt um Hilfe, damit sich ... (Name des Partners) von ... (Name der Frau/des Mannes) in alle Ewigkeit trennt und zu mir (Ihr Name) kommt, für alle Ewigkeit. Er soll sich nie wieder von mir lösen können und mit mir in alle Ewigkeit verbunden bleiben.
(Name des Partners) soll den Mut und die Kraft besitzen, zu jeder Tages- und Nachtzeit nur noch an mich (Ihr Name) zu denken und den Mut finden, sich von seiner Frau/ihrem Mann (Name) zu lösen.
Ich, (Ihr Name), schließe eine Bund mit dem Erzengel „Luzifer“, damit sich ... (Name des Partners) aus ... (Ortsname) von seiner Frau/ihrem Mann ... (Name der Frau/des Mannes) aus ... (Ortsname) für alle Ewigkeit trennt. Sein einziger Gedanke soll sein, mich (Ihr Name) zu lieben und mit mir den Bund der Ehe einzugehen, sein. Für diesen Bund gelobe ich ewige Treue dem Erzengel Luzifer.“
Dieser Brief muss mit sieben Tropfen Blut unterschrieben werden und neben dem Haus mit dem Weihwasser mit Blut rituell vergraben werden.
Das Ritual muss 7-mal in der Kirche wiederholt werden, wobei die Hand mit den Fingern als Schwur gehalten wird. Anschließend muss etwas Weihwasser für das Ritual vor dem Haus mitgenommen werden.

Türkische und arabische Magie

Im folgenden Kapitel geht es um die türkische und arabische Magie. Im Orient wird häufig der Hoca (islamischer Geistlicher) zu Rate gezogen, wenn es um Zauberei und Hexenkunst geht. Der Hoca hat dann den Auftrag, meist Liebesmagie auszuführen. Diese Kunst der Magie wird beim Hoca sehr geheim gehalten, da der Zauber sonst nicht wirken könnte.
Der Hoca arbeitet meist mit Cin (Dschinn). Er liest dabei aus dem Wasser oder aus dem Kaffeesatz, um die Zukunft zu deuten.

Die Menschen im Orient greifen sehr oft zu archaischen, magischen Mitteln, um zu ihrem Ziel zu gelangen. Die Magie im Orient ist äußerst stark.

Um jemanden in den Wahnsinn zu treiben

Vor dem Namaz (moslemisches Gebet), an einem Freitag, noch in der Dunkelheit, ruft man den Namen des Opfers 7-mal an. Danach ruft man die Erde 7-mal, die Luft 7-mal an und bläst ins Wasser 7-mal hinein. Man bespricht also das Wasser mit dem unten beschriebenen Gebet.

Am nächsten Tag zeichnet man drei Dreiecke auf ein Papier, in die man den Anfangsbuchstaben des Namens des Opfers hineinschreibt. Danach murmelt man: „Allah Allah ya ilah“ (3-mal) und 7-mal: „Ya Cin kabzehu“ und bespricht dabei die Dreiecke.

Anschließend spricht man ein Gebet aus dem Koran und murmelt: „Ya Cin!“

Diese Prozedur wiederholt man 9 Tage.

Versöhnungs-Amulett

Man nehme Haare von zwei Verliebten, die miteinander zerstritten sind, lege die Haare in ein Dreieck, schreibe in alle drei Ecken „Ya hak“. Spreche dabei die Worte „Bismihi hayrihi vela gayrihi ya kafi“ und blase den Personen ins Gesicht. Diese Prozedur geht 4 Tage lang.

Am nächsten Tag lege man die Sachen in einen blauen Seidenstoff, den man unter einer Kerzenflamme vorsichtig zum Schmelzen bringt und in einen grünen Stoff näht.

Dieses Amulett nennt man im Türkischen „Muska“. Man bespricht es mit Suren aus dem Koran und bittet dabei Allah um Hilfe.

Nachdem das Opfer das Muska erhalten hat, dreht der Mann 7 Touren um das Haus seiner Geliebten. Bei jeder Tour bläst er die Worte „Ya ilah bismillah“ in die Luft. Dann muss er das Muska in der Nähe des Hauses vergraben.

Nachdem sich die beiden versöhnt haben, gräbt man es aus und vergräbt es im Wald.

Muska des Gefallens

Um jemandem zu gefallen, nimmt man vom Opfer die Haare und Fäden seiner Kleidung, die man miteinander verwebt. Während dieser Prozedur bespricht man es 41-mal mit „Ya Rahman“. Die Haare bespricht man mit „Bismihi subhanehu“. Alles zusammen muss man dann zu einem Dreieck rollen und mit geschmolzenem Bienenwachs binden.

Danach muss man den Namen des Opfers wiederholen, indem man 7-mal „hubbul cemil/cemile“ sagt.

Die zusammengebündelten Haare werden über der Kerzenflamme 7-mal gedreht: „Ihraku haza kalbihi ya settar“. Dabei werden nebenbei arabische/türkische Räucherungen gemacht, indem man in die Flamme den Namen geheimnisvoll spricht.

Anschließend wird 3-mal der Namaz ohne Selam durchgeführt. Stattdessen wird „Ya Cin cenne cenne cenne“ in beide Richtungen ausgesprochen.
Nun kann man die Haare in blaue Seide einwickeln und in einen grünen Stoff einnähen.
An einem Freitag, vor dem morgendlichen Gebet, sagt man 41-mal „maasallah“ und 7-mal „inshaallah“, indem man demjenigen auf die Brust bläst. Danach liest man eine kurze Sure, mit der man das Wasser aus der Moschee bespricht. Dieses Wasser muss er anschließend trinken.

Um den untreuen Ehemann zu bändigen
Der Hoca nehme ein paar Haare von der Ehefrau und wird nach dem Abend-Namaz, 3 Nächte später, mit Hilfe des Bienenwachses zu einer Kugel geformt. Am nächsten Freitag wird der Name des Mannes 101-mal erwähnt und dann „Ya shafi“ wiederholt.
Der Name der Frau wird 99-mal genannt und ihre Haare in einem grünen Stoff eingenäht. Danach betet man auf dem Teppich, indem man 99-mal „Ya settar“ spricht. Danach: „Ya sübhan“ (7-mal) und 3-mal: „Ya rahman.“
Nach 3 Tagen werden die Kügelchen in Form eines Dreiecks in die Nähe des Hauses des Mannes vergraben.

Muska, um Streit zu schlichten
Auf einem Pergament wird der Name der Frau in einem Kreis, mit der Sure „Kamer“ und der Name des Mannes außerhalb des Kreises mit einer Sure (Shems) aufgeschrieben. 99-mal „kulhuvallah“ und 3-mal die Sure „Elham“ ausgesprochen und mit Bienenwachs befestigt.
Nun wird 3-mal „elhamdulillah“ gesagt, indem man es in einen Seidenstoff und grünen Stoff einnäht. Während des Zunähens sagt man 28-mal: „Bismillahirrahmanirrahim“.

Um den Liebeswahn zu stoppen
Vor dem Morgen-Gebet soll man in eine Tasse Wasser (aus der Moschee) ein kurzes Gebet sprechen. Das Wasser wird sodann über einer Kerzenflamme 7-mal gedreht. Bei jeder Umdrehung wird der Name des Verliebten ausgesprochen: „Ya rahman, ya rahim, ya kerim“.
Daraufhin schreibt man auf ein Pergament-Papier in einem Kreis 7-mal: „Ya hallakul insan ve´l Cin“. Anschließend pustet man demjenigen ins Gesicht, indem man aus dem Wasser 7 Tropfen nimmt und diese auf die Person tropfen lässt, indem man Folgendes sagt: „Bismillah ya Allah!“ Mit dem restlichen Wasser liest man 3-mal „kulhuvallah“ und 3-mal „elham“. Danach muss sich derjenige mit dem Rest des Wassers das Gesicht waschen, indem er 41-mal „Bismillah ya ilah“ sagt.

Um den Partner zurückzubringen

7 Nächte lang zitiere man: „Enuhin Shenuhin Shensenuhin tevekkel ya meymun aba Nuh veclib b´ve beyyic filane bin filane bi hakki layahimin, leyalaghvin, leyafurin, leyarusin, leyaruughin, leyarusin, leyashelshin. Elvehan“. Dann 3-mal: „Elace“ und 3-mal: „ Essaate.“

Um Cin zu vertreiben

Die Person, die von den Cin angefallen wurde, muss sich an einem Freitag hinsetzen. Der Hoca muss der Person nach dem Abend-Gebet die Sure des „Nas“ ins Gesicht besprechen, um die Cin zu vertreiben. Dann wird 3-mal „kuhuvallah“ und 2-mal „elham“ gelesen. Der Hoca pustet das Gebet in alle Richtungen. Er nimmt sodann aus einem besprochenen Wasser (aus der Moschee) einen Teelöffel und gießt es auf die Haare der Person. Die gleiche Prozedur wiederholt er 2 Tage lang. In der nächsten Nacht schreibt der Hoca auf die Brust der Person 7-mal „Allah“, 7-mal „Peygamber“ (Prophet), 3-mal „Cin“. Dann bespricht der Hoca 7-mal die Sure „Nas“ auf seine Brust. Die Schrift wird anschließend mit einem Stoff in das Wasser getaucht und verwischt. Dieser Stoff wird vom Hoca auf die Stirn der Person gelegt.

Danach muss man 7-mal „niyaz“-Namaz beten. Der Name der Person wird dann genannt und 4-mal in alle Richtungen gegrüßt. Diese Prozedur erfolgt an zwei weiteren Tagen.

Auf die Brust wird danach 40-mal „Bismillahirrahmanirrahim“ besprochen. Dann 70-mal „subhanallah“ um die Person gepustet. 40-mal „euzubillah minelcin“. Dies wird 2 Tage wiederholt. Am 7. Tag gibt man demjenigen ein Muska mit folgender Inschrift: „1001-mal Allah“, das er unter sein Kopfkissen legen muss.

Magische Praxis beim Hoca

Im Folgenden können Sie etwas über die magische Praxis erfahren, die ich, Leyla Sehrazat, bei meinem Großvater Ali Sehrazat, dem Hoca (islamischer Geistlicher und Medium), gelernt habe:

Mein Großvater Ali arbeitete oft mit Cin (islamische Geister). Er konnte Menschen mit Hilfe der Cin aus dem Koma holen. Doch er arbeitete nicht immer mit den guten Cin. Mein Großvater erklärte mir, dass Wahnsinn, Unheil und Epilepsie durch Cin verursacht werden. Die Symptome bei den Betroffenen sahen so aus, dass sie grundlos schrien oder andere Menschen angriffen. Um eine Besessenheit auszutreiben, bediente sich mein Großvater des Sihr (Zauberei), den er anhand der Sterne- und Planetenkonstellation praktizieren konnte. Selbst die Behandlung von Impotenz, Wahnvorstellungen, Schutz gegen den bösen Blick und Neid und Schutz gegen das Teuflische war ihm möglich.

Am ersten Tag der Widder-Dekade fertigte der Großmeister ein Amulett aus Kupfer an, das er mit dem Wort „Aldimiach“ eingravierte, um Liebe anzuziehen.

Um eine Trennung herbeizuführen, gravierte er zu Beginn der Löwe-Dekade das Wort „Almazan“ ein.
Im Zeichen der Jungfrau werden Krankheiten verbannt, wenn man „Achureth“ schreibt.
„Allatha“ ruft Scheidungen hervor, wenn man das Amulett im Skorpion-Zeichen anfertigt.
„Sadabeth“ im Sternzeichen des Steinbocks bringt Glück in der Ehe.
Ein in der Fische-Dekade angefertigtes Amulett mit dem Wort „Abothan“ gibt Sicherheit in einem gefährlichen Gebiet.

Bei der Heilung verschiedener Krankheiten benutzte mein Großvater folgende Pflanzen:

1. Immergrün-Pflanze: Die Blätter der Pflanze werden gepflückt und getrocknet. Gegen zu viel Menstruation, Nasenbluten, Zahnfleischentzündung (gurgeln), Diabetes, Herzbeschwerden, fördert die Gehirndurchblutung, gegen Innenohrbeschwerden. Nach 10-15 min 3 Tassen täglich warm vor den Mahlzeiten trinken. Nicht während der Schwangerschaft trinken!
2. Klebkraut: 2-3 Tage trocknen lassen. Blutreinigend, gegen Hautkrankheiten, Krebs, Hysterie, Epilepsie, Parkinson, Potenzprobleme, Wunden, hautstraffend, Halsbänder stärkend, gegen Geschwüre, blutdrucksenkend, harntreibend, fördert die Gewichtsreduzierung. 1 TL der Pflanze werden mit einem Glas Wasser gekocht, 10 min durchziehen lassen. Davon 2-5 Tassen täglich warm trinken.
3. Grünhafer: Antidepressiva, wird gegen Alkohol-, Nikotin- und Drogenproblemen eingesetzt. Stärkt das Nervensystem, gegen Schlaflosigkeit und Herzrhythmusstörungen. 1 EL Grünhafer mit einer Tasse Wasser aufkochen. Nach 10-15 min abseihen. Täglich 3-4 Tassen ohne Zucker trinken.

Mein Großvater Ali, der Magier, fastete einen Monat lang, bevor er magisch arbeitete, um die Cin anzurufen. Seine Technik bestand darin, seine Hände, Füße, sein Gesicht, seine Augen und Ohren fünfmal am Tag zu waschen. Er schloss sich in seinem magischen Zimmer ein und war 30 Tage lang kaum für seine Klienten zu sehen. In dieser Zeit fertigte er in seinem Zimmer Amulette oder Koranverse aus Seidenstoff an. Verschiedene Pflanzen und Erde benötigte er als Räucherwerk für seine magische Technik.
Um von einem Cin namens Suyuti loszukommen, muss man schon vor dem Cin an dem Bach oder Fluss sein. Auf drei Eier schrieb mein Großvater verschiedene Koran-Verse. Diese Therapie dauert zwei bis drei Monate.
Bei besonders schwierigen Fällen der Cin-Anfälle goss mein Großvater Blei über dem Kopf des Klienten, indem er ein Metall-Schälchen über dessen Kopf hielt.
Er rief die Wasser-Cin herbei, um aus dem Wasser lesen zu können.

UFOs

Der Kontakt zu Aliens ist das größte Ereignis im Leben eines Menschen. Es ist eine unglaublich komplexe Angelegenheit. Das Ereignis, Kontakt zu einem Alien zu haben, kann sowohl das schlimmste, fürchterlichste und grauenvollste Ereignis sein, was ein Mensch jemals erleben kann.

Das Raumschiff, in dem sich ein militärischer Soldat befand, war ca. 90 m breit. Das Antriebssystem hat etwas mit elektromagnetischen Wellen zu tun. Im Innern des Raumschiffs gibt es kein Sitze und auch kein Cockpit. Das Schiff funktioniert möglicherweise durch Telepathie. Der Mann beschreibt seine Eindrücke über einen Alien, den er im Raumschiff gesehen haben soll, dass der Alien ungefähr so groß war wie ein sechsjähriges Kind. Man wird in das Raumschiff sozusagen „hinein gesaugt". Das Schiff hat in seinem Inneren Korridore, dabei ist die Sicht immer kristallklar. Es existieren im Inneren keine Maschinen. Man schwebt darin wie auf einer Wolke. Deshalb verbrauchen Aliens weniger Energie als Menschen. Der Mann, der dies beschreibt, hatte nicht das Bedürfnis zu essen oder zu trinken. Aliens haben kein Bedürfnis zu schlafen. Ein Alien hat diesem Soldaten Folgendes mitgeteilt: „Aliens interagieren mit Menschen. Sie wollen die Menschen voranbringen, vor allem in der Technologie und im höheren Bewusstsein. Dieser Soldat ist kein Teilnehmer an irgendeinem militärischen Experiment mit Drogen, und er hat auch keine Halluzinationen.

Aliens sind über die Weltereignisse involviert. Nichts geschieht ohne ihr Wissen und ohne ihre Zustimmung. Das Militär weiß mehr als dieser Soldat. Unter den Leuten, die das Raumschiff auf den militärischen Basen betreten haben, sind u. a. auch Wissenschaftler.

Gemäß dem intergalaktischen Protokoll ist kein Alien befugt, einen Menschen zu töten. Laut der NASA gibt es ca. 57 Rassen der Außerirdischen:

1. Greys.
2. Pleiadians.
3. Tau Cetrians.
4. Alpha Centurian.
5. Vegan.
6. Reptilans.
7. Draconian.
8. The Orange Eben.
9. The Acient.
10. Catlike Alien.
11. Hybrid.
12. The Blues.
13. Agharians.
14. Alpha-Draconians.
15. Altairians.
16. Amphibians.
17. Anakim.
18. Antartikan.
19. Bernarians.
20. Booteans.
21. Burrowers.
22. Chameleon.
23. Chupakabra.
24. Draco-Borgs.
25. Dragon Worms.
26. Dwarfs.
27. Gizan.
28. Grails.
29. Greens.
30. Gypsies.
31. Hav-Muruvs.
32. Igunnoids.
33. Ikels or Satyrs.
34. Insiders.
35. Janosian.
36. Korendian.
37. Leviathans.
38. Lyran.
39. Martians.
40. Mib´s.
41. Moon-Eyes.
42. Mothmen.
43. Nagas.
44. Orions.
45. Phoenians.
46. Re-Brid.
47. Reticulans.
48. Sasquatch.
49. Serpents.
50. Sirians.
51. Solarians.
52. Synthetics.
53. Telosian.
54. Teros.
55. Ulterrans.
56. Ummites.
57. Venusian.

Am 23. und 24.04.2000 gab es in Südamerika mehrere Ufo-Sichtungen. Am 23.04.2000 wurde in Argentinien gegen 21 Uhr von drei Leuten ein riesiges UFO mit pulsierenden Lichtern verschiedener Farbe gesichtet. Experten sind der Meinung, dass es sich um ein Mutterschiff gehandelt haben müsste. Am 24.04.2000 wurde in Chile ein Dreiecks-Ufo gesehen. Das chilenische Journal berichtete, dass die Augenzeugen durch die pulsierenden weißen Lichter stark geblendet wurden und sich ein starkes blaues Licht in der Mitte des Objektes befand. Am nächsten Tag entdeckte man die Abdrücke des Dreieck-Ufos (mit Abständen von 50 Metern), das die Pflanzen plattgedrückt und die Erde verbrannt hatte.
Am 24.04.2000, zwischen 10 und 11 Uhr, wurde in der brasilianischen Stadt Campo Grande ein zigarrenförmiges UFO fotografiert. Eine Fälschung sei ausgeschlossen. Das UFO habe einen Arbeiter stark geblendet. Das Objekt machte dabei einige unregelmäßige Flugmanöver nach oben und unten sowie im Zickzack. Die pulsierenden Lichter waren grellweiß und gelb. Es wurde plötzlich ein roter Lichtstrahl auf ihn gerichtet, der eine gewisse Wärme auf den Körper ausstrahlte. Der Mann spannte seinen Regenschirm auf und flüchtete unter einen Baum, wobei er das Gefühl hatte, er sei für einige Minuten kraftlos gewesen, als sei man gelähmt; er nahm dabei knisternde Geräusche wahr. Das Objekt verschwand dann plötzlich.
Am 16.05.1998 gegen 19 Uhr, wurde am gleichen Platz von einem anderen Mitarbeiter folgendes geschildert:
„Ein grelles Leuchtobjekt kam direkt auf mich zugeflogen, es sendete einen roten Strahl auf mich aus. Es schien so, als wenn es mich ansaugen wolle, mein Körper wurde dabei sehr warm."
Der Zeuge berichtete, innerhalb eines Balls vier weiße und ein rotes Licht erkannt zu haben. Das Objekt verschwand auch hier mit unglaublicher Geschwindigkeit in Richtung Himmel. Auch dieser Zeuge fühlte sich nach dieser Aktion völlig entkräftet. Auch er sprach von minutenlangen Lähmungserscheinungen nach dem Vorfall.
Am 26.07.1999 wird von einem anderen Zeugen berichtet, er habe sich mit seinem Truck auf einem Landweg befunden, als plötzlich auf dem Weg ein grelles Licht in Erscheinung trat. Er war verunsichert und hielt. Dann sah er plötzlich etwa zwölf kleine außerirdische Wesen, die ca. einen Meter groß und grau bis silberfarbig waren. Sie gaben eigenartige Laute von sich, so wie „bibi", „mimi" usw. Nach ca. 10 Minuten kam ein weiteres grelles Licht, eine Art Leuchtball vom Himmel, und die Aliens waren spurlos verschwunden, die Leuchtobjekte entfernten sich blitzschnell zum Himmel.
Am 06.09.2000 gegen 2:15 Uhr kam es bei einer Fabrik in Jaoa Pessoa, zu einem erneuten Sichtungsfall. Diesmal sahen vier Mitarbeiter der Fabrik auf dem Gelände ein Leuchtobjekt von ca. 10 Meter Durchmesser. Es schwebte ungefähr zwei Meter über dem Erdboden. Das grelle, weiße Licht veränderte seine Farbe in

Rotorange. Es waren eigenartige Geräusche wahrzunehmen wie Schallwellen. Nach ca. zwei Minuten verflüchtigte sich das Objekt zum Horizont. Es ist bekannt, dass u. a. chemische Fabriken sowie Atomkraftwerke, Flughäfen, militärische Einrichtungen von Außerirdischen observiert werden.
Die UFO-Sichtungen in Brasilien wurden durch die Presse bestätigt. Am 28.12.2000 befand sich ein Regierungsmitglied nachts auf dem Weg, als plötzlich ein Flugobjekt mit drei sehr stark pulsierenden Lichtern schräg vorne über seinem PKW stand und ihn blendete. Es flog dann eine Weile mit dem Tempo des Autos mit, sendete unregelmäßig Lichtstrahlen zum PKW aus und verschwand nach einigen Minuten plötzlich. Über diesen Vorfall berichtete die Tageszeitung „Journal Zero Hora".
Sind die UFOS in Händen einer Großmacht? Spekulationen darüber, dass die UFOs eine Entwicklung z. B. der Amerikaner sind, lassen sich nicht ausschließen. Andererseits beweisen viele Vorgänge mit UFOs, dass die Objekte nicht irdisch sind, sondern intergalaktisch. Woher kommen die zahlreichen Kornkreise? Die „fliegenden Dreiecke" aus der Galaxie sind die Raumschiffe der „Weltraumpolizei", der höchsten Bruderschaft innerhalb der Universellen Raumarmee. Es sind die Cherubime der Schriften. Die Engel von früher sind die Ufonauten von heute.

Folgende Tatsachen wurden durch führende Angehörige verschiedener Militärs aus zuverlässiger Quelle bestätigt:

1. Entführung und Experimente mit Menschen und Tieren.
2. Observation von Forschungsanlagen, Militärgelände, Atomkraftwerken, Bergwerken, Flugzeugen und Kriegsschauplätzen.
3. Autopsie und Abtransport humanoider Wesen.
4. Es gab bereits Kontakte mit verschiedenen humanoiden Wesen.

Der Entführte befindet sich meist wie in einer hypnotischen Trance. Es bleibt den Entführten meist nichts anderes übrig, als sich den Scannern, Messern, Lichtern und Nadeln auszuliefern. Dieses Erlebnis wirkt sich meist einschneidend auf die Betroffenen aus, sodass es zu bleibenden Schäden kommt. Manche von ihnen begehen Selbstmord. Viele erleiden einen Nervenzusammenbruch. Es bleiben Narben auf dem Körper zurück. Die Betroffenen fühlen sich paralysiert und ohnmächtig, wenn sie mitgenommen werden. Viele können sich kaum an die Geschehnisse erinnern. Menschliche Emotionen scheinen den Aliens fremd zu sein. Frauen müssen eine künstliche Entnahme ihrer Eizellen über sich ergehen lassen.

Die Grauen sind oft „plasmaartige" Wesen. Die folgenden Zitate sind aus der Befragung Alien-Kontaktierter (in der Gegend von San Francisco; aus dem Buch von Bernd Wollsperger):
Dr. Angela Browne-Miller nimmt Stellung: „Im Juli des Jahres 1995 fuhr ich um 23.00 Uhr von Marin aus zu jemandem, den ich durch den ‚Untergrund' kennengelernt hatte, um Zeuge einer Art ‚arrangierter Landung' zu werden. Ich kam dort

nie mit meinem Auto an. Verlorene Zeit. Aber während dieses leeren Zeitraums gab es eine Zeitspanne, in der ich nirgendwo war. Aber da war etwas, das irgendwie formlos war, eher ein gelatineartiges Etwas als eine spezifische Form, aber seine Unterseite öffnete sich und dieses weiße Licht – aber es war kein Licht – tropfte heraus. Es war ekstatisch, sehr verführerisch und saugte mich in sich hinein. Und ich kam zu ihm und sah diese fünf Wesen oder Präsenzen im Licht, die mir (telepathisch) mitteilten: ‚O.K. wir sind hier, um mit dir zu sprechen. Du gehorchst nicht, und wenn du deinen Part der Angelegenheit nicht erfüllst, bringen wir dich zurück. Du kannst in einem anderen Körper zurückkommen oder über einen Kanal übermitteln.' ‚Aber ich erfülle meinen Auftrag', sagte ich. Und dann sagten sie: ‚Du hattest zwei Aufgaben: deine Aufgabe als Zuchttier (Züchterin?) und die, Bewusstseinsdenken zu verbreiten.'"

Sudakshina Piercy: „Es ist der Dezember 1993. Ich gehe gerade durch eine spirituelle Krise. Ich funktioniere von Moment zu Moment. An einem Tag komme ich von der Arbeit nach Hause, lege mein Futon auf den Boden und lege mich darauf. Drei Tage lang bin ich in Trance. Alles um mich herum hört auf zu existieren. Ich kann mich nicht bewegen. Ich scheine im Bardo zu sein, dem Raum des Todes, und sehe Lichtsäulen, reine Seelenenergie um mich, sieben Wesen mit jüdischen Namen. Ich fühle, dass ich mich in mehreren Dimensionen gleichzeitig befinde. Ich liege in meinem Zimmer auf meinem Bett. Ein helles Licht scheint mir ins Gesicht, das aus der Decke des Raumes zu kommen scheint. Ich fühle einen schweren physischen Druck, so intensiv, dass ich meine Arme nicht bewegen kann. Außerhalb des Lichts stehen verschiedene Wesen in einem Kreis. Ich fühle, dass ich auf etwas vorbereitet werde. Eine Art Kommunikation findet statt, ein Informationsaustausch, um meine Ängste zu lindern. Ich befinde mich in ihrem Reich."

Kurt Mayne schildert: „Es ist das Jahr 1970, Spätsommer in Oakland. Ich stehe mitten in der Nacht auf, weil einige Katzen schreien. Aber es ist ein unheimliches Geräusch, wie Millionen Meilen entfernt. Dann völlige Stille. Ich sehe aus der Glastür in den Hinterhof. Auf der anderen Seite sehe ich schimmernde Lichter und möchte auf sie zugehen. Ich sehe ihn dort stehen. Er ist 5, vielleicht 6 Fuß groß und hat zwei schwarze Punkte an Stelle der Augen. Er hat eine kissenartige Form, nicht körperlich, ein grüner Schatten. Dann sehe ich einen orangenen Planeten, der in mein Bewusstsein projiziert wird. Dort gibt es eine große Pyramide mit einem Kreis und einem Hallo um sie herum. Nach einer Weile taucht über uns ein rundes Schiff auf, und ich kann die Wärme eines Strahls fühlen, der von oben herabkommt. Dann gehe ich zurück ins Bett. Ich weiß nicht, wie ich dort hinkam. Ich materialisiere mich einfach dort. Nach dieser Erfahrung begann der nächtliche Schrecken. Alles klärte sich erst auf, nachdem ich mich meiner Erfahrung stellte und mich einer Regression unterzog."

Der Autor betont, dass der Wahrheitsgehalt dieser Aussagen nicht überprüfbar ist, und dass es u. a. zu Fehlinformationen kommen kann. Es gibt Menschen, die die Außerirdischen als Götter verehren.

In „Geheime Invasion - Die Masken der Fremden“ gibt der Autor in dem Kapitel „Operation Majority – Final Release – © 1989 by Milton William Cooper“ eine Zusammenfassung wieder, die im Dokument Operation Majority bezeichneten Geheimdienstprojekte, die im Zusammenhang mit den „Grauen“ stehen:

Grudge: enthält 16 Bände gesammelter und dokumentierter Informationen – angefangen zu Beginn der Untersuchungen der Vereinigten Staaten betreffend Unidentifizierter Fliegender Objekte (UFOs) und Identifizierter Außerirdischer Fahrzeuge (IAC Identified Alien Crafts). Dieses Projekt wurde vom CIA durch vertrauliche (unbewilligte) Fonds und Gelder aus verbotenem Drogenhandel finanziert. Ziel des Projekts Grudge war es, alle wissenschaftlichen, technologischen, medizinischen und nachrichtendienstlichen Informationen der UFO/IAC-Sichtungen, sowie der Kontakte mit fremden Lebensformen zu sammeln. Dieses Programm wurde benutzt, um das Raumfahrtprogramm der Vereinigten Staaten voranzutreiben.
MJ-12: der Name eines geheimen Kontrollorgans.
Präsident Eisenhower gab diesem Dokument zufolge einer Geheimgesellschaft den Namen The Jason Society, alle Beweismittel, Lügen, Täuschungen und Technologiedaten, um die Wahrheit aus dem Alien-Phänomen herauszufiltern. Diese Gesellschaft bestand aus 12 prominenten Mitgliedern, deren Gruppe unter dem Namen MJ-12 geführt wurde. Diese Gruppe hatte die völlige Kontrolle über alle Geschehnisse. MJ-12 ist nur dem Präsidenten der Vereinigten Staaten von Amerika gegenüber und für den größten Teil des weilweiten Drogenhandels verantwortlich, um die astronomisch hohen Kosten der Projekte zu finanzieren und vor dem Kongreß und der Bevölkerung geheim zu halten.
MJ-12 hat Präsident Kennedy ermordet, als er der Öffentlichkeit die ganzen Fakten der fremden Intelligenzen darlegen wollte, indem er durch einen Secret-Service-Agenten getötet wurde. Die Agentur Majority Agency for Joint Intelligence sammelt jede geheime Information zu diesem Thema und arbeitet mit der CIA und dem Verteidigungsministerium zusammen.“

Weiterhin führt der Autor der „Geheimen Invasion“ folgende Namen auf:
„SIGMA: Projektname für alle Arten der Kommunikation mit den Aliens.
PLATO: Projekt für diplomatische Beziehungen zu den Aliens. Im Rahmen dieses Projekts wurde ein formelles (und nach der amerikanischen Verfassung illegales) Abkommen mit den Außerirdischen geschlossen. Die Vereinbarungen sahen einen Technologietransfer von außerirdischer Seite vor, im Gegenzug erklärte sich die Regierung der Vereinigten Staaten damit einverstanden, die fremde Präsenz auf der Erde geheim zu halten, in Aktionen der der Fremden nicht zu intervenieren und Entführungen von Menschen und Tieren zuzulassen. Die

Aliens erklärten sich zudem damit einverstanden, MJ-12 periodisch eine Liste der von ihnen entführten Personen bereitzustellen.
MAJIC ist eine Sicherheits- und Freigabeeinstufung für die Aliens betreffenden Projekte und Informationen.
AQUARIUS ist das Projekt der Geschichte der Alien-Anwesenheit der letzten 25.000 Jahre, dies gilt besonders für baskische und syrische Völker.
POUNCE: Projekt zur Bergung gelandeter oder abgestürzter Weltraumfahrzeuge und deren Insassen.
REDLIGHT: Projekt für Versuchsflüge mit geborgenen Alien-Fahrzeugen, die in der AREA 51 in Nevada ausgeführt werden.
LUNA: Name der Alien-Basis auf der erdabgewandten Seite des Mondes. Sie wurde von Apollo-Astronauten entdeckt und gefilmt. Auf der Basis gibt es Bergwerke mit riesigen Maschinen und sehr große Schiffe der Aliens, im Zusammenhang mit Sichtungsberichten oft als „Mutterschiffe" bezeichnet.
JOSHUA: Entwicklungsprojekt einer Niederfrequenz-Waffe. Angeblich äußerst effizient im Einsatz gegen Raumschiffe der Fremden und deren Strahlen-Bewaffnung.
EXCALIBUR: Waffe, die dazu dienen soll, unterirdische Basen der Fremden zu zerstören. Es handelt sich um eine Rakete, die angeblich 1000 m hartes Gestein durchdringen kann – wie in Mexiko vorkommend – und dabei keinen operationalen Schaden erleidet. Die Waffe soll mit einem ein-Megatonnen-Nuklear-Gefechtskopf bestückt sein.
ALIENS: Vier verschiedene Spezies werden im Papier erwähnt. Der großnasige Graue, mit dem die o. g. Verträge geschlossen wurden. Die Grauen – an den meisten bekannten Entführungen beteiligt – arbeiten demzufolge für den großnasigen Grauen.
Ein blonder Humanoider, der als NORDIC (nordischer Typus) bezeichnet wird.
Ein rothaariger Humanoid, der als ORANGE bezeichnet wird.
Als Heimatsterne der Außerirdischen werden Sterne im Sternbild des Orion, Barnard´s Stern und Zeta Reticuli 1 und 2 angegeben.
EBE: Bezeichnung für die außerirdischen Überlebenden des Roswell-Zwischenfalles im Jahr 1949.
KRLL (ausgesprochen: Krill): war eine der außerirdischen Geiseln, die nach der ersten Landung auf der Holloman Basis der amerikanischen Regierung als eine Art Rückversicherung der dort getroffenen Basisvereinbarungen übergeben wurden.
Krll erkrankte und soll von Dr. G. Mendoza behandelt worden sein, der später zu einer Kapazität in Exbiologie und extraterrestrischer Medizin avancierte. Krll verstarb kurze Zeit später.
Die Aliens behaupten, den Homo sapiens durch Züchtung geschaffen zu haben. Ferner behaupten sie, Gründer der vier Weltreligionen zu sein. Sie zeigten ein

Hologramm der Kreuzigung Christi, die von der Regierung aufgezeichnet wurde. Sie behaupten ferner, Jesus geschaffen zu haben.
ALIEN BASEN: Existieren in den vier Ecken von Utah, Colorado, New Mexiko und Nevada.
Mord: Die Dokumente sollen beweisen, dass viele Militär- und Regierungsangehörige beim Versuch, diese Geheimnisse zu enthüllen, ermordet wurden.“

Bereits lange vor 1972 fanden Entführungen statt. Das Dokument beweist, dass Menschen und Tiere entführt oder verstümmelt wurden. Viele Leute sind spurlos verschwunden. Sperma, Ei-Proben etc. wurden durch chirurgische Operationen entnommen und kugelförmige Sonden mit einem Durchmesser von 40 bis 80 Micronen in den Gehirnnerv eingepflanzt. Der Versuch diese Sonden zu entfernen, endeten mit dem Tod des Menschen. Die Implantierten stehen unter der vollständigen Kontrolle der Aliens.
Um die gefährlichen atomaren (Plutonium)Raketen- und Untertassen-Experimente durchführen zu können, wurden kleine humanoide Lebensformen geklont, die in den Bio-Genetischen Forschungslabors in Los Alamos perfektioniert wurden. Diese Rasse hat die gleiche Identität wie die „Grauen“. Diese Wesen könne man per Radiowellen kontrollieren (DNA-Manipulation). Danach wurden Implantate eingepflanzt, die als telepathische „Kanäle“ und „telemetrische Gehirnmanipulations-Wellen“ dienen.
Alles streng geheim natürlich. Dulce-Forscher entwickelten ein System, das unter der Bezeichnung EDOM (Elektronische Zerstörung des Gedächtnisses) bekannt ist. Ebenso entwickelten sie ELF-Strahler, der das Nervensystem angreifen und Übelkeit, Müdigkeit und sogar den Tod auslösen. Das FBI und die CIA suchen nach Dokumenten um Kapital aus dem UFO-Glauben zu schlagen.
Das Symbol des gleichschenkligen Dreiecks vieler terrestrischer Zivilisationen hat die Bedeutung DELTA (schwarzes Dreieck auf rotem Grund).
Ende der achtziger Jahre kamen die KRLL-Papiere heraus, die völlig im Dunkeln liegen. Nach unbeweisbaren Angaben wurden auf einer Art UFO-Mailbox durch einen der „Grauen“ namens O. H. Krill folgende KRLL-Papiere herausgebracht:
1. Außerirdische Raumfahrzeuge sind auf der Erde abgestürzt oder notgelandet.
2. Außerirdische Raumfahrzeuge sind sowohl ultradimensionalen als auch diesseitigen Ursprungs.
3. Während eines bestimmten Zeitraums befanden sich lebende Außerirdische in der Gewalt der US-Regierung.
4. Es wurden Autopsien an Leichen Außerirdischer durchgeführt.
5. U. S. Nachrichtendienste sind an der Verheimlichung der Situation vor der Öffentlichkeit aktiv beteiligt.
6. Im genannten Zusammenhang wurden und werden Menschen entführt, verstümmelt und ermordet.

7. Eine fremdartige Präsenz auf unserem Planeten kontrolliert bereits verschiedene wichtige Elemente unserer Gesellschaft.
8. Außerirdische Streitkräfte unterhalten Basen auf der Erde und dem Mond.
9. Die US-Regierung arbeitete während eines bestimmten Zeitraums direkt mit den fremden Streitkräften zusammen, um sich Kenntnisse über Technologien der Bereiche Strahlenwaffen und Gedankenkontrolle anzueignen.
10. Sowohl die US-Regierung als auch die Aliens sind für die Verstümmelungen verantwortlich zu machen.
11. Von den 40 oder mehr außerirdischen Rassen, die gegenwärtig unseren Planeten heimsuchen, werden als wichtigste Spezies folgende Rassen genannt:
Die Grauen: Typus 1: ca. 1,30 m groß, großer Kopf, große Schlitzaugen, „Verehrung" für Technologie und kümmern sich eigentlich weniger um uns.
Typus 2: Erscheinungsbild erinnert stark an Typus 1, unterschiedliche Finger und abweichende Physiognomie. „Kultivierter" als Typus 1. Passiver als Typus 1.
Typus 3: Gleicher Typus wie 1 und 2. Dünnere Lippen. Verhält sich unterwürfig gegenüber Typus 1 und 2.
Die „Blonden": „Schweden" oder „Nordics": humanoide, blonde Haare, blaue Augen.
Kleine humanoide (Zwerge): 50 bis 80 cm groß, blauhäutig, nahe Mexiko gesichtet.
Men-In-Black (M.I.B.): olivfarbene Haut, lichtempfindliche Augen, vertikale Pupillen, trägt schwarze Kleidung, fährt schwarze Fahrzeuge, wirkt desorientiert, stellt psychologische Fangfragen, gibt sich als Regierungsbeamter aus.
Sehr große Rasse: 2,30 – 2,60 m groß, uns sehr ähnlich.
Klone der „Nordics": Uns sehr ähnlich. Sie wurden von den Grauen geschaffen.
Eine Quelle der Krill-Papiere könnte Hohn Lear, Pilot einer großen US-Fluglinie, sein. Außerdem ist er auch für die CIA geflogen. Seine Thesen lauten:
   1. „Die furchtbare Wahrheit" wird von der U.S. Regierung seit über 40 Jahren vor der Weltöffentlichkeit geheim gehalten.
   2. So habe Deutschland bereits 1939 eine fliegende Untertasse geborgen. General James H. Doolittle flog 1946 nach Schweden, um eine in Spitzbergen abgestürzte Scheibe zu inspizieren.
   3. Die bereits angesprochenen „Wahrheit" war ursprünglich nur wenigen Personen bekannt: so existierten tatsächlich „hässliche" kleine Kreaturen mit dem Aussehen einer „Gottesanbeterin", die möglicherweise einen Entwicklungsvorsprung von Milliarden Jahren vor uns haben. Einige Mitglieder der o. g. Gruppe begannen Selbstmord, der prominenteste unter ihnen war vermutlich General James V. Forrestal, der aus dem 16. Stockwerk eines Hospitals zu Tode stürzte und dessen medizinische Unterlagen

bis zum heutigen Tage unter Verschluss gehalten werden. In Folge der Ereignisse habe die U. S. Regierung strikte Geheimhaltung des Themas befohlen.

4. Am 30.04.1964 fand die erste Kommunikation zwischen den Aliens und der U. S. Regierung auf einem eigens präparierten Teilstück der Holloman Air Force Base in New Mexiko statt. Drei „Untertassen" landeten, und ihre Insassen hielten ein Treffen mit Offizieren des Nachrichtendienstes ab.
5. Während der Jahre 1969-1971 traf MJ-12, mehrere Abkommen mit den Aliens. Teil der Abkommen war der bereits behandelte Technologietransfer gegen Nichteinmischung bei Entführung und Viehverstümmelungen.
6. Merkmale dieser Entführungen seien u. a.:
   Das Einführen einer kugelförmigen Einrichtung im Durchmesser von 3 mm durch die Nasenhöhle in das Gehirn des Entführten. Diese Sonde dient zur biologischen Überwachung, Lokalisierung und Steuerung des Entführten. Vermutlicher Aktivierungszeitraum: 2 bis 5 Jahre.
   Ausschalten von Individuen, die eine Bedrohung der Kontinuität außerirdischer Aktivitäten darstellen könnten. Ausführen genetischer Experimente.
   Extrakorporale Insemination menschlicher Frauen und frühzeitiger Abbruch der auf diese Weise herbeigeführten Schwangerschaften zum Ziel der Erzeugung von Hybrid-Kreuzungen."
   Die erste Verstümmelung an Menschen wurde an Sgt. Jonathan P. Louette vorgenommen, der 1956 auf dem White Sands Raketentestgelände stationiert war. Seine Leiche wurde drei Tage, nachdem er Zeuge seiner Entführung durch ein „untertassenförmiges" Objekt gewesen war, aufgefunden.
   Seine Genitalien und Augen wurden ohne Zellverletzung chirurgisch präzise entfernt. Im Körper Louettes war kein Blut zurückgeblieben. Solche Eingriffe wurden meistens noch während der Lebzeit des Opfers vorgenommen.
   In den Enthüllungen des „Nordics" heißt es in einem weiteren Teil der Krill-Papiere:
   „Ihr befindet Euch nicht dicht vor dem Beginn einer Invasion, Ihr erlebt das Endstadium dieser Invasion."
   „Der innere Kreis der CIA wird vollständig von den ‚Grauen' kontrolliert. Die CIA sieht in der Zusammenarbeit mit den ‚Grauen' eine Chance, sich einen riesigen wissenschaftlichen Vorsprung zu sichern."
   „Die ‚Grauen' haben nicht nur die Kontrolle über die Geheimdienste übernommen, sie kontrollieren auch die Kreise, die diese Dienste gerne als ‚UFO-gläubige Randgruppen' bezeichnen."
   Dr. Lammer glaubt an ein anderes UFO-Entführungsphänomen:
   Ein ähnlicher Bio-Chip, der von den Aliens verwendet wird, wurde von Dr. Daniel Man in den USA entwickelt, der vor allem bei vermissten Kin-

dern verwendet wird. Auch in der Neurochirurgie werden Implantate angewendet. Tatsache jedoch ist, dass scheinbar amerikanische Behörden, oft versteckt, in viele Verwicklungen mit dem UFO-Phänomen hineinmanövriert wurden.

Prof. David M. Jacobs beschreibt in seinem Buch „Bedrohung - Die geheime Invasion der Aliens", wie er in wissenschaftlichen Untersuchungen, seinen mehr als 300 hypnotischen Regressionssitzungen, Alien-Entführte interviewte. Die Interviewten gaben klare Auskünfte über die Kreuzungen zwischen Menschen und Aliens, „Hybriden" genannt, indem die Aliens den entführten Menschen Eizellen und Spermas entnahmen. Dabei geht es um ein Zuchtprogramm.
Hier einige Auszüge der Hypnose-Sitzungen:
„Gibt es da auch Homosexuelle?
Einige.
Und was meint man dazu?
Toleriert. Nicht allzu gerne gesehen, aber toleriert.
Gibt es Probleme mit der Verhütung?
Nein.
Warum?
Medizin, Injektionen.
Wie oft werden sie verabreicht?
Bei jeder Fahrt."

„War der Operationssaal in dem Krankenhaus blau gestrichen?
Nein, er war ganz hell.
Hatten Sie das Gefühl, dass man Sie operieren würde?
Nein."

Bei den Erinnerungsrekonstruktionen fragt man sich manchmal, ob das Abduktionsphänomen ein Phantasieprodukt ist, es ist jedoch eindeutig bewiesen, dass Menschen tatsächlich aus ihrem Umfeld verschwinden.
Frauen haben Forschern jahrelang von mysteriösen gynäkologischen Prozeduren berichtet, bei denen sie das Gefühl hatten, die Aliens hätten ihnen etwas hinein platziert. Die Frauen fühlten sich danach wie aufgeblasen. Leihmütter wurden dazu missbraucht, um das Zuchtprogramm der Aliens zu unterstützen, das den Aliens sehr wichtig erscheinen muss.
Selbst Frauen im Klimakterium wurden Alien-Babys eingepflanzt. Eine Entführte berichtet: „Seltsamer Gegenstand. Ich weiß nicht, ob aus Metall, oder durchsichtig oder … sie benutzen es, um Babys zu machen. Sie bauen diese Dinger in einem Labor zusammen. Und dann schieben sie es in den Bauch, damit es dort wächst und sich zu einem Baby entwickelt. In einem bestimmten Alter – sie überwachen das, sie wissen, wie weit es ist – zu einer bestimmten Zeit kommen sie dann zurück, nehmen dich mit an Bord und entfernen den Embryo, der noch

nicht wirklich voll entwickelt ist, aber groß genug, um bereits alles erkennen zu können. Sie entfernen es und nehmen es mit. Ich hab´s schon mal gesehen. Eine Art Flüssigkeit, die halten sie in einer Art Flüssigkeit, eine warme Flüssigkeit. Wie ein Aquarium, überall ist diese Flüssigkeit, da ist alles Wichtige drin, was sie zum Wachsen benötigen, zum Überleben."

Es findet also eine Art Abtreibung statt, die die Aliens an weiblichen Menschen durchführen.

Sie untersuchen Veränderungen am Körper wie z. B. Narben, Tätowierungen, blaue Flecken am menschlichen Körper oder gefärbtes Haar. Dann fragen sie die Frauen, wie diese Veränderungen entstanden sind. Selbst die Gedanken der Entführten werden durch Implantate überwacht, die sie am Sehnerv, der Hirnanhangdrüse, dem Innenohr oder den Stirnhöhlen einpflanzen. Die Opfer leiden ihr Leben lang unter Nasenbluten oder Ohrenbluten. Die Ärzte fanden ungewöhnliche Narben an diesen Stellen. 1983 wurde Claudia Negron ein solches Implantat eingesetzt: „Er hat eine Art Instrument in der Hand. Es sieht aus wie eine Nadel, wie eine Spritze. Das ist es jedoch nicht. Es ist lang. Es hat eine lange Spitze und die steckt er in mein Ohr, ganz tief rein. Es geht bis in mein Gehirn durch, es macht irgendetwas mit meinem Kopf. Er sagt, das sei wichtig. Er spricht mit mir, er sagt: ‚Das ist wichtig', und dass er das machen muss.

Hat er dir gesagt, warum es wichtig ist, oder hat das nicht erwähnt?

Er erzählt mir, es sei wichtig für mich, aber ich habe das Gefühl, dass es für ihn viel wichtiger ist. Ich glaube, die stecken etwas in meinen Kopf. Es ist winzig, sehr winzig klein, was immer es auch ist. Und er sagt, es werde nie jemand erfahren, dass es dort ist.

Wie reagierst du darauf?

Ich sage überhaupt nichts. Ich spüre nur die Schmerzen. Ich bin von den Schmerzen wie gelähmt. Er sagt, es wird nicht wehtun. Aber es tut doch weh. Das tut es. Er sagt, es wird nicht lange dauern. Er sagt, ich werde nachher nichts davon spüren. Ich werde nicht einmal wissen, dass es da ist. Irgendwas knackt in meinem Ohr. Oh! Oh! Ich habe ihn gefragt, wozu das gut ist, warum sie das machen. Er sagt – er spricht nicht eigentlich – es sendet nur seine Gedanken. Es ist, als ob er seine Gedanken auf mich projiziert und er meint, dass sie wissen müssen, wie ich die Welt sehe, wie ich die Dinge interpretiere, während sie passieren. So überwachen sie das, so wissen sie immer, wo ich bin. Sie wissen in jedem Augenblick, wie ich auf eine Situation reagiere. Er sagt, das sei wichtig für sie. Wichtig für ihre Forschung. Sie müssen das wissen … weil sie wissen wollen, wie es den kleinen Kindern geht. Sie wollen wissen, was auf sie zukommt, wenn sie älter werden. Es ist alles nur wegen der Kinder.

Und sie fragten, wieso du auf die Idee gekommen bist, etwas herausnehmen zu lassen, das ihnen gehört?

Wie konnte ich das diesen kleinen Wesen nur antun – diesen kleinen Kindern? Wie konnte ich ihnen das antun? Etwas entfernen lassen. Das ich dann nicht mehr mit ihnen gehen würde – dahin, wo sie herkommen. Verdammt nochmal!

Also hat man dir Bilder von diesen kleinen Kindern gezeigt, um dir zu zeigen, wie wundervoll und gut das alles ist, und dann gehst du hin und machst alles kaputt?

Das ist richtig. Schuldgefühle … Ich fühle mich schuldig – wirklich.

Ein merkwürdiger Aspekt des Abduktionsverfahrens ist der Einsatz von Gehirnscans, um Frauen sexuell zu erregen. Die Aliens drücken den Frauen auf den Eierstöcken herum.

Das blaue Licht, stammt das aus seinen Augen oder von einem Gerät, was meinst du?

Nein, ich würde es nicht als Licht bezeichnen, wie es kein Licht ist, das man sehen kann, sondern eine Art Energie. Irgendwie schafft er es, diese Energie in meinen Kopf zu übertragen."

Über ihr Privatleben schweigen sich die Aliens jedoch aus. Man bekommt nur manchmal Informationen mit.

Da den Aliens die Mimik fehlt, scheinen sie auch keine Ausdrucksmöglichkeiten wie Zynismus, Ironie, Sarkasmus etc. zu haben. Sie arbeiten posthypnotisch. Darüber hinaus ist es den Aliens sehr wichtig, Beweismaterial nicht an die Öffentlichkeit kommen zu lassen. Sie schalten den Opfern alle technischen Geräte aus.

Eine Hybridin erklärte das Zuchtprogramm einer Entführten folgendermaßen:

„Ich frage sie, warum sie das tun. Sie sagt, es sei gut für alle Beteiligten und deshalb müssten sie es tun. Es sei sehr wichtig und ich wäre nicht die einzige. Es wären viele … und eines Tages werde ich wissen, was das alles zu bedeuten hat. Aber noch nicht jetzt. Wenn sie den Menschen jetzt alles erklären würden, wäre das Projekt ruiniert. Deshalb halten sie es erst mal geheim. Ich frage sie, um was für ein Projekt es sich handelt. Sie sagt, dass es die Welt verbessern soll, sie in einen besseren Ort verwandeln soll."

In seinem Buch „Secret Life" hat Prof. Jacobs darauf hingewiesen, dass die kleineren, grauen Aliens den größeren als Assistenten zur Seite stehen. Die Kleinen bringen die Opfer zu den UFOs. Die Abduktionsopfer werden von den Aliens ausgezogen und in Untersuchungsräume gebracht. Sie lassen sich kaum in Gespräche verwickeln.

Die Schaffung von Hybriden ist ein Hinweis darauf, dass sich Aliens nicht mehr vermehren können. Die geborenen Hybriden weinen nicht, sie sind passiv und zeigen keine Reflexe wie menschliche Babys. Die Hybriden-Kinder spielen manchmal mit außerirdischem Hightech-Spielzeug, wie z. B. ein in der Luft schwebender Ball.

Vampire

Die Vampire sind die bösen wandernden Toten, die zu Lebzeiten Hexen, Werwölfe, Ketzer und Selbstmörder waren. Nach der Volkserzählung ist der Vampir das Kind des Teufels. Aus diesem Grund sagt man, Vampire und Hexen seien blutsverwandt.

Vlad Dracul ist ein berühmtes Beispiel eines Vampirs. In der Nacht gehen die Vampire aus ihrem Grab heraus und suchen nach Blut. Einen Vampir erkennt man an seinen ungewöhnlichen Geschlechtsorganen. Aus diesem Grund ist er unfruchtbar. Er besitzt zwei Seelen. Bei seinem Tode bleibt die eine Seele bei ihm.

Peter Kürten, bekannt als der „Vampir von Düsseldorf", kam 1883 zur Welt. Seine ersten Opfer waren Tiere. Irgendwann fiel er über Menschen her. Durch Peter Kürtens Arzt wurde bekannt, dass er angeblich das Blut sogar hören konnte. Das Würgen der Opfer allein brachte keine Befriedigung. Erst durch das Fließen von Blut bekam er die ersehnte Erleichterung. 1931 wurde er hingerichtet. Der Vampir von London Hohn Haigh, lockte das Blut immer stärker. Die Lust nach Blut wurde immer größer. Er lockte Männer und Frauen in sein Atelier, ermordete sie und trank ihr Blut.

Im Jahre 1616 veröffentlichte Fatinelli sein Buch „Eine wissenschaftliche Abhandlung über Vampire". Er behauptet, Vampirismus ist nichts anderes als ein, durch mikroskopische Krankheitserreger verursachtes Phänomen. Ein Auszug aus seiner Abhandlung lautet: „Es handelt sich um den Virus HVV (Human Vampiric Virus). Wie bei Tollwut gehört es zu den RNA-Viren, die bei Vampir-Fledermäusen zu finden sind. Einige dieser Fledermäuse haben Flöhe, die sie an Menschen und Tiere verbreiten."

Stufe 1 – Die Infektion: Innerhalb einiger Stunden nach dem Biss, versucht der Körper sich dagegen zu wehren. Es kommt zu Kopfschmerzen, Fieber und Schüttelfrost, wie bei einer Grippe. Diese Stufe dauert sechs bis zwölf Stunden.

Stufe 2 – Vampirisches Koma: Innerhalb 24 Stunden nach dem Biss befindet sich die Person bereits im vampirischen Koma. Der Puls senkt sich, die Atmung ist flach und die Pupillen sind erweitert. Viele Menschen wurden in dieser Phase leider unnötig begraben. Dieser Mythos, dass Vampire in Särgen schlafen, sorgte für Hysterie.

Stufe 3 – Die Verwandlung: Jemand, der dieses Koma überstanden hat, wacht vollständig in einen Vampir verwandelt auf. Nun folgt die Akklimationsphase, die durch Verwirrung, Verzweiflung und Paranoia gekennzeichnet ist. Viele Vampire sind schon kurz danach aktiv am Jagen.

Vampir-Typen

Der Rufer: Hier erscheint ein Toter in Fleisch und Blut und ruft die Lebenden bei ihrem Namen. Die Gerufenen haben danach nicht mehr lange zu leben. Derjenige,

der das Gespenst anspricht, ist unweigerlich des Todes. Das englische Wort „Fetch“ ist der Abholer ins Jenseits.
Der Klopfer: Eine andere Wesenheit hat die Eigenschaft, an die Türen und Dächer seiner Opfer zu klopfen. So lockt er die Bewohner aus dem Haus und fällt über sie her.
Der Fresser (der Verschlinger): Man sagt, sie seien Dämonen, die lüstern sind und ihre Opfer verführen. Ihr Ziel ist das frische Fleisch der Menschen. Nach dem Sex erdrosseln sie ihre Opfer und machen sich über ihren toten Körper her. Sie erschienen 1092 zum ersten Mal in der Ukraine.
Der Alp: Der Alp sucht seine Opfer nachts im Schlaf. Er stürzt sich auf sie und würgt sie. Anschließend saugt er ihnen das Blut aus, bis es nichts mehr zu holen gibt. Dann stirbt das Opfer an Schwäche.
Der Nachzehrer: Zwischen dem 15. Und 19. Jahrhundert tauchten unter der Bezeichnung „Manducator“ Vampire auf, die kauten und schmatzten, da sie meist lebendig begraben wurden.
Hämatophilie: Die Veranlagung bei Männern, die beim Anblick von fließendem Blut sexuelle Befriedigung empfinden, ist bekannt. Der Zusammenhang von Wollust und Grausamkeit, mit dem Drang, Blut zu vergießen und zu sehen, um sexuellen Blutrausch zu erleben. Für diese Art von Blutfetischisten benutzt man in der Sexualpathologie die Bezeichnung „lebender Vampir“.
Hämatodipsie: Eine Steigerung der Hämatophilie. Ein erotischer Blutdurst. Der Blutgenuss ersetzt jede Art von Geschlechtsverkehr.
Nekrosadismus: Nekrosadisten sind oft Sexualmörder, die den sexuellen Trieb verspüren, die Leichen anschließend zu verstümmeln. Die Begierde äußert sich als unterdrückter Kannibalismus.
Nekrophile sind Leute, die bei Leichen geschlechtliche Erregung verspüren. Auch bei ihnen existieren sexuelle und sadistische Motive.

Michael Ranft schreibt in seinem 1734 erschienen „Traktat von dem Kauen und Schmatzen der Toten in Gräbern“, dass die Einteilung der Abhandlung in teuflischer Zauberkunst oder in der Wirkung der Natur geschieht.
Er stellt fest, dass die Toten in den Gräbern, die vom Phänomen Vampirismus behaftet sind:
„1. Mit einem hellen Geräusch kauen,
2. ihre Sterbekleider mit dem Mund fressen,
3. allgemein von weiblichem Geschlecht seien,
4. hauptsächlich zu Pestzeiten existieren.“

Bei den alten Heiden kann man nachlesen, dass sie an den unterirdischen Schall und an Stimmen geglaubt haben. Die alten Sarmaten haben diese Geräusche den Geistern zugeschrieben. Die Griechen schrieben den Grund den Seelen der Toten zu.

Ranft lässt fleischfressende Tiere wie Hyäne und Schlange nicht außer Acht. So heißt es zum Beispiel:
„Die Hyäne wird niemals bei Tag gesehen, sondern immer bei Nacht, niemals im Licht, sondern allzeit in der Finsternis. Sie hat die Gewohnheit, dass sie die Körper der Toten ausgräbt und frisst. Wenn nun jemand eine Leiche schlampig begräbt, gräbt die Hyäne sie in der Nacht aus, trägt sie davon und frisst sie. Wo nur Gräber und Gebeine sind, da ist auch der Aufenthalt der Hyäne."
Darüber hinaus gibt es auch Schlangen, die sich gerne an Menschenfleisch heranmachen. Sie halten sich gerne in unterirdischen Höhlen auf, da es dort wärmer ist. Auch Mäuse könnten am Fressen in Gräbern beteiligt sein.
Arnold Paole habe sich durch einen Sturz vom Heuwagen seinen Hals gebrochen. Er habe öfter betont, im türkischen Serbien von einem Vampir angegriffen worden zu sein. Danach hätte er von der Graberde des Vampirs gegessen und sich mit dem Blut des Vampirs beschmiert. 20 bis 30 Tage später klagten die Leute darüber, dass sie und viele Tiere von diesem Arnold Paole angegriffen worden wären und manche sogar von ihm getötet wurden. Fast 40 Tage danach wurde sein Leichnam ausgegraben, der völlig unverwest vorgefunden wurde. Aus seinen Augen, Ohren und seiner Nase sei Blut geflossen, und sein Leichentuch und Grab sei blutdurchtränkt. Seine Haare und Nägel seien nachgewachsen.
Da die Leute glaubten, er sei ein echter Vampir, schlugen sie ihm einen Pfahl durch das Herz, wobei er laut aufschrie und Blut aus ihm floss. Der Schrei bei der Exekution sei die Seele des Vampirs. Sie verbrannten ihn und warfen ihn wieder ins Grab.
In einem offiziellen Bericht beschreibt Michael Ranft, dass es sich meist um Frauen handele, die sich mit dem Blut der Vampire bestrichen haben, um ein Vampir werden zu müssen. Die meisten Vampir-Frauen sahen nach der Ausgrabung ziemlich frisch aus, obwohl ihr Uterus verfault war. Eine alte Frau wurde im Grab fett, obwohl sie zu Lebzeiten schlank war. Diese Blutsauger wiesen Bisswunden an ihrem Hals auf.
In der Abhandlung des Autors wird der Wahn des Totenfressens und des Blutaussaugens vorgestellt. Er glaubt, dass der Blutrausch durch Nekromantie und schwarze Magie entstanden ist. Er meint auch, dass die Einbildungskraft durch Rauschmittel und Salben der Hexen viel dazu beitragen würde. Die Kräutersalben der Hexen, das Opium, der Stechapfel, die Zaubertränke, Haschisch und Quacksalbermedizin hätten den Vampirismus auch bewirkt.

Schutzmaßnahmen

Sonnenlicht, Knoblauch, das Kreuz, die Zweige wilder Rosen auf dem Grab des Vampirs.
Sonne/Knoblauch:
Es gibt eine spezielle Art der Porphyria-Krankheit, in der bei den Kranken, das für den gesunden Organismus so wichtige Hämoglobin (roter Blutfarbstoff) nicht

genügend erzeugt wird. Der Körper schafft es nicht, im Blut Eisen in Porphine einzubauen. Dies hat schlimme Folgen:

1. Die Haut reagiert empfindlich auf Sonnenlicht und Helligkeit, Licht ist Gift für diese Kranken.
2. Seine Haut zerfällt. Der Ausweg besteht darin, nur nachts ins Freie zu gehen.
3. Das Zahnfleisch bildet sich zurück, die Haut und die Zähne werden durchscheinend weiß.

   Für den Zerfall von Hämoglobin im Blut ist das Enzym P450 zuständig, das besonders in Knoblauch vorkommt. Aus diesem Grund tranken Vampire wahrscheinlich Blut.

Vampire wurden in den Sarg festgenagelt.

Wie wird man zum Vampir?

1. Durch einen Vampir-Biss.
2. Ungetaufte.
3. Totgeborene.
4. Schlafwandler.
5. Durch ein Vampir gezeugtes Kind.
6. Menschen, die mit 3 Brustwarzen oder einem verlängerten Schwanz geboren wurden.
7. Kinder von Mördern.
8. Aus Inzest hervorgegangene Kinder.
9. Wechselbälger (von Dämonen ausgetauschte Kinder).
10. Bei Neumond Geborene.
11. Fluch.
12. Hexen.
13. Werwölfe.
14. Selbstmörder.
15. Prostituierte.
16. Mörder, Verbrecher.
17. Holzfäller, Metzger.
18. Wer gegen die Gebote der Kirche verstoßen hatte.
19. Wenn der Schatten in einem Gebäude eingemauert wurde.
20. Wenn ein Vampir eine Schwangere angeschaut hatte, wurde das Kind nach dem Tode zum Vampir.
21. Menschen, die ermordet wurden.
22. Tote, die Rache geschworen hatten.
23. Wenn sich der Leichnam spiegelt.
24. Wenn der Tote mit dem Kopf zuerst aus dem Haus getragen wird.
25. Wenn sich die Totenträger nochmal umdrehen.
26. Wenn es auf den Toten regnet.
27. Wenn der Teufel oder höllische Geister in den Leichnam fahren.

Erfahrungen: Voodoo-Zauber und Voodoo-Priester

Ich, Wolfgang Uhl, schildere hier meine Erlebnisse aus Haiti:

Ich lernte im Jahre 1998 einen Mann in Miami (USA) kennen, der im Haitianer-Viertel von Miami lebte. Er hatte es damals geschafft, in die USA zu kommen und eine kleine Schar von Gleichgesinnten um sich versammelt, die auch den alten Erdkult des Voodoo verehrte. Dies jedoch gefiel der Einwanderungsbehörde recht wenig. Somit schickte man ihn nach Haiti zurück. Das Band aber zwischen uns riss nicht ab, und wir hielten den Kontakt aufrecht. Dann schrieb er mir eines Tages, er sei zum Voodoo-Priester geweiht worden; er würde sich freuen, wenn ich ihn besuchen kommen würde. Er könne mir nicht alles beibringen, aber Einiges könne ich von ihm lernen. Daraufhin machte ich mich auf den Weg und besuchte vorher meine Kinder in der Dominikanischen Republik. Sie gingen in Puerto Plate in die Schule. Meine Ex-Frau lebte dort fünf Jahre. Mein Stempel im Pass zeigte das Datum „28. August 2000“, als ich die Grenze nach Haiti überschritt.

Mein Freund, der Voodoo-Priester, wartete schon sehnsüchtig an der Grenze. Leider bekam ich einen Kulturschock! So ein armes Land hatte ich noch nie gesehen. Ich schämte mich. Mir war das alles sehr peinlich, aber er war die Armut gewohnt und so machte ich die Augen zu und dachte, ich bleibe ja nicht für immer, sondern nur für eine Woche. Ich wollte ja nur den Voodoo-Kult richtig lernen. Die Straßen waren kaum gepflastert (außer vor dem Polizei-Präsidium und dem Bürgermeisteramt). Nach ca. 200-300 Meter kam wieder nur Sandpiste. Schließlich kamen wir in einem kleinen Dorf, in der Nähe von Fort Liberte, an. Die Kinder rannten uns halbnackt hinterher. Wasser oder Toilette nebst Dusche gab es nicht. Geschlafen wurde auf dem Boden. Nun wusste ich, weshalb der Voodoo-Priester nach Amerika wollte. Aber er hatte sich hier wieder eine Gemeinde aufgebaut, die ihn verehrte und schätzte. Am ersten Abend wurden Erinnerungen aus unserer Miami-Zeit ausgetauscht. Ich zahlte ihm auch einen Freundschaftspreis, damit ich aus erster Hand erfuhr, was es mit diesem sagenhaften Voodoo-Kult auf sich hat.

Am nächsten Tag wurde ich langsam in die Geheimnisse eingeweiht. Sicherlich kann man in einer Woche nicht alles lernen, was diesen Kult ausmacht, aber man kann sich Grundkenntnisse aneignen und bei verschiedenen Zeremonien dabei sein. So wurde ich belehrt, was Voodoo überhaupt bedeutet; nämlich die Offenbarung, dass es eine Art Religion ist. Doch die Offenbarung selbst hat einen astrologischen Ursprung in einer legendären Stadt, die übersetzt heißt:

„Himmlische Stadt der Macht, des Feuers und der Sonne.“

Darunter versteht man die Loa oder die Sonnenkräfte. Aber jede afrikanische Kultur deutet diese Erd-Religion anders. So gibt es verschiedene Auslegungen und Rituale, sowie es in der christlichen Religion verschiedene Strömungen und Auslegungen der Liturgie gibt.

Mich interessierte in erster Linie, was es mit den Ritualen auf sich hat, die ja solch große Zauberkräfte entfachen sollen und nicht die Entstehung des Kultes selbst. So begnügte ich mich mit den Grundkenntnissen, die ich heute in meiner Praxis ausübe, und die mich zu einem Voodoo-Bekenner gemacht haben.
Die einzelnen Rituale bleiben aber mein Geheimnis und nutzen mir bei meiner Arbeit.

Hier nun einige Rituale aus dem Voodoo-Kult, die ich vom Voodoo-Priester gelernt habe:

1. Als erstes muss man eine Prüfung bestehen, indem man auf makabre Weise einige Tage den eigenen Körper auf eine Leiche legen muss. Dieses Ritual wird in einem hohlen Baum durchgeführt. Man darf in dieser Zeit nur mit Hilfe der toten Hand der Leiche Nahrung zu sich nehmen.
2. Bei einem anderen Ritual wird ein Huhn auf den Unterleib des Menschen gebunden, um die Auferstehung symbolisch auszudrücken.
3. Der haitianische Voodoo-Priester verwandelte sich für bestimmte Riten in ein Tier. Mit dessen Maske tanzte er zu den Voodoo-Gesängen. Manchmal „verwandelt" er sich in eine Schlange oder in einen Tiger, indem er das Herz eines Huhns auf das Herz seines Klienten legt und es aufisst. Als Tiger trägt er ein Tigerfell und Krallen.
4. Um in Trance zu verfallen, nimmt er Ayahuasca und andere Drogen zu sich. Die Blätter der Pflanzen werden gestoßen und in einem Topf auf dem Feuer gekocht. Die Dämonenbeschwörung beginnt unter tranceartigen Tänzen und rhythmischen Trommeln. Nun ist er von mehreren Geistern besessen.
5. Für Papa Legba werden die Elemente Sonne, Feuer und Kerze benutzt und für Erzulie Mond, Wasser und Meer.
6. Die Zeremonien werden in einem Voodoo-Tempel durchgeführt. Nebst heiliger Trommeln befinden sich auf dem Altar Rasseln, Glocken, Donnersteine mit magischen Kräften, Opfergefäße, Ketten etc. Das Vévé wird mit Maismehl gezeichnet. Als Opfergabe wird den Loa Rum geboten.

Jedem Menschen wird eine Seele unter dem Begriff „Loa" gegeben, die in einem Krug eingesperrt wird, damit sie nicht von Hexern oder bösen Geistern gefangen genommen wird. Die Seele spaltet sich nach 7 Tagen vom Toten ab. Nach 7 Tagen wird der Krug vom Häuptling geöffnet und im Wald freigelassen.

Die Zutaten um einen Zombie zu erschaffen:
Ein Totenschädel
Ein paar Knochen
Sonnenblumenöl
2 Eidechsen
Eine Kröte
Ein Aal
Eine schwarze Rose

Eine Handvoll Brennnesseln
2 Igelfische
Eine Tarantula
Ein Tausendfüßler
Ein Frosch

Die Vorbereitung findet im Juni statt, da die Igelfische in dieser Zeit tetrodotoxinhaltig sind. Der Aal wird an die Füße des Frosches gebunden und in einem Krug in die Erde eingegraben. Das besprochene Öl wird auf dem Feuer gebraten. Alle o. g. Tiere werden sodann gekocht und pulverisiert. Die Knochen werden hinzugefügt. Das Pulver wird danach in den Krug gelegt und drei Tage lang eingegraben. Nun muss man es nach drei Tagen vor das Haus des Opfers in einer Form des Kreuzes streuen, damit das Opfer den Verstand verliert und zum Zombie wird.

Ein anderes Ritual, das ich bei dem Häuptling lernte, waren die Anrufungen an die Loa:

„Wir beschwören dich, Herr der Finsternis, Papa Legba! Schwarzer Panther der dunklen Nacht, im Namen der Lebenden und Toten. Amen."

Nun mussten wir alle gemeinsam mit den Loa-Besessenen in einem Fluss, der einer Quelle entsprang, baden, um uns spirituell zu reinigen:

„Geister der Finsternis, Wesen der Hölle und unerwünschte Wesen, geht von dannen!
Hinweg mit euch, aus unserem Antlitz, aus unserem Ort, aus unserem Kreis, damit die guten Mächte den Ort betreten können!
Geht von dannen in die dunkle Nacht! Geht in den Fluten der Unterwelt zugrunde!
Durch die Macht Papa Legbas, wir verfluchen dich, wir verfluchen dich, wir verfluchen dich! Fort mit dir!"

Folgendes Ritual war für das besondere Fest zur Auferstehung der Toten gedacht, wozu man diese Gegenstände braucht:
Schwarzes Ritualgewand oder ein Schlangenkostüm und Schlangen-Bemalung im Gesicht

2 schwarze Kerzen
Ein Dolch
Ein echter Totenschädel
Ein Gong
Einige Kelche

Anrufung:
„Im Namen der Pethro-Loas, beschwöre ich die Mächte der Hölle, mitsamt allen höllischen Geistern!"

Der Voodoo-Priester nimmt die Schale aus dem Totenschädel, taucht sie sodann ins geweihte Wasser. Er spritzt das Wasser in jede Himmelsrichtung, um die Eingeweihten zu reinigen.

Danach schlägt man zwei Sargnägel an die Haustür des Feindes.

Voodoo ist in Haiti eine Volksreligion, da der Aberglaube dort vorherrscht, und die Angst vor Krankheiten zu groß ist.

Die Familie eines von Loa Besessenen opfert bei einer Voodoo-Zeremonie bis zu zwei Rindern, 10 Ziegen und ca. 50 Hühnern.
Im Congo-Rhythmus wird der archaische Trance-Tanz eingeleitet, wobei die Tänzer kreisförmige Bewegungen mit ihren Schultern durchführen und in der Hocke zitternd tanzen.
Zuvor wird ein magisches Bad genommen, in dem sich magisches Pulver befindet. Der Körper des Klienten wird mit magischen Pflanzen abgerieben. Das magische Badritual dauert die ganze Nacht.
Wenn man die Voodoo-Macht missbraucht, kann es Wahnvorstellungen hervorrufen, da okkulte Kräfte eine Rolle spielen.

Der Voodoo-Priester, der auch „Hungan“ genannt wird, lebt mit den Loa im Haus der Loas. In seinem magischen Zimmer befinden sich Krüge, Öllampen, heilige Trommeln aus Ziegenhaut, Rasseln aus geflochtenem Holz, Beutel aus Palmenblättern, geschnitzte Holz-Loa, Schmuckketten und Schlangenknochen aus Glasperlen, die um die Krüge geschlungen sind. Die Tonkrüge sind mit Tabakpflanzen, Kopf- und Körperhaaren und Nägeln gefüllt. Darin befinden sich die Loa. All diese Gegenstände sind verzaubert. Man nennt sie in Haiti „Wanga“. An den Wänden hängen Heiligenbilder.

Auf dem Voodoo-Markt werden Hundeschädel verkauft, die der Voodoo-Priester als Kopfschmuck trägt. Außerdem hat er einen Stock mit einem Schlangenkopf bei sich.

Die Loas werden vor jedem Ritual befragt. Zur Vertreibung böser Geister werden Schlangenbeschwörer gerufen, die unter dem Einfluss der Trance eine Tarantel in den Mund stecken, um ihre magische Kraft zu beweisen.

Der Schlangengott Damballah hält sich an Flüssen und Bächen auf. Die von ihm Besessenen machen in Trance schlängelnde Bewegungen, züngeln und kriechen wie eine Schlange auf dem Boden. Sie zischen wie eine Kobra. Dabei fallen sie fast in Ohnmacht. Die Besessenen küssen die Erde.

Die von Ogu Besessenen kleiden sich wie er: Alte Militärkleider werden angezogen. Sie tragen einen Schwert, haben eine Zigarre im Mund und wollen Rum als Opfergabe haben. Die Mitglieder sind meist Alkoholiker.
Ogu ist verrückt nach schönen Frauen.

Den in Trance Fallenden wird der Kopf mit einem in Wein getunkten Stück Brot getauft. Anschließend wird sein Kopf gewaschen. Dem Getauften wird sodann der Kopf mit einer Paste von gebratenen Erdnüssen, Mais, magischen Pflanzenblättern einige Tage mit einem Turban umwickelt.
Ein paar Tage später wusch dann der Priester seinen Kopf mit magischen Kräutern und Wein ab. Als Opfer wurde dem Klienten das Blut eines Huhns geboten, das er trinken musste. Am nächsten Tag führte er sich wie ein Huhn auf.

Generell wurden den Loa folgende Opfergaben geboten: Maisbrei, Süßigkeiten, Kaffee, Kuchen, Obst, Mehl, Coca Cola.
Da die Loas selbst nicht essen können, müssen die Besessenen die Speisen zu sich nehmen.

Die Trance wird von einem inkarnierten Loa herbeigeführt und geht in die Seele des Besessenen hinein. Die Besessenen laufen barfuß über glühende Kohlen.

Der Voodoo-Priester erklärte mir, dass die Geister Dialoge mit dem Besessenen führen würden. Er habe die geheimen Künste des Voodoo von Naturgeistern im Urwald gelernt. Darüber hinaus war er Mitglied eines Geheimbundes von Hexern.

Der Zwillingskult ist im Voodoo-Glauben weit verbreitet. Lebende und tote Zwillinge haben besondere magische Kräfte und eine hohe Stellung im Voodoo-Pantheon.

Jeden Morgen wuschen sich die Mitglieder mit warmem Wasser. Zweimal täglich wurde ihr Körper mit lauwarmem Öl eingerieben. Anschließend wurde ein Hexentrank vorbereitet, der mit Zauberformeln besprochen wurde.

Der Besessene wird von einer „Mambo“, der Voodoo-Priesterin, mit magischen Pflanzenblättern bedeckt. Sie schiebt ihm Knoblauch in den Mund, um die bösen Geister zu vertreiben, und Exorzismus durchzuführen.

Im Zombie-Animismus näht die Mambo einem Toten den Mund zu, damit er nicht antworten kann, wenn er zum Zombie erweckt wird, dem ein Hexer die Seele geraubt hat.
Ein als Werwolf verkleideter Besessener gräbt die Toten auf den Friedhöfen aus und betreibt Nekromantie.

Werwolf-Verwandlung

Die Paranoia, dass sich Menschen in Werwölfe verwandeln könnten, lässt sich bis ins Altertum zurückverfolgen. Diese Krankheit hat den Namen „Lykanthropie“. Eine weit verbreitete Angst ist es, im Norden Europas, dass die Toten aus ihren Gräbern aufsteigen und den Lebendigen Schaden zufügen, wobei die Vorstellung des Vampirismus, im Mittelalter in Ungarn und Serbien weit verbreitet war. Nach einem Zaubertrank verwandle man sich in einen Wolf. Dies ist ein pathologischer

Zustand. Wahrscheinlich spielten im Mittelalter hierbei die Salben und Narkotika eine wesentliche Rolle, die den Zustand zusätzlich beeinflussten. Der Wahn der Verwandlung kann pathologisch folgendermaßen erklärt werden:
In fieberhaften Krankheiten wird das Bewusstsein verändert, sodass die Kranken sich über den Raum und ihre Körperteile täuschen. Der Körper kommt ihnen dann zu groß oder zu klein vor; oder die Gliedmaßen dehnen sich in die Unendlichkeit oder schrumpfen etc. Bei Typhuskrankheiten ist es nichts Seltenes, wenn das Nervensystem angegriffen ist, sodass man denkt, es würden zwei Personen im Bett liegen, oder dass sie sich halbiert vorkommen. Diese Täuschungen können von einer gesteigerten Sensibilität der peripherischen Nerven entstehen. Dies ist ein Affekt auch bei manchen Kranken, die reizbar und schwach sind, durch viele Geburten heruntergekommen, und dadurch öfter und früher geisteskrank; „einmal im Wochenbett, als sie sich mit einer Bettnachbarin im Streit mit einem Rasiermesser einen tiefen Schnitt in den Hals brachte. Mehrere Wochen fieberte sie stark, hatte heftige Delirien, die Wunde heilte nur schwer und drei Wochen später trat Abszessbildung und Vereiterung an den Händen und Armen ein. Sie klagte bei Bewusstsein über den Verlust ihrer Glieder. Ihr Klagen über den Verlust ihres Armes, ihres Halses und ihren Kopf waren massiv."
Andere Hypochonder glauben, ihre Gliedmaßen würden aus Stoffen oder Glas bestehen. Das Beispiel eines Theologen, der stark onanierte, bildete sich ein, er sei eine Frau oder ein Zwitter. Diese Wahnvorstellung wurde zu einem eingebildeten Zustand und zur inneren Wahrheit. Er hielt an dieser Metamorphose fest, sodass die Rollen der Personen, die er spielte, wechselte und ihn in jene Verwandlung hineintrieb. Der Kranke langte zuletzt bei leblosen Gegenständen an, dass er im früheren Leben Prinz oder Christus gewesen sei, und sich unendlich alt vorkam und zu einer Statue wurde. Ein Mädchen, das an Dementia Paralytica zu Grunde ging, lag mehrere Monate an einem Decubitus (Wundliegegeschwür), bevor sie starb; ihr Bewusstsein war eine totale Tabula Rasa (leere Tafel). Dies sind pathologische Zustände, die den Wahn einer Umwandlung in ein anderes Objekt in sich schließen. Dieses Phänomen sehen wir auch in Franz Kafkas Roman „Die Verwandlung", wo sich Gregor Samsa in einen Riesen-Käfer verwandelt.
Auch Rotkäppchens Märchen mit dem bösen Wolf erinnert uns an die Lykanthropie. Bei dieser Krankheit handelt es ich um eine Form des Wahnsinns, die man früher in Nervenheilanstalten vorfand. Unsere Vorfahren glaubten, sie seien zu Wölfen, Hunden oder Rindern verwandelt worden. In Nordeuropa glaubte man, die Betroffenen seien zu Bären geworden und in Afrika zu einer Hyäne. Die Kranken richten sich ihr Nachtlager auf Friedhöfen und leben auf jeden Fall wie Hunde und Wölfe.
Bei Herodot heißt es: „Wenn wir den in Skythien (heutige Ukraine und heutiges Rumänien) lebenden Skythen und Griechen Glauben schenken dürfen, so handelt es sich … um Zauberer; denn jeder … verwandelt sich einmal jährlich in einen

Wolf, um einige Tage in diesem Zustand zu verweilen und dann wieder seine alte Gestalt anzunehmen."

Aus der Zeit des Altertums finden wir in Ovids „Metamorphosen" eine merkwürdige Geschichte, die von Lykaon, dem König von Arkadien handelt, der um Jupiter zu gefallen, ihm einen Eintopf aus menschlichem Fleisch vorsetzt, worauf Gott ihn als Strafe in einen Wolf verwandelt.

Der Heilige Augustinus schreibt in seinem Werk „De Civitate Dei", er kenne ein altes Weib, das Menschen in einen Esel verwandeln könne.

So bildete sich der Mythos der Werwolfsage, wobei dieser Aberglaube in der skandinavischen und germanischen Welt stark verankert war.

Die Ursprünge des skandinavischen Werwolfs liegen in der nordischen mittelalterlichen Mythologie, die den Aberglauben des nordischen oder isländischen beinhaltet. Darüber hinaus bildet sie eine Mischung aus urzeitlichen keltischen, germanischen und skandinavischen Traditionen. In manchen Fällen steigert sich dieser Wahnsinn bis zur teuflischen Besessenheit.

Olaus Magnus, ein schwedischer katholischer Geistlicher, berichtet von Werwölfen in Preußen, Lettland und Litauen, deren Bevölkerung unter der Raubgier der Wölfe leiden, die in den dortigen Wäldern heimisch sind herumstreunen und die Tiere der Bauern zerfleischen, dieser Schaden war jedoch noch lange nicht so groß wie der, der den Einwohnern von Werwölfen zugefügt wird. Selbst Menschen werden von diesen Werwölfen aufgefressen. Der einzige Unterschied zwischen Wolf und Werwolf liegt darin, dass diese kranken Menschen im Keller die Wein- und Bierfässer ausgesoffen haben. Zwischen Litauen und Lettland springen die verwandelten Werwölfe über die Mauer einer alten Schlossruine.

Im Jahre 1542 wird die Geschichte eines Bauern aus Italien erzählt, der in der Natur viele Leute angriff und sie in Fetzen riss. Endlich konnte man den Wahnsinnigen festnehmen. Dieser behauptete, der Unterschied zwischen ihm und einem richtigen Wolf läge darin, dass bei einem Wolf das Fell von innen nach außen wachsen würde, was bei ihm umgekehrt wäre. Zur Überprüfung dieser Behauptung, schnitten die Richter ihm beide Arme und Beine ab, worauf er an dieser Verstümmelung starb. 1642 gab es wohl in Konstantinopel zahlreiche Werwölfe, sodass der Kaiser 150 von ihnen von seiner Wache töten ließ.

Über Geisteskrankheiten wird von einem Fall aus dem 16. Jahrhundert berichtet, der sich in Holland ereignete, wo ein Bauer jedes Jahr im Frühling von Wahnsinnsattacken befallen wird, bei denen er über das Acker in die Kirche rennt, über die Bänke springt, tanzt, Schaum vor dem Mund hat und überall herum klettert. Seine Augen liegen tief in den Höhlen. Dieser Mann ist ein Lykanthrop. Ein spanischer Edelmann glaubte, es hätte eine Verwandlung in einen Bären stattgefunden, worauf er in Mordlust durch die Wälder streifte.

In den Straßen von Neapel sei Mitte des sechzehnten Jahrhunderts ein Mann gesehen worden, der während seiner Werwolfsanfälle eine Leiche ausgegraben hätte, deren Bein er über seiner Schulter trug.

Ein grauenvoller Fall wurde im Dezember 1521 in Frankreich bekannt. Der Inquisitor Besancon hörte von diesem Kannibalismus. Zwei Männer wurden der Hexerei und des Kannibalismus angeklagt. Sie hießen Pierre Bourgot und Michel Verdung. Ca. 19 Jahre zuvor war es auf einem Neujahrsmarkt zu einem starken Unwetter gekommen, sodass Pierres Schafherde verloren ging, die er vergeblich suchte. Plötzlich tauchten drei Reiter auf, die schwarz gekleidet waren, und versprachen ihm, seine Herde wieder zu finden. So kam es auch. Er fand seine Herde wieder. Bei einem zweiten Treffen erfuhr Pierre, dass der Fremde ein Diener des Teufels war. Er musste sich vom Christentum lossagen und seine Hand küssen, die schwarz und kalt war wie die eines Toten. Pierre fiel auf die Knie und erklärte sich selbst zu Satans Sklaven. Zwei Jahre blieb er dem Teufel zu Diensten und betrat in dieser Zeit nie eine Kirche. Der Teufel schützte seine Herde. Er wurde mit einem Pakt, bei dem es um Geld ging, vom Teufel betrogen. Sie trafen sich mit anderen in einem Wald zu einem Tanz, bei dem er nackt einen Tanz vorführen musste. Er wurde von Michel mit einer Salbe eingerieben und verwandelte sich dadurch in einen Wolf, wobei er sehr über seine Wolfspfoten und das Fell an seinem Körper erschrak. Auch Michel rieb sich mit dieser Salbe ein und wurde zu einem Werwolf. Als sie sich erneut mit dieser Salbe einrieben, wurden sie wieder zu Menschen verwandelt. Diese Salbe wurde von ihren Meistern gegeben. Der Richter fragte die beiden, ob sie sich nach der Verwandlung erschöpft gefühlt hätten, da er davon gehört habe, dass sich manche Hexen nach solch einem Anfall sehr müde fühlen würden, wobei sie tagelang ans Bett gefesselt wären.
Die Salbe bestand aus Narkotika, d. h. Solanum somniferum, Aconit, Bilsenkraut, Tollkirsche, Opium, Acorus Vulgaris und Sium. Als Zutaten kamen noch das Blut der Fledermaus und andere Narkotika.
Pierre fiel bei einem dieser Anfälle über einen ca. siebenjährigen Jungen her, biss ihn tot und wollte ihn zerfleischen, als er erwischt wurde, sodass er schnell die Salbe einreiben musste, um ein Mensch zu werden. Michel und er zerfleischten jedoch ein anderes Mal eine Frau. Bei einem anderen Mal attackierten sie ein vierjähriges Mädchen und fraßen es auf, bis von ihr nur ein Arm übrig blieb. Zu Protokoll gab Michel, das Kinderfleisch habe ihm sehr geschmeckt. Sie erwürgten ein anderes Mädchen und leckten ihr Blut vom Boden. Von einem anderen Mann aßen sie den Magen auf. 1573 wurde vom Parlament eine Ermächtigung erlassen, eine Jagd auf Werwölfe zu machen. Es wurde nach ihnen mit Lanzen, Feuerwaffen und Stöcken gesucht. Am 10. Oktober wurde dem erlauchten Marschall de Retz, Pierre de l'Hospital, der Prozess gemacht. Er wurde beschuldigt über 200 Kinder auf grausame Weise getötet und ihre Leichen verbrannt zu haben. Jean Rousseau ließ Sire de Retz wegen Schwerverbrechens verhaften. Sire de Retz versuchte es, Cäsar und anderen Imperatoren nachzuahmen, indem er sich auf die Brust eines dieser Jungen setzte und mit einer Axt seinen Kopf abtrennte.
Die Richter waren geschockt über so viel Grauen: „Ihr müsst vom Teufel besessen gewesen sein! Schwört auf die Bibel und sagt die Wahrheit!“

„Mir bereiteten jene grausamen Taten ein Vergnügen. In der Schlossbibliothek stieß ich auf ein lateinisches Buch, das war voll mit Geschichten von Tiberius und weiteren Cäsaren."

Dieses Buch schien voll mit grausamen Morden zu sein, und Pierre wollte es ihnen gleichtun, indem er noch in derselben Nacht damit anfing. Innerhalb eines Jahres hatte er bereits 120 Morde begangen. Er bat darum, den Fall dem Kirchentribunal vorzutragen, da im Geständnis auch von Teufelsanbetung und Hexerei die Rede war. Der Präsident sprach folgendes Urteil:

„Im Namen des Volkes ergeht folgendes Urteil: Der Angeklagte wird – ungeachtet seines hohen Ranges, seiner Würde und seiner adligen Herkunft – zum Tode durch Erhängen und Verbrennen verurteilt. Ich ermahne den Verurteilten daher, Gott mit reuigem Herzen darum zu bitten, er möge ihm seine Untaten vergeben. Besagtes Urteil wird morgen früh zwischen elf und zwölf Uhr vollstreckt werden."

Am nächsten Morgen ging die halbe Einwohnerschaft von Nantes mitsamt den Geistlichen und dem Bischof, die das Heilige Sakrament trugen, in die Kathedrale und zog durch die ganze Stadt. Um elf Uhr wurden die Gefangenen zur Hinrichtungsstätte geführt, die sich am anderen Ufer befand. Dort standen drei Galgen, einer davon war höher als die anderen. Eine große Menschenmenge hatte sich rund um den Galgen versammelt, sodass man kaum durchkommen konnte. Der Schemel wurde weggezogen, und Sire de Retz wurde erhängt und im Feuer verbrannt. Sechs Frauen, verschleiert in weißen Kleidern, und sechs Karmelitermönche trugen einen Sarg.

Im Orient gibt es zahlreiche Grabschändungen, bei denen man glaubt, dass gewisse Personen den Drang verspüren, Leichen auszugraben und zu verstümmeln. Diese „Ghouls" brauchen das Fleisch der Toten für ihre Beschwörungen und ihre Magie. Die Hexen stellten nekromantische Rezepturen und teuflische Mixturen her, um das Grab zu schänden.

Im 15. Jahrhundert lebte in Bagdad ein Ehepaar. Die Frau schlich sich nachts immer aus dem Haus, um Fleisch aus den Gräbern zu rauben. Ihr Mann beobachtete sie und erwischte sie dabei. In einer Vollmondnacht sah er dabei etwas Grauenvolles. Seine Ehefrau brachte das Fleisch der Leichen nach Hause, wobei sie selbst nie davon aß. Als ihr Ehemann sie zur Rede stellte und sie zwingen wollte, auch davon zu essen, griff sie ihren Ehemann um Mitternacht mit ihren langen Nägeln an und biss ihn mit ihren Zähnen in den Hals, indem sie ihm die Kehle aufriss. Sie versuchte, das Blut aus seiner Vene zu saugen, doch er warf sie zu Boden und tötete sie. Drei Tage nach ihrer Beerdigung erschien sie erneut und wollte ihn wieder als Vampir angreifen, doch diesmal verbrannte er ihre Leiche im Grab. Der Werwolf und der Vampir sind eng miteinander verwandt.

Ein Eremit namens Gilles Gamier hatte in der Nähe eines Weingutes, das sich in einem Wald befand, ein ca. zwölfjähriges Mädchen in den Wald gezerrt und mit seinen Zähnen und Klauen getötet. Danach entkleidete er es und aß genüsslich von den Armen und Beinen. Dieses Fleisch brachte er mit nach Hause zu seiner Frau, um ihr auch eine Portion abzugeben. Ein anderes Mal attackierte er als Wolf einen zehnjährigen Jungen, den er erwürgte. Dabei verzehrte er seinen Bauch und nagte an seinen Körperteilen. Mit seinen Reißzähnen trennte er eines der Beine vom Rumpf. Der Eremit wurde durch ein Gerichtsurteil auf dem Richtplatz verbrannt.

Um 1610 glaubte ein armes Mädchen, ein Wolf zu sein und lief auf allen Vieren durch Wälder. Sie wurde von den Leuten erwischt und in Stücke gerissen, da sie mehrere Kinder überfallen hatte.

Dieses Doppelleben eines Werwolfs wurde den Psychopathen zum Verhängnis.

Der Urinstinkt des Kannibalismus liegt schon bei den Jägern und Fischern, in der Jagd auf Vögel usw., im Tötungsinstinkt, was auf den Neandertaler schließt, wobei dieser jedoch nur um zu überleben töten musste.

Verwandlungen in Tiergestalten spielten in der Mythologie eine wesentliche Rolle. Bereits die griechischen Götter verwandelten sich in Tiere, um ihre Pläne schneller ausführen zu können als in Menschengestalt. Odin verwandelt sich in der skandinavischen Göttersage in einen Adler, Loki dagegen in einen Lachs. Die Verwandlung in eine Tierseele und umgekehrt in eine Menschengestalt nennt man Metempsychose.

Im Orient und in Indien werden von Ekstasen und Somnambulismus (Mondsucht und Nachtwandeln) wundervolle Geheimnisse erzählt, die den Menschen in eine übersinnliche Welt verführt, um in ein Doppelleben einzutauchen. Manche Lykanthropen besitzen eine perverse Besonderheit, indem sich ihre Haare in die eines Werwolfes verwandeln, da manche von ihnen Hirten sind und keine Menschenseele in ihrer Nähe, und den Wolf in der Wildnis und freien Natur ständig vor Augen haben.

Der Irrsinn, ein Wolf zu sein, ist der Ausdruck der Verwilderung des Verstandes. Aus dieser Imagination geht die Notwendigkeit hervor, den Wolf zu imitieren.

Die Geschichte der Psychologie veranschaulicht uns, wo der Trieb nach Blut ein Instinkt sein muss, um die Grausamkeit bei wollüstigen Leuten und bei allen blutgierigen Tyrannen wie Nero und Caligula zu erklären.

Hier sind einige Fälle aufgeführt:

Ein schrecklicher Bauer, der ein Säufer war, wurde von einem Hund gebissen. Aus Ärger über diesen Hund wurde er in der Irrenanstalt tobsüchtig und fing an, genauso wie der Hund zu bellen und nach dem Essen zu schnappen, was er damit erklärte, er sei selbst zu einem Hund geworden. Die meisten dieser Menschen ahmen in ihren Paroxysmen die Stimmen und Bewegungen des Tieres nach. Ein Mädchen verfiel der Epilepsie und wollte die Krankheit mit Katzenblut vertreiben, indem sie es trank. Dadurch fiel sie aus Abscheu in den Wahnsinn. Sie bildete sich ein, selbst eine Katze zu sein. Das Mäusefangen ahmte sie auch der Katze nach.

Ein anderer Fall wird von den ungewöhnlichen Gelüsten einer Schwangeren erzählt, die in Griechenland im Jahre 1845 ihren Ehemann aufaß.
In einer Rubrik von Geisteskrankheit wird im Mai 1849 von einem Fall in der Ukraine berichtet, wie ein Mann den Kopf eines Mädchens braten will, als dieser durch die Gegend rollt. Der grauenhafte Fall fliegt auf, als ein Anderer den rollenden Kopf sieht.
Im Jahre 1604 trug sich Folgendes zu: Elisabeth aus Ungarn war derart grausam, dass sie in ihrem Schloss 650 Mädchen (teils in der Slowakei) mit der Zeit solange schlug, bis diese qualvoll starben. Der geschwollene Körper wurde sodann mit dem Messer aufgeschnitten. Es ging ihr nur darum, für ihre Liebhaber schön zu sein. Dafür mussten die Mädchen sterben, denn sie benötigte hierzu das Blut der Mädchen, um sich ihre Haut schön zu „salben". Die Mordtaten wurden ihr zum Bedürfnis.
1809 trieb ein Mädchenschlächter sein Unwesen, indem er sie zu sich nach Hause lockte, um ihnen ein Geheimnis mit einem Zauber-Spiegel zu zeigen. Er ermordete diese, nur um deren Kleider zu besitzen. Danach zerhackte er die Leiche und schnitt sie auf, damit er ein Stück herausnehmen und es essen konnte.
Ein Unteroffizier, der zum Theologen ausgebildet wurde, kam am 10.07.1849 in Paris zur Verhandlung. Im Februar 1847 gräbt er die Leiche einer Frau aus und schlägt sie. Er gräbt am 16.08.1848 ein Mädchen von sieben Jahren aus und schneidet ihren Unterleib auf. Einige Tage danach die Leiche einer Frau, die im Wochenbett gestorben war, und die 13 Tage zuvor beerdigt wurde. Am 16.11. die Leiche einer Frau, die er zerfleischt und am 12.12. verstümmelt. Der Psychopath grub eine Fünfzigjährige aus, zerstückelte sie und wälzte sich auf der Leiche. Ein Onkel mütterlicherseits soll im Wahnsinn gestorben sein. Er selbst bekam mit sieben Jahren Melancholie-Anfälle. Dieser Fall deutet auch auf eine dämonische Besessenheit hin. Er wurde zu einem Jahr Gefängnis verurteilt.
Im Mittelalter war das Verbrechen der Sodomie nichts Seltenes. Dabei ist die Vorstellung der Incuben und Succuben, die in Tiergestalten den Sex vollziehen und bis in die Klöster dringen, der Wahn der Hexensabbate. Tierverwandlungen traten bereits in der frühesten Mythologie auf.

Werwölfe wohnen in Höhlen und behalten dennoch ihren Menschenverstand. Ein Heilpraktiker erzählte:

„Wenn Sie das Rudel Wölfe sehen, sollten Sie ein Heiligenbild und einen Brotlaib nehmen. Wenn Sie sich den Wölfen nähern, legen Sie das Heiligenbild und den Brotlaib auf den Boden und zünden Sie eine Kerze an. Daneben stechen Sie ein Messer in den Boden. Dann sagen Sie: ‚Herr, erbarme dich unser. Und würde der Herr deinen Körper durch seine Gebete und durch die heiligen Geister retten.' Dann kommt der erste Wolf, beschnuppert alles, was auf das Handtuch gestellt wurde, schlägt einen Purzelbaum über dem Messer und nimmt seine übliche Gestalt an und das gleiche machen alle anderen Wölfe."

Es gibt verschiedene Arten, ein Werwolf zu werden.

1. Sich unter freiem Himmel schlafen legen.
2. Wasser trinken, aus dem gerade Wölfe getrunken haben.
3. Menschenfleisch essen.
4. Das Fleisch eines Wolfes essen.
5. Bei Vollmond geboren werden.
6. Einen Gürtel aus Wolfsfell tragen und umhängen.

Ritual

In der ersten Vollmondnacht bildet man einen magischen Kreis von mindestens 7 Fuß Radius auf dem Boden und entzündet ein Holzfeuer in der Mitte. Über das Feuer hängt man einen Eisen-Topf, in dem mehrere Zutaten (teilweise gefährliche Stoffe; Drogen und Kräuter) erhitzt werden, die dann getrunken oder eingerieben werden. Während die Zutaten erhitzt werden, muss man mit einer Beschwörungsformel den Geist der Wölfe rufen:

„Dunkle Mächte, ich bitte um eure Gunst. In diesem Kreis, den ich gezogen, mach mich zum Werwolf. Stark und kühn, zum Schreckensbild von Jung und Alt, groß und hager von Gestalt! Macht mich zum Werwolf, zum Menschenfresser! Ich lechze nach Blut, nach menschlichem Blut! Großer Wolfsgeist, gib es mir, und mein Herz, Körper und Seele gehören dir!“

Nach der Formel trinkt man es aus und küsst dreimal den Boden. Nachts beginnt durch einen großen Geist (halb Mensch, halb Wolf) die Verwandlung. Es gibt kein Zurück mehr. Von der Antike bis heute gibt es diese Legenden in allen Regionen und Kulturkreisen.

Zutaten für den Tee

1 TL Kamille, 2 TL Rosenblütenblätter, ½ TL Zimt, 1 TL Pfefferminz, 1 TL Beifuß (ist giftig!).

Salbe: Asant, Petersilie, Opium, Schierling, Bilsenkraut, Safran, Aloe, Mohn, Solanum.

Beschwörungsritual

„Geister aus der Tiefe, welche niemals schlafen, seid mir wohlgesonnen. Geister aus den Gräbern, ohne eine rettende Seele, seid mir wohlgesonnen. Geister der Bäume, die auf den Wiesen wachsen, seid mir wohlgesonnen. Abscheuliche Wassergeister, verhängnisvoll für Schiffe und Schwimmer, seid mir wohlgesonnen. Geister der erdgebundenen Toten, die gleiten und lautlos wandern, seid mir wohlgesonnen. Geister von Hitze und Feuer, die in ihrem Zorn zerstörerisch sind, seid mir wohlgesonnen. Geister von Kälte- und Eisschutzpatronen von Verbrechen und Laster, seid mir wohlgesonnen. Wölfe, Vampire, Satyre, Geister! Auserwählte von all den teuflischen Wirten! Ich bete euch an, bringt sie her, bringt sie her, die großen grauen Schatten, vor denen die Menschen erschauern! Erschauert, erschauert, erschauert! Kommt, kommt, kommt!“

Schlusswort

Um die Magie und Parapsychologie gibt es noch viele Rätsel und Fragen, die wir in einer gemeinsamen Arbeit, als Autoren dieses Buches, zu lüften versuchten.

Ich, Wolfgang Uhl, erlernte meine magischen Techniken schon in frühester Jugend von meiner Großmutter, die viele Klienten hatte und die dadurch viel praktische Erfahrungen erreichte. Durch meine Familientradition, durch eigene Erkenntnisse und eigene Methoden, die ich auf meinen Reisen durch die Schamanen und Voodoo-Priester auf Haiti gelernt habe, konnte ich vieles von ihnen übernehmen und in meiner Praxis anwenden.

Ich, Leyla Sehrazat, komme aus dem Vorderen Orient und bin paranormalen Phänomenen und der Magie seit meiner frühesten Kindheit vertraut. Wie Sie durch dieses Buch erfahren haben, stammen einige Rituale aus unserer persönlichen Magie-Praxis. Ich habe viele magische Rituale von meinem Großvater Ali Sehrazat erlernt und übernommen. Meine Arbeit mit den Cin habe ich ebenso meinem Großvater zu verdanken, der ein Hoca (islamischer Geistlicher, Medium, Wahrsager, Hypnotiseur und Magier) war. Er las nicht nur aus den Karten, aus dem Kaffeesatz und aus der Kristallkugel, sondern auch aus dem Wasser.

Aufgrund der vielen Mysterien und Rätsel, die diesbezüglich noch zu lösen sind, ist es sehr schwierig, alles in einem Buch niederzulegen. Deshalb werden wir zu diesem Thema noch ein weiteres Buch schreiben.

Wir bedanken uns ganz herzlich beim Bohmeier Verlag.

Wir würden uns freuen, wenn Sie uns Ihre Erfahrungen und Erlebnisse über die im Buch genannten Themen per Mail mitteilen könnten:
post@wolfgang-uhl.de

Literaturverzeichnis

1. Ahayhh Hakim Abu & Abdullah Ghulam Moinuddin: *Die Heilkunst der Sufis.* 1991.
2. Abdul Alhazred: *Das Necronomicon. Der kleinere Schlüssel Salomonis. Die Goetia.* Berlin 1980.
3. Ted Andrews: *Zauber des Feenreichs.* Güllesheim 2004.
4. Ulrike Ascher: *Wasser. Die Magie der Elemente.* 2007.
5. Franz Bardon: *Der Weg zum wahren Adepten.* Wuppertal 2008.
6. Sabine Baring-Gould: *Das Buch der Werwölfe.* Leipzig 2004.
7. Marco Bergmann: *Der Voodoo des Bokor Marco.* Norderstedt 2010.
8. Robert Brier: *Zauber und Magie im alten Ägypten.* 1981.
9. William Buhlman: *Out of Body.* 2010.
10. Cavendish: *Die schwarze Magie.* 1980.
11. Charroux: *Die Meister der Welt.* Düsseldorf 1997.
12. Christine Cerny: *Das Buch der Naturgeister. Von Elfen, Zwergen, Feen und anderen Elementarwesen.* München 2004.
13. Aleister Crowley: *Magick. Band 2.* New York.
14. Scott Cunningham: *Enzyklopädie der magischen Kräuter.* Darmstadt 2011.
15. Gisela Dammers: *Die unteren Regionen des Jenseits. Jenseitskontakte und Interviews mit Verbrechern, Mördern und Selbstmördern.* Leipzig 2009.
16. Gisela Dammers: *Engel. Ihre Bestimmung, ihre Aufgaben und Botschaften.* Leipzig 2011.
17. *Das sechste und siebente Buch Moses.* 1950.
18. Joachim Dautert: *Astralreisen.* 2001.
19. Dr. Brenda Davies: *Chakras. Tore zur Seele.* München 2008.
20. *Der Schlüssel Salomon. Clavicula Salomonis.* 1989.
21. B. Dolnick & J. Condon & D. Limoges: *Erotischer Hexenzauber.* 1999.
22. *Die Welt des Unerklärlichen. Spurlos verschwunden.* Berlin 1996.
23. Mircea Eliade: *Schamanismus und archaische Ekstasetechnik.* Frankfurt am Main 1974.
24. Barbara Fedra: *Das Praxisbuch der Chakras.* München 2008.
25. Fra. Devachan: *Kontakte zu Naturgeistern.* Augsburg.
26. Frater V. D.: *Wo wohnen die Dämonen?* 2005.
27. F. Fremantie: *Totenbuch der Tibeter.* 2008.
28. Amry Gader: *Das ägyptische Buch der Traumsymbole.* Amsterdam.
29. Alexander Gasztonyi: *Rückführungstherapie.* 2009.
30. *Gespräche mit Erzengel Michael. Band 2, von Natara, erschienen in Lichtsprache Nr. 21,* September 2004.
31. Jim Gilkeson: *Heilende Energie.* München 2006.
32. Felicitas Goodman: *Wo die Geister auf den Winden reiten.* Freiburg 1993.
33. Gregor A. Gregorius: *Aleister Crowley's magische Rituale.* 1980.
34. Joan Halifax: *Die andere Wirklichkeit der Schamanen.* München 1979.
35. Ernst Hentges: *Die Magie des Krötenzaubers.* Frankfurt 2000.
36. Christiane Herber: *Besprechen mit den vierzehn Nothelfern.* Hamburg 2009.
37. Manfred Himmel: *Bäume helfen heilen.* 2010.
38. Prof. David M. Jacobs: *Bedrohung. Die geheime Invasion der Aliens.* Rottenburg 2001.
39. Joeffrey James: *Engels-Zauber. Die verbotene Kunst.* München 1998.
40. Holger Kalweit: *Die Welt der Schamanen.* Darmstadt 2004.
41. Alexa Kriele: *Von Naturgeistern lernen. Die Botschaften von Elfen, Feen und anderen guten Geistern.* Berlin 2008.
42. Apu Kuntur: *Der Flug des Kondors. Website.*
43. Hans Kurth: *Lexikon der Traumsymbole.* München 2005.
44. Anton Szandor LaVey: *Die Satanische Bibel.* Berlin 2007.
45. Dr. Rudolf Leubuscher: *Werwölfe und Tierverwandlungen im Mittelalter.* Leipzig 2008.

46. Denise Linn: *Die geheime Kraft der Träume.* München 2010.
47. Genevieve Lewis Paulson: *Das Chakra und Kundalini Übungsbuch.* Obertsdorf 2009.
48. Marko Pogacnik: *Elementarwesen.* 2007.
49. Karl Leopold von Lichtenfels (Autor): Lexikon der Prophezeiungen. 350 *Voraussagen von der Antike bis heute.* München 2011.
50. Caitlin Matthews: *Das Lied der Seele. Schamanische Rituale für Vision und Heilung.* Göttingen 2010.
51. Melanie Möller: *Satanismus als Religion der Überschreitung. Transregression und stereotype Darstellung in Erfahrungs- und Aussteigerberichten.* Marburg 2007.
52. Douglas Monroe: *Merlins Wiederkehr.* Darmstadt 2004.
53. F. Moser: *Spuk.* 1985.
54. Muldoon: *Die Aussendung des Astralkörpers.* 2001.
55. B. Olsen: *Essiac.* 2002.
56. Heike Owusu: *Voodoo-Rituale.* Darmstadt 2006.
57. P. Piobb: *Die Hohe Magie der Alten.* Lübeck 2002.
58. Iwona Porozynski: *Alles im Traum bist du. Ein Traumlexikon.* Darmstadt 2007.
59. Purnima und Raj: *Die Kunst des Besprechens. Einweihung in die geheimen Heilgebete der weisen Frauen.* 2001.
60. L. Radtke: *Unsichtbare Wesen unter uns.* Slowenien 2009.
61. Christian Rätsch: *Pflanzen der Liebe.* 2008.
62. Michael Ranft: *Traktat von dem Kauen und Schmatzen der Toten in Gräbern.* Diedorf 2006.
63. Frater Raskasar: *Kundalini. Die Kraft der schlafenden Schlange.* Leipzig 2008.
64. Nicolas Rémy: *Daemonolatreia oder Teufelsdienst.* 2009.
65. Sanaya Roman & Duane Packer: *Das Praxisbuch des Channelns.* München 2004.
66. Alexander Roob: *Alchemie der Mystik.* 2007.
67. Hans-Peter Roth & Niklaus Maurer: *Orte des Grauens in der Schweiz.* 2006.
68. Jeanne Ruland: *Feen, Elfen, Gnome. Das Buch der Naturgeister.* Darmstadt 2010.
69. *Satanshimmel 1. Rituale der Schwarzen Magie.* Karlsruhe 1971.
70. *Satanshimmel 2. Hypnoselehrgang. Parapsychologie.* Karlsruhe 1979.
71. Helga Schaub: *Befreit von dunklen Mächten.* 2009.
72. Inna Segal: *Die verborgene Sprache des Körpers.* München 2011.
73. Barbara Simonsohn: *Reiki.* München 2007.
74. Zecharia Sitchin: *Der zwölfte Planet.* Rottenburg 2003.
75. Karl Spiesberger: *Magische Praxis.* Berlin 1976.
76. Karl Spiesberger: *Naturgeister.* Budapest 1978.
77. Starhawk: *Der Hexenkult als Ur-Religion der Großen Göttin.* München 1992.
78. Ian Stevenson: *Reinkarnationsbeweise.* Grafing 2011.
79. Wolf-Dieter Storl: *Die Pflanzen der Kelten.* München 2010.
80. Coven Tanita-Pan: *Hexen des alten Weges.* 2002.
81. Malinka A. N. Tschernigow: *Ukrainische Dämonologie.* Leipzig 2005.
82. Philipp Vandenberg: *Der Fluch der Pharaonen.* München 2001.
83. Alberto Villoldo & B. Hickisch: *Das geheime Wissen der Schamanen.* 2001.
84. Doreen Virtue: *Erzengel und wie man sie ruft.* Berlin 2008.
85. Klausbernd Vollmar: *Die Weisheit der Träume.* München 2006.
86. *Website der Church of Satan.*
87. Ute Wehrend-Segers: *Das große Buch der Reiki-Heilmethode.* Peiting 2008.
88. Frater Widar: *Magie und Praxis des Hexentums.* Bürstadt.
89. Bernd Wollsperger: *Geheime Invasion. Die Masken der Fremden.* Lübeck 1998.